Os Anjos não vivem distantes

pelo espírito

Iohan

psicografia de

Christina Nunes

Os anjos não vivem distantes
pelo espírito Iohan
psicografia de Christina Nunes

2ª edição – março de 2014
3-9-18-200-5290

Coordenação editorial: *Ronaldo A. Sperdutti*
Revisão: *Mary Ferrarini*
Projeto gráfico e arte da capa: *Casa de Ideias*

Dados Internacionais de Catalogação na Publicação (CIP)
(Câmara Brasileira do Livro, SP, Brasil)

Iohan (Espírito).
Os anjos não vivem distantes / pelo espírito 1. Iohan; psicografia de Christina Nunes. -- São Paulo : Lúmen Editorial, 2013.

ISBN 978-85-7813-136-4

1. Espiritismo 2. Psicografia 3. Romance espírita I. Nunes, Christina. II. Título.

13-06902 CDD-133.9

Índices para catálogo sistemático:
1. Romance espírita : Espiritismo 133.9

Rua dos Ingleses, 150 – Morro dos Ingleses
CEP 01329-000 – São Paulo – SP
Fone: (0xx11) 3207-1353

visite nosso site: www.lumeneditorial.com.br
fale com a Lúmen: atendimento@lumeneditorial.com.br
departamento de vendas: comercial@lumeneditorial.com.br
contato editorial: editorial@lumeneditorial.com.br
siga-nos nas redes sociais:
twitter: @lumeneditorial
facebook.com/lumen.editorial1

2014

SUMÁRIO

APRESENTAÇÃO

IOHAN FOI-ME APRESENTADO PELO MEU MENTOR ESPIRITUAL em meados de 2012, de maneira surpreendente, no decorrer de um período de ensaios mediúnicos durante o qual novos autores compareceram para ampliar a seara de nossa tarefa literária espírita.

O primeiro trabalho dessa parceria – *Sonata ao amor* – aconteceu sob os efeitos de agradável e imensa sensação de empatia espiritual. Isso contribuiu para a celeridade inédita na recepção da obra, que apresentou ao público a história comovente da última reencarnação desse espírito, músico exímio e maestro, havida nas últimas décadas, e com conteúdo ambientado na cidade do Rio de Janeiro.

Apesar das condições excepcionais de sintonia mediúnica, reveladoras de que reencontrávamos mais um amigo adorável de épocas antigas, não existia a certeza – embora houvesse a vontade – de que ele pretendesse prosseguir nos presenteando com maiores novidades para além deste primeiro livro, pois a história se encerrava em si mesma, narrando o conteúdo e as lições de sua última vida na matéria, diferentemente de outros autores que seguem uma linha contínua desde o passado mais remoto para depois desaguar nas histórias de sua vida em épocas mais recentes, a exemplo do método de trabalho do próprio Caio Fábio Quinto, meu mentor desencarnado.

O decorrer das semanas passadas após a conclusão deste labor agradabilíssimo na companhia invisível deste espírito de imensa sensibilidade, todavia, terminou nos conduzindo, naturalmente, à transposição de etapas cheias de minúcias e sinais indiscutíveis de que era da sua vontade prosseguir na iniciativa de nos contar um pouco mais das suas vivências, tanto nas dimensões invisíveis, quanto em períodos mais recuados de um passado rico de aprendizado espiritual, que agora é compartilhado com o leitor.

Assim, como na primeira obra, imprescindível agradecer ao querido músico o presente inestimável de me permitir prosseguir na intermediação de suas palavras, vivências e sentimentos para aqueles que, despertando para as realidades maiores da existência, acompanham, nos dias de hoje, no rico noticiário veiculado por vários trabalhadores da seara literária espírita, as revelações da magnanimidade da eternidade, com todas as surpresas e lições inestimáveis que nos aguardam no decorrer de cada minuto de nossa trajetória ao lado dos que nos acompanham a partir das múltiplas esferas.

Quero agradecer também a uma irmã de espírito, atualmente reencarnada em posição de estimada amiga do ambiente profissional, por mais uma vez ter comparecido de maneira encantadora, e com o concurso maravilhoso de sua sensibilidade, ao "escutar" uma sugestão de Iohan, me presenteando com um pequeno violinista decorativo, que, sem que ela desconfiasse, era algo que, ultimamente, eu estava em busca de maneira obcecada, sem sucesso, em várias lojas comerciais da cidade.

Gratos também, e como de hábito, aos amigos da Lúmen Editorial, cujo trabalho esmerado é o responsável pela materialização, na Terra, das lições valiosas de uma vasta escola sediada em ambas as dimensões da vida.

Christina Nunes
Rio de Janeiro, 28 de janeiro de 2012.

INTRODUÇÃO

O TÍTULO ESCOLHIDO PARA A OBRA PODE CAUSAR ESTRANHEZA ao leitor espírita habituado à terminologia diversa para as ideias relacionadas à existência terna e cheia de significados consoladores dos espíritos protetores, familiares ou dos guias espirituais.

A intenção, todavia, foi fazer menção justamente à presença dessas almas, a nós vinculadas pelos laços sagrados do amor, nos contextos infinitos de vida de todos.

Sejam eles, momentaneamente, filhos, pais, irmãos, amigos ou cônjuges, a esplendorosa verdade é que existem. E essa verdade não nos exige a transposição entre as dimensões da vida para a sua constatação mais óbvia.

Quantos já não nos acompanham, quando ainda nos encontramos confinados nos enredos dos dias na matéria? E em quantas vezes, forçoso reconhecer, mesmo os sabedores ou convencidos da multiplicidade das vidas físicas, e da sua continuação eterna noutras dimensões do universo, não desdenhamos ou negligenciamos essas presenças enternecedoras? Daqueles que, nos detalhes mais menosprezados do cotidiano, e nas mais banais dificuldades, ali se encontram, prestando importante apoio? Inspirando, consolando, aconselhando, cuidando-nos no período de uma doença corriqueira ou em episódios mais graves e preocupantes de nossa jornada? Ou, ainda, sorrindo conosco, compartilhando alegrias?

Simplesmente presentes. E, assim, em razão talvez de sua maior proximidade e cumplicidade diária, são desconsiderados de nossa atenção, de nossa merecida gratidão, enquanto, equivocadamente, sonhamos com algo ora inalcançável, com pessoas ou realidades distanciadas do nosso cotidiano mais imediato. E em quantas outras situações é preciso lembrar que o resultado de nossas iniciativas mal refletidas afeta desfavoravelmente estes seres que, em nossos caminhos, exercem, sem a devida atenção, a função de faróis divinos nos momentos mais obscuros, desorientados de nossas jornadas, causando-lhes insuspeitados sofrimentos? Mesmo assim, eles persistem na expressão tocante do seu amor e na dedicação abnegada – estejam próximos ou distantes, afastados por bairros, países ou por dimensões da vida! E a enternecedora constatação, a qualquer tempo, é a de que se mantêm entrelaçados conosco pelo coração, pela linguagem indefectível do mais autêntico dos sentimentos responsáveis pela união entre as almas!

Eles nos amam de maneira atemporal, em razão de vínculos originados num passado remoto ou mais recente; não raro, acompanham-nos, despercebidos ou deserdados de nossas considerações maiores nos cenários do aprendizado na materialidade. E depois, ainda permanecem, desinteressados de reconhecimento, ao nosso redor, mesmo depois da nossa passagem da vida física para outros destinos. Porque, silenciosos, compreendem nossas necessidades, e, portanto, as raízes e as causas mais profundas das nossas atitudes. O intenso elo afetivo que a eles nos vincula determina a sua necessidade de, voluntariamente, conservarem-se presentes em nossos repertórios de vida, interessados e desapegados da qualidade de afeto que, por ora ou por quaisquer que sejam as causas, estejamos ou não em condições de lhes oferecer.

São os metaforicamente chamados *anjos,* cujo coração e sentimento nos amparam e acompanham, seja lá de qual distância for e em qualquer situação ou necessidade que se apresente.

Dotados do heroísmo de um amor incondicional, que muitas vezes, sem que ninguém suspeite, reside nas lágrimas que choram, às escondidas, sem julgamentos de valor para com as nossas atitudes. Ou nos sorrisos que nos endereçam, embora, sem o nosso conhecimento, escondam as dúvidas e os temores muito humanos, com que se preocupam sobre os desafios dos nossos caminhos ou acerca das suas incertezas sobre serem ou não, por nós, amados.

Nesta segunda obra, leitores amigos, pretendo lhes contar algumas vivências que me ensinaram a identificar, de maneira melhor, e dentre outros próximos a mim naqueles tempos, a presença especial em meu caminho de um desses *anjos* – ou espíritos protetores – inundando de paz e de luz os meus dias, sem que em muitos momentos eu, sequer, o supusesse.

Iohan

Ainda e sempre dedicado a Varínia.
Com eterna gratidão a Patsy e a Noreen.

I

RETORNO TRAUMÁTICO

Corriam em Londres as décadas finais do século XVIII.

Havia tanta umidade!

O que sobressaía na memória de Stephan, daquela mistura tumultuada de sensações dolorosas e incômodas, eram pedaços de cenas dantescas de desespero e pânico, sem que pudesse discernir se aquelas coisas se relacionavam a algum pesadelo ou a acontecimentos reais.

Naturalmente, o seu íntimo rejeitava a realidade. E, por essa razão, tombava repetidamente em inconsciência, como se devorado por um turbilhão durante o qual se repetiam, como em tortura insana, as cenas do naufrágio inexorável em curso, no meio do mar tempestuoso daquela noite gelada dos mares nórdicos.

Para onde se dirigia? Como fora parar ali, agora, naquele local confuso, desconhecido, sombrio?

A lógica se recusava a prestar-lhe auxílio!

Via vultos agitados ao seu redor. Vozes de pessoas agoniadas, que não conseguia identificar a feição, e aparentemente lançadas em situação tão desesperadora quanto a dele.

Todavia, após o momento crucial, durante o qual a ardência tórrida das águas salgadas do oceano lhe tolheram definitivamente a capacidade de respirar, derrubando-o do abandono mais absoluto de si mesmo para dentro de uma voragem devoradora e sombria, ao recuperar, atordoado, a consciência confusa, percebeu que não se achava mais no mar nem mesmo entre os destroços da embarcação vitimada pelo sinistro.

As cercanias eram frias e envoltas em névoas; o solo, irregular, instável, úmido. Mas era tudo o que conseguia discernir!

Como fora chegar àquele lugar? Quanto tempo decorrera desde então? Impossível definir. E, apesar disso, não se via, nos primeiros momentos, conduzido a uma situação melhor.

Tudo ao redor eram sombras, umidade, frio e vultos em sofrimento. E o rodopio infindável num estado desnorteador de falta de discernimento e de compreensão para o que lhe acontecia!

Compelido pela exaustão extrema de um período de tempo indefinido mergulhado naquele estado caótico de consciência, e depois de se cansar das tentativas infrutíferas de obter de algum dos muitos companheiros de infortúnio um único esclarecimento mais coerente para o que lhe acontecia, Stephan terminou, espontânea e gradativamente, voltando a mente e o espírito combalido para uma condição de prece, em busca de socorro, como criança atemorizada, acuada por circunstâncias impossíveis, que recorre ao amparo, a seu ver infalível, dos pais.

A formação familiar de sua estiolada fé se originava nas religiões dos países britânicos. Venerador natural, portanto, do exemplo espiritual atemporal de Jesus. No entanto, o decorrer de uma vida agitada pelos excessos dos brilhantes atrativos sociais europeus do século XVIII não lhe permitira voltar, de maneira mais compenetrada, os pensamentos e as atitudes para a aplicação cotidiana metódica dos bons valores religiosos.

Frequentara, periodicamente, com fidelidade, os sermões do reverendo Schumann, na igreja próxima à sua residência. Procurara, até onde suas limitações pessoais e espirituais lhe permitiram, conduzir sua vida dentro de certas referências rígidas de honra e ética, em meio aos aviltamentos permitidos ou encobertos de forma hábil pelos jogos sociais ou aristocráticos daqueles tempos.

Músico de profissão, professor e compositor cuja relativa notoriedade lhe cobrou um preço nada gentil. Os eventos e as festividades incessantes, presentes desde a fase mais recuada dos seus voos de juventude, não contribuíram para distanciá-lo convenientemente dos jogos de interesse e da dissolução de costumes disseminados a bandeiras despregadas em todos os níveis da sociedade.

Fora, até ali, um homem não mais que comum do seu tempo. Exemplar digno do perfil humano afeito aos brilhantismos acessíveis de uma materialidade fácil, adornados, vez por outra, com expressões de religiosidade superficiais, que muito dificilmente iam além da verborragia transitória ou formal dos cerimoniais tradicionais das famílias inglesas.

E, no entanto, naquelas circunstâncias críticas, ao apenas modificar neste ângulo sutil o seu posicionamento íntimo, uma mudança discreta, mas surpreendente como um clarão solar para alguém que se vê perdido há anos em meio ao pavor das sombras, começou a se produzir!

– Stephan!... Stephan, ouça! Você não está sozinho! Calma, espere e confie!

Uma voz doce como melodia celeste, subitamente sussurrou-lhe estas palavras, após um instante de desespero particularmente intenso, no qual rogara com ardência das potências celestiais o socorro de emergência que as pessoas e os recursos conhecidos da sua realidade, até então tida como rotineira, não lhe estavam oferecendo, levando-o a já se admitir louco!

Espantado, ouvira a voz proferida ao pé do seu ouvido com nitidez inquestionável, apesar de não conseguir identificar sua origem, embora lhe parecesse que alguma luminosidade baça, em meio ao nevoeiro sombrio do derredor, inexplicavelmente, se produzisse naquele momento, melhorando suas condições visuais confusas.

E ele chamou, encarecidamente, implorando à responsável por aquelas palavras abençoadas – pois que a voz era inequivocamente feminina – que se identificasse! Que o auxiliasse a sair, de uma vez por todas, daquele pesadelo malsão, uma vez que não tolerava mais as vestes úmidas e mofadas e seu estado completo de decrepitude corporal, após acontecimentos a respeito dos quais sequer detinha qualquer noção acertada de como, ou por qual razão, tinham ocorrido.

Contudo, daquela primeira vez, a voz adorável apenas se fez ouvir, silenciando-se por longo período, durante o qual, todavia, Stephan se viu inundado de novas esperanças!

Se lhe haviam respondido uma vez, haveriam de voltar!

Não se sentia mais perdido irremediavelmente naquele estado que já reputava de insanidade absoluta como antes.

Intraduzível, portanto, foi a sensação de felicidade inexcedível que se lhe assenhoreou da alma quando, depois de novo intervalo incalculável, cuja duração flageladora quase seria impossível de definir, nova resposta ressoou, ao talvez centésimo daqueles seus apelos incessantes, que na maior parte do tempo não conseguiam resultado condigno.

Repetia-se, pois, o fenômeno maravilhoso, quando andava às tontas, combalido, por um solo que não saberia definir se arenoso, se pantanoso, e em meio a uma reprodução incompreensível do cenário de naufrágio, por entre os seres que, com ele, dividiram os mesmos e terríveis momentos de horror.

O clarão inexplicável, gradativo, meio azulíneo, projetava-se novamente ao derredor, em meio às sombras úmidas daquela região desconhecida e constantemente encharcada por uma tempestade gélida.

Naquele estado deplorável de decrepitude corporal e de desorientação, Stephan arrancou, de algum lugar de si, a renovação de ânimo para correr, trôpego, na direção dos vultos que, emergindo da luminosidade à sua frente, indefiníveis a princípio, pareciam convidá-lo, estendendo-lhe, afáveis, as mãos.

Na ânsia de alcançá-los, acotovelando-se com pessoas que vagavam, algumas obstruindo seu caminho, como se não se dessem conta da chegada daqueles visitantes extemporâneos, ele tropeçou e tombou, enfraquecido; mas reparou que os recém-chegados, num total de quatro, imediatamente avançaram, acercando-se-lhe, carinhosos e solícitos.

Stephan ergueu com dificuldade o rosto úmido de suor frio e o olhar embaciado e contornado por olheiras doentias, sem noção exata do rumo nem das iniciativas a serem tomadas. Mas ouviu, para o seu encantado aturdimento, a mesma voz angelical que repercutia sem parar em sua memória, durante todo o último e extenso período suportado naqueles cenários destituídos de explicação lógica ao seu entendimento, como farol de esperança inextinguível, mantido desde que a ouvira pela primeira vez.

Viu uma figura feminina, bela e delicada; tez alva, rosto gracioso adornado por cabelos acobreados longos e levemente ondulados, assoprados suavemente, como se por alguma fresca brisa matinal. Vestia trajes claros e simples e ajoelhou-se ao seu lado, carinhosa, espalmando-lhe a mão sedosa no rosto febril e descomposto.

Vaga impressão de familiaridade a seu respeito insinuou-se-lhe às ideias embaralhadas, indo e vindo em seu espírito como névoa tênue; mas, no estado doentio crítico no qual se reconhecia, era-

-lhe impossível deter-se ou ter certeza daquela sensação fugidia, que logo se lhe esvaiu nas agonias espirituais do momento.

Ela dirigiu-lhe um sorriso afetuoso, que lhe pareceu emocionado à percepção perturbada daquele minuto inesquecível, dizendo-lhe, enquanto o afagava, com ternura, as faces e a fronte, enxugando-as com um lenço macio e perfumado:

– Calma, Stephan... Você ficará bem! Não pense que Nosso Senhor não ouve os nossos clamores de socorro nos instantes de necessidade! Mas também temos de atentar melhor na direção correta de para onde devemos dirigi-los! – E, voltando aos demais expedicionários o olhar brilhoso, no qual se refletia o carinho ostensivo próprio dos seus modos ternos, comentou para um deles, enquanto principiavam a cercar o náufrago de cuidados, em meio ao tumulto dos seres ao redor mergulhados em angústia, para os quais não dirigiram, pelo menos naquele instante, maiores atenções: – Por favor, Paul, Richard, vamos tirá-lo daqui o mais rápido possível! Stephan já está em condições de ir conosco!

Ela o segurou com gentil firmeza pela mão, entrelaçando-a, amorosa. E ao acomodarem-no naquela espécie de maca confortável, enquanto o conduziam cuidadosamente para fora daquela paisagem sombria rumo a algum destino desconhecido, Stephan ainda mantinha sua mão entrelaçada na dela obsessivamente, como se estivesse soldada.

Ele não permitiu que a jovem desconhecida o soltasse. E, sossegando o espírito, sentiu-se afinal tombar em cálida inconsciência, abandonando-se a profundo alívio e à sensação de libertação definitiva daquele estágio obscuro; enfim, reconfortado por esperanças renovadas que tão somente aquelas presenças supostamente benfeitoras lhe proporcionavam...

II

A PROTETORA OCULTA

– QUER MESMO AGIR DESSA FORMA? NA DIMENSÃO REAL DE vida em que nos encontramos agora, onde tudo se governa pela autenticidade de intenções e de sentimentos, penso que talvez todos os seus escrúpulos devessem ser menos rígidos para consigo mesma!

Rachel meneou a cabeça, reflexiva.

– Por mais que os sentimentos me compelissem a concordar com a justeza das suas observações, devo esperar suas primeiras reações à situação para saber como me conduzir diante das tendências do seu livre-arbítrio. – E, olhando a outra, que a acompanhava em passeio breve pelos extensos jardins daquela região de acolhimento e de repouso de recém-vindos, continuou: – Devemos considerar que Stephan é ainda a mesma pessoa, aqui e agora, como justa continuidade do que fora antes de deixar a vida física, Ellen!

O diálogo se dava exatamente entre a bondosa jovem socorrista do músico recém-chegado às instituições de acolhimento daquela cidade encantadora e uma de suas amigas e companheiras de labor naquele mesmo lugar paradisíaco.

Ellen apenas sorriu, compreensiva, para depois comentar.

– Esse amor de abnegação, próprio do seu temperamento... Rachel, reconheço que eu mesma ainda me acho longe de conquistar preparo íntimo para tanto!

– Não poderia agir de outra forma, pelo respeito que tenho por ele, Ellen... Eu o respeito tanto! E o acompanhei de perto durante uma parte da sua história de vida mais recente. Como poderia agir de outro modo, baseando-me no contexto da minha própria convivência com Stephan quando ainda era sua amiga e aluna de música?

– Mas ele a amava! – lembrou-lhe a outra.

– Mas não pôde ou não quis assumir seu amor! Devo respeitar suas limitações, seus motivos... Afinal, Stephan casou-se. Constituiu família. Sua esposa, embora eu conheça a história problemática daquela união, mais cedo ou mais tarde haverá de retornar também. Mas o meu amor pertence a ele... Mas devo ponderar todas essas coisas, Ellen... Ou eu mesma não terei condições de ser plenamente feliz!

Assim dizendo, a jovem dirigiu-lhe amável sorriso, despedindo-se e afastando-se pelo relvado perfumado dos jardins, de vez que lhe competia atender ainda a um importante e último compromisso relacionado ao recém-vindo no decorrer daquela tarde.

◦ ◦ ◦

No quarto limpo e acolhedor em que fora acomodado, já desperto e em estado de convalescença, Stephan sentia-se inquieto.

Naquele momento, uma única pessoa fazia-lhe companhia; um familiar que havia muito já fizera a passagem entre as dimensões da vida. Fora quem primeiro se apresentara às equipes de assistentes responsáveis pelo auxílio ao seu retorno, pelo vínculo de grande estima sedimentado ao longo daquela última jornada material, a conta de pai.

William Klyde se mantinha ao lado do filho a quem sempre estimara e auxiliara com especial predileção, aparentando adivinhar o que lhe ia no espírito confuso, ao denunciar os primeiros sinais de recuperação da consciência. Quando ele abriu os olhos, relanceando-os ao redor, ainda mergulhado em profundo estado de perturbação, Klyde entendeu integralmente as origens da primeira dúvida que lhe aflorou, imperiosa, à tona das palavras – antes mesmo que se desse conta de que deparava o próprio pai, falecido havia tantos anos.

– Pai! Pai! Diga-me... quem era aquela mulher?! Um anjo enviado com missionários para me retirar do inferno?! Mas... eu a conheço! Não me lembro de onde! Onde ela está, pai?

Ofegava. E William, compungido, mas de há muito elucidado a respeito de situações mal vividas no último período de estágio na carne, que justificavam plenamente aquele dilema dolorido assomando à tona as primeiras preocupações na alma do filho, durante breve momento não pôde ou não conseguiu dirigir-lhe nenhum esclarecimento.

Em verdade, não se sentia autorizado nem preparado para tanto.

Detivera, talvez, o principal e decisivo quinhão de participação naquele episódio que transmudara o capítulo da vida afetiva do filho em autêntico e prolongado martírio!

Os tutores de Stephan, que o haviam resgatado e acolhido naquela estância de refazimento de um encantador mundo dimensional, tão belo quanto pintura etérea, haviam intencionalmente se ausentado, em respeito ao iminente instante de reencontro entre pai e filho. Assim, e embora ele bem soubesse, integralmente, a respeito daquilo a que o rapaz atordoado se referia, preferiu silenciar.

– Stephan, descanse! Seja bem-vindo, meu filho, e não se preocupe com nada, porque está seguro aqui em minha companhia! Todo o pesadelo ficou para trás! – assegurou, pegando-lhe com firmeza carinhosa uma das mãos.

– Onde ela está, pai? Eu a conheço! – Stephan, com a fisionomia ainda excessivamente empalidecida, os belos olhos expressivos e amendoados rodeados de olheiras fundas, permanecia preso à ideia fixa que o obcecava acima de todas as outras impressões perturbadoras que o tomavam de modo desencontrado.

– Durma, meu filho! Tudo ficará bem! Procure repousar, e no momento oportuno conversaremos! Tente não se preocupar com nada! Ficarei com você!

Àquela declaração, todavia, uma nota em falso soou no íntimo do músico; e ele relanceou no homem aflito, sentado ao seu lado, o olhar perdido e esgazeado.

– Mas... como? Como pode estar aqui? Você já...

O choque daquela percepção foi demais para a suportação fragilizada do rapaz, ainda extrema e francamente debilitado.

Ele tonteou. E outra vez baqueou em prolongado estágio de inconsciência.

Passou-se um longo intervalo, e a certa altura a porta do cômodo se entreabriu suavemente, dando passagem à personagem que enfim, e como avisara a Ellen, retornava, atenta aos cuidados com aquele tutelado especial.

Entrando, cumprimentou com delicadeza o genitor de expressão confrangida, que se mantinha imóvel e sentado à cabeceira do agora adormecido Stephan.

– Lord Klyde...

– Miss Rachel Alene... – devolveu o homem, a cabo de alguns instantes, reconhecendo-a de pronto, sem conseguir sustentar o olhar sincero e desvelado com que a moça gentil o saudou. – Então, era mesmo você... Daí toda a exaltação de Stephan há pouco, quando acordou... E isso vem provar que os destinos humanos, de fato, prescindem da nossa vaidosa arrogância!

Aproximando-se, entre curiosa e cordata, Rachel concordou.

– Lord Klyde, creio que todos nós, agora, vivenciamos outros tempos e outras situações com as quais a vida nos surpreendeu e situou com o objetivo de harmonizar possíveis diferenças de entendimento! Assim, não se sinta constrangido diante da minha presença, que não significa nada além do amparo que dedico a Stephan, pelo muito que o estimo! – Sentando-se e olhando o rapaz sem disfarçar a intensidade da ternura no olhar embevecido, fez por onde passar ao que era do interesse comum a ambos: – Então... ele acordou? Faz muito tempo? Como se sentia?

Lord Klyde deu de ombros e respondeu desalentado.

– Confuso! O gênero de morte que o trouxe a nós foi brutal, miss Rachel! Meu filho era um músico! Nunca prejudicou a ninguém... Pelo menos, não intencionalmente... – Alegou reflexivo, pausando e relanceando novamente na moça atenta os olhos que outra vez, pressuroso, não conseguiu manter na sua figura graciosa e digna. – Não merecia atravessar esse horrendo padecimento. É nesses momentos que questiono os desígnios de Deus!

– Mas toda a compreensão nos chega no momento adequado. Somos pequenos demais diante de todo o entendimento necessário dos desígnios do Criador. Eu mesma me revoltei, inconformada, na ocasião do meu retorno... Hoje, com a graça de Jesus, compreendo tudo de modo um pouco melhor...

– Certamente, possuía seus motivos para se rebelar, miss Rachel! – ponderou Klyde de forma alusiva, mas conciliadora. – Conheço bastante a história de sua vida! Faltou-lhe realização pessoal quanto a vários importantes quesitos da sua trajetória... – Relutou um pouco na declaração seguinte: – Inclusive, e principalmente, ao que se refere à sua ligação com meu filho!

– Mas não falemos disso agora... – respondeu Rachel emocionada. – Acho que Stephan está dando sinais de que vai despertar!

Lord Klyde silenciou, voltando-se para o leito, onde, de fato, e como se magnetizado pela nova presença a seu lado, ele reabria os olhos.

Não obstante, achava-se ainda em acentuado estado de perturbação.

Olhando para a tutora atenta que, entre comovida e afetuosa, aproximou-se com cautela do leito, a consciência integral retornou-lhe de vez e de abrupto.

Fixou-a, expressando um quase estarrecimento, porque enfim, e embora imerso em intenso conflito interior, alguma luz se fez em seu íntimo sobre a personagem que tanto o obcecava.

– Rachel! Não pode ser! Meu Deus... – arfava. – É uma visão! Como pode estar aqui?! Não posso acreditar! Eu não mereço... depois de tudo o que a fiz sofrer!

Malgrado a grande exaltação com que se expressava, a voz grave e outrora melodiosa do músico não ultrapassava um sopro rouco, proferido com imensa dificuldade, e ademais obstruído pela sobrecarga de emoção do momento.

Também Rachel, no começo, viu-se quase impossibilitada de falar, tolhida pela comoção que lhe provocaram aquelas primeiras palavras.

Todavia, fiel ao que a si mesma prometera, enquanto se preparara longamente para aquele momento, requisitado para si, de ampará-lo no instante do seu tão ansiado retorno, conteve-se; e, acercando-o com ternura, sentou-se ao seu lado.

Não pôde evitar, porém, que Stephan lhe entrelaçasse firmemente a mão delicada, como fizera no instante crucial do seu resgate das regiões sombrias que cercam o orbe terreno.

– Stephan, não fale assim! Todo o passado ficou para trás. O que nos importa, no momento, é o seu pleno refazimento! Uma vez recuperado, teremos todo o tempo para as reflexões e dedicação à renovação de planos... – replicou, endereçando-lhe um olhar no qual não poderia dissimular por completo a grande emotividade que lhe empolgava o coração honesto e transparente de sentimentos.

Stephan concordou, ainda alheado da verdadeira significação da realidade circundante. Falava como se estivesse divagando, embora o olhar saturado de emoção não se desprendesse da jovem, como se de uma aparição de cuja existência relutasse em duvidar.

– Para reencontrá-la precisaria que não estivesse mais entre os vivos! Todavia, impossível acreditar que eu merecesse privar justamente com você! Impossível crer que, fora do mundo, viesse parar no mesmo lugar dos céus onde você reside agora, Rachel! – E foi dominado por novo impulso, inteiramente obcecado pelos pensamentos que lhe emergiam de abrupto da memória, convulsionando sua mente em redemoinho. Parecia decidido a não desperdiçar aquela suposta chance de redenção, antes que, como sonho bom, ela se lhe esvaísse da visão extasiada. Assim, exclamou, a voz soando quebradiça, entrecortada, roufenha: – Escute, Rachel! Por favor! Tenho de lhe dizer, antes de qualquer outra coisa, e quero que acredite, que depois que você se foi, fiz por onde, da melhor forma possível, cuidar do bem-estar da nossa filha! – E ante a visível comoção da moça sentada em silêncio, próxima a si, no leito, com os olhos banhados em lágrimas, repetiu, meneando, com ênfase: – Foi o modo que encontrei para, talvez, me penitenciar, pelo menos um pouco, do que lhe aconteceu por minha culpa! Rachel! Acredite! Por mais que lhe seja difícil agora... eu nunca deixei de amá-la! Perdoe-me, Rachel! Perdoe-me!

Para dolorosa surpresa da moça, o músico, pálido e abatido, chorava, baqueando o rosto na mão delicada que ainda entrelaçava entre as suas, beijando-a obsessivamente.

Mergulhados em mútua comoção, todavia, de início Rachel não pôde responder. Estava com os olhos úmidos, mal contendo as lágrimas que afluíam espontaneamente.

Ela e Lord Klyde apenas se entreolharam, naquele minuto difícil em que o antigo barão britânico, talvez, pela primeira vez, se questionasse sobre a validade dos seus austeros e arraigados valores, que não lhe serviram de nada para erradicar, da vida daquele filho dileto, o sabor amargo da vala mais comum das desventuras humanas.

III
RECORDANDO

– Tenho de me distanciar um pouco. Contra todas as minhas expectativas, Stephan me reconheceu; e ele ainda será visitado por aparentados que já se acham entre nós... Inclusive por sua mãe, mrs. Catherine. Afora a circunstância delicada de que, em breve, lady Lane estará retornando também...

– Deve possuir suas razões para se conduzir deste modo, Rachel, e não seremos nós a interferir em suas decisões... Todavia, por tudo o que me conta, evidencia-se, por si mesmo, que os sentimentos de Stephan talvez o arrastem para colocar em xeque os rumos das suas iniciativas, cobrando-lhe reorientação nos seus sentimentos, e, principalmente, no que fará com eles!

– Tenho consciência disso, mamãe... Mas, ainda assim, quero assegurar a ele a liberdade de decisão e de iniciativa, sem pressioná-lo com a minha presença. Porque cada qual que reencontre, a partir de agora, haverá de produzir-lhe no universo íntimo diferentes e conflituosas emoções. Não há como prever o que prevalecerá em suas decisões quando se vir de posse mais clara da sua lucidez...

Mrs. Evelyn, sua mãe na última reencarnação, conhecendo a fundo o que se constituía a essência espiritual da filha sensível, preferiu silenciar com breve suspiro, naquela hora noturna em que dividiam pareceres na sala acolhedora de sua residência na extensa localidade espiritual, situada nas esferas dimensionais acima das extensões físicas do Reino Unido.

No entanto, a despeito de toda a firmeza íntima, sedimentada na proverbial honestidade com que sempre se conduziu naquela questão, mesmo quando ainda mergulhada nos embates de consciência difíceis do período reencarnatório, ao se recolher para algum repouso no leito confortável do seu quarto, decorado com delicados temas florais, Rachel, por fim, deu vazão à emotividade contida.

E chorou, permitindo que as lágrimas lhe lavassem, abundantes, o rosto alvo. Dominada pela melancolia, deu vazão às lembranças de sua última trajetória material, que desfilavam, fiéis, em sua mente, como um filme de incrível realismo.

As recordações alcançavam os instantes mais remotos de sua infância – correndo com algumas crianças nos jardins amplos de uma grande residência bem situada nas regiões mais acolhedoras de Londres.

Existia algum tumulto em torno, no ambiente dos adultos; e, por esse motivo, o bando de garotos e garotas alvoroçadas foi encaminhado aos jardins da casa, a fim de não interferir no grave assunto tratado naquele momento.

Menina ainda e um tanto inconsciente do drama que se abatera sobre o seu destino quando da perda da mãe durante o parto – e agora também do pai em circunstâncias ainda ignoradas naquela fase precoce da vida –, naquele instante de descontração, pelo menos, os únicos interesses de Rachel se prendiam às brincadeiras inocentes com a bola com as crianças, filhos de duas famílias que se reuniram nos interiores da morada para tratar de assuntos graves e alheios ao seu conhecimento.

Ressentia-se, naquele instante, da ausência de um menino mais velho, com quem dividia especial vínculo de afeto: o filho de lord Klyde, um amigo íntimo de lord Paul Ashley, que seria, então, o seu pai adotivo, desde que aqueles fatos trágicos se abateram sobre sua ainda infante existência.

O nome do menino era Stephan. E desde a mais remota infância dividiam empatia espontânea e irresistível, trocando doces e agrados sempre que se avistavam durante os eventos e as festividades sociais, e em encontros familiares. Preferiam-se, mutuamente, a quaisquer outras companhias infantis presentes naquelas ocasiões; e faziam por onde privar com exclusividade, e a salvo das interferências das demais crianças, nas vezes em que se avistavam.

Mas o pai, William Klyde, músico de profissão, havia compelido o filho, desde cedo, ao estudo da teoria musical e de alguns instrumentos, o que o distanciava consideravelmente dos folguedos próprios da sua pouca idade de nove anos, e, por consequência, durante períodos longos de tempo, daquela sua amiguinha predileta.

A família de Stephan, William e a esposa, Catherine, estava presente naquele momento, em entrevista íntima com os Ashley – exatamente por ocasião do falecimento extemporâneo e misterioso de mr. Farrow, o pai de Rachel, em acontecimento criminoso de origem obscura e de difícil decifração da parte das autoridades encarregadas do caso.

Mr. Arnold Farrow fora encontrado em uma viela escura, durante a madrugada, com um tiro certeiro de arma de fogo na nuca. Um crime sem indícios de luta, fazendo-se supor que fora uma emboscada. O caso tinha aparência de ser insolúvel, dadas as características do local, a ausência momentânea de testemunhas e o aspecto intocado da vítima.

Sem que o soubesse, portanto, seria a partir daquele momento que a menina inocente passaria à voluntária responsabilidade de Ashley e da esposa, por decisão irrevogável do barão, tendo em consideração a amizade de décadas havida entre ambas as famílias e a ausência de familiares mais próximos dos Farrow dispostos a reivindicar para si o encargo.

Com efeito, Rachel, então filha única, possuía apenas um casal de avós vivos: os pais da finada mãe. Todavia, doentes e abandonados demais aos transtornos naturais da velhice para que se dispusessem a superar o drama já difícil da tragédia vivida com a perda de Arnold Farrow, depois da morte de Evelyn, e ainda encontrar em si mesmos forças para criar, educar e formar condignamente a neta.

Os Klyde, dessa forma, e por conta da vizinhança amistosa de mais de duas gerações, achavam-se presentes na casa dos Ashley para a troca de impressões sobre a fatalidade que atingira outra vez aquela família com histórico mútuo e extenso de troca de amizade e de interesses.

Stephan estava em sua casa estudando música com seu velho professor. E a pequena Rachel se ressentia da ausência de seu melhor amigo.

A novidade daquela adoção, no entanto, agradaria apenas em termos a Caroline, a primogênita do casal Ashley. Porque, se de um lado a seduzia a ideia de uma extemporânea irmã postiça para dividir brincadeiras, uma vez que, bem-nascida e cercada de zelos familiares, costumava levar um gênero de vida demasiadamente solitário para o que se requisitava do seu período de primeira infância, de outro, a ferrotearia o ciúme próprio de criança criada à moda de filha única, uma vez que possuía somente um irmão muito mais novo para acompanhá-la nos interesses próprios da idade.

O decorrer dos anos confirmaria, infelizmente, para Rachel, que a presença daquela mocinha caprichosa no enredo de seus dias se converteria numa das grandes provas a vencer no capítulo da tolerância heroica, ao deparar com episódios naturais de competição nos quais Caroline – chamada no ambiente do lar de pequena Lane – saía sempre vitoriosa. Contudo, o que mais atingiria Caroline seria o afeto mútuo existente entre Rachel e Stephan.

As fases daquela infância peculiar desfilavam na retina espiritual de Rachel, naquele instante de repouso, acomodada no leito confortável de seu quarto, na bucólica residência do lugar das dimensões da Vida Maior, agora, depois que tudo houvera ficado para trás.

Ela revivia, com lágrimas esparsas ainda escorrendo pelo rosto delicado e alvo, as sensações confusas de sofrimento pela ausência dos pais, experimentadas de maneira indistinta pelo seu íntimo imaturo, durante aqueles primeiros anos difíceis de transição.

O modo como, apesar e acima de tudo, fora criada com extremos de carinho por lord Paul Ashley – já que, mesmo de dentro das limitações de percepção da criança, se dava conta de qualquer despeito sub-reptício sempre embutido nas atitudes de mrs. Gladys Ashley, e na diferenciação gritante do tratamento que lhe era dispensado em comparação aos mimos cheios de coquetismo com que lidava com sua primogênita.

Aquela diversidade de consideração das coisas existentes entre ela e o marido, dessa forma, logo se fizeram pesar no convívio cotidiano de Rachel na sua nova morada. E, mais tarde, adquiriram ênfase especial em relação ao capítulo dos estudos de música, que será pormenorizado mais à frente nesta narrativa, pela importância das suas implicações, e que lord Ashley entendia dever dispensar, por igual, aos três filhos, enquanto Gladys alegava a não importância daquele cuidado para com a menina mais nova, que, se o marido desde o começo acolhera como filha natural, no que dizia respeito a todas as possíveis minúcias, a esposa, de seu lado, sempre reservada, distanciava em mais de um momento, como se lidando com um elemento estranho no seu ninho doméstico, a que não conseguia, ou não queria, tratar com maior interesse daquele que dedicava aos filhos dos empregados da casa.

E aquele contexto adverso, com o passar dos anos, acabou minando a relação anteriormente harmoniosa do casal e inflamando extremamente uma conjuntura ingrata para Rachel, ao que se referia ao seu entrosamento também com quem deveria considerar como irmã. No caso, Caroline.

Era visível o tanto que aquelas circunstâncias de ordem doméstica molestavam o humor de Paul Ashley, a quem a pequena Rachel se apegara extremamente, como a uma tábua de salvação, durante todas as pequenas e maiores adversidades do seu histórico de convivência com a família postiça.

Entrementes, o que não compreendia bem no período inicial da infância, no qual fora constrangida àquela mudança radical nos rumos de seus caminhos, pouco a pouco terminou se delineando ao seu espírito com contornos mais definidos, à medida que crescia e adquiria melhor entendimento da vida e das situações.

Compreendeu, assim, e para a sua acentuada melancolia, que não contaria jamais com uma amiga em Caroline – a menos naqueles momentos interesseiros em que a primogênita dos Ashley, cheia de vontades, usava sem cerimônia de sua boa-fé para angariar companhia condigna nos seus instantes de tédio. Bem como, também, a incomodaria, sistematicamente, a intromissão enciumada da irmã postiça no seu elo de afetividade com aquele seu amigo das primeiras fases da infância, Stephan – de quem a mocinha voluntariosa insistia com pertinácia angariar as simpatias e atenções em situação de privilégio, quando das visitas entre as famílias, lançando mão, com o passar do tempo, dos característicos de coquetismo e de vaidade exaltados em seu temperamento enervado pela influência igualmente orgulhosa do modo de ser da mãe, principalmente quando ambas atingiram os primeiros anos da adolescência.

Stephan, com efeito, e com o decorrer dos anos, aprimorara seus estudos de música, herdeiro natural que era dos dons do pai.

Não ofereceu, deste modo, resistência em ser por ele encaminhado pelos mesmos rumos profissionais, a despeito de tudo tortuosos, com que deparavam naquela época os que se empenhavam neste gênero de atividade, ainda que o enfadassem, até certo ponto, as exigências com que, desde cedo, tivera de se haver, comparecendo a audições e sarais providenciados por Klyde e pelo professor, em casas de famílias nobres, no intuito de fazer destacar seu talento diante de pessoas influentes. Não havia outro caminho para que se evidenciasse, mais tarde, como professor de música e compositor reivindicado e bem estabelecido profissionalmente.

Nada embora, era músico naturalmente talentoso. E, ainda, carismático e bem aparentado, com a tez pálida adornada por fartos cabelos castanho-escuros levemente ondulados, emoldurando um semblante onde se refletia uma mistura encantadora de sedutora virilidade com os ares sonhadores próprios da sensibilidade normalmente exacerbada do artista.

De temperamento reservado, tornara-se, com o decorrer dos anos, num rapaz alto, esguio, altaneiro e de personalidade forte, embora inerentemente sensível – fator denunciado também com clareza nos olhos castanhos amendoados dotados de um magnetismo difícil de suportar por parte das mocinhas que já ia conquistando, sem real intenção, no seu currículo precoce de envolvimentos afetivos.

Todavia, e mesmo depois de tantos anos, nada substituía, na espontaneidade afetiva do discreto mundo interior do jovem músico, a amiguinha de infância a quem, em segredo, dedicava um amor fiel e quase obsessivo. Para a infelicidade do alvo inocente dos seus sentimentos, todavia, existia a irritadiça e exaltada vaidade do espírito ciumento e quase despótico da irmã postiça.

A situação haveria de ser inflamada de modo inevitável, com o decorrer dos acontecimentos, pela contingência de ser ele indicado, por intermédio da influência da amizade entre Klyde e Paul Ashley, como professor de música de ambas as filhas deste último, tão logo alcançaram a fase da primeira juventude, sob a alegação bem articulada de William de que os filhos do casal requisitavam um estudo mais dinâmico e atualizado, em comparação ao método, a seu ver, obsoleto que até então vinha sendo dispensado pelo velho professor sem maiores vínculos com a família, já que se empenhara em introduzir e especializar Stephan no que havia de mais aprimorado no universo artístico musical da Inglaterra de então.

Aquele acontecimento, portanto, haveria de ser o marco insuspeitado de todas as futuras e maiores agruras vividas por Rachel no decorrer da sua rápida e última jornada reencarnatória...

IV
O REENCONTRO

Miss Caroline cumpria compromissos de visita a uma familiar idosa e doente, residente em Norfolk, em companhia da mãe. Assim, quando William Klyde anunciou sua visita com Stephan, de volta após quatro anos de afastamento em razão do aprimoramento dos estudos musicais, lord Paul Ashley, havia alguns dias, estava apenas na companhia de Rachel e de Marshall, seu filho mais novo, então com dez anos.

De posse da notícia que lhe provocou indescritível alegria, Rachel, então com dezesseis para dezessete anos, levando um gênero de vida um tanto recluso, quase adoeceu de exaltação.

Tomou-se de um estado febril renitente, que logo causou preocupação no pai adotivo e também em miss Noreen, dama de companhia que desde a infância a tutorava, embora Ashley intuísse a origem da indisposição súbita mais no estado de sobrexcitação da alma do que no corpo, de vez que, indisfarçavelmente agitada, Rachel não sossegou enquanto não chegou o dia de rever o antigo amigo de infância.

Até porque ela já conhecia, de antemão, que, inaugurando a nova fase na convivência entre ambos, o rapaz, agora com dezoito anos, lhe seria praticamente reapresentado em caráter especial, e a conta de seu novo professor de música – informação com que ela procurou, ocultamente, se deliciar durante aqueles dias, afastando de suas lembranças que ele também ocuparia essa posição com Caroline.

Todavia, aquela tarde lhe seria jubilosa. E a jovem Rachel sentiu o coração precipitado no peito ofegante, quando, enfim, mr. Roland, o intendente da casa, anunciou a chegada de lord Klyde e do filho.

Assim, à soleira da sala bem-posta, ambos os barões se cumprimentaram com distinção, enquanto, ladeando-os, os dois jovens sentiram-se hipnotizados um pelo olhar do outro, num misto indescritível de emoções que refletiam desde alegria inexcedível até o imenso fascínio que suas apresentações pessoais modificadas, após aqueles anos, exerciam ao espírito um do outro.

Lia-se com clareza na fisionomia de Stephan o modo como lhe agradara, logo à primeira vista, aquela nova Rachel, de graciosas feições emolduradas por belos cabelos cor de cobre, a dirigir-lhe, entre tímida e indisfarçadamente emocionada, os belos olhos amendoados nos quais ele adivinhava a expressão sincera dos mais encantadores sentimentos.

Assim, ele ainda se demorou irresistivelmente preso à visão enternecedora da sua amiga de tantos anos, parada a certa distância, demonstrando dificuldade em sustentar com ele aquela fugidia troca de olhares cheia de significados silenciosos, enquanto Paul e William trocavam palavras de saudação gentil. E, a despeito da idade ainda um tanto imberbe, o jovem músico não se enganava na percepção das impressões que também causara na antiga amiguinha de infância. Sua aparência bela e altiva, e habitualmente cativante de suspiros femininos logo à primeira olhada, muitas vezes o favorecia nas rodas sociais que frequentava, por conta de seus ensaios e lições musicais.

Sem margem a dúvidas, ambos se reconheciam presos no mesmo idêntico e antigo fascínio existente de antes, agora alimentado por componentes novos nas emoções experimentadas naquela faixa etária diversa.

Mas, a princípio, não se dirigiram palavras, para além de um contido sorriso.

Foi necessária a introdução paterna para que vencessem o natural retraimento e se colocassem mais à vontade para os primeiros cumprimentos.

Paul Ashley pegou a filha pela mão e a puxou, espelhando ostensivo orgulho da jovem perante os visitantes, enquanto comentava:

– Venha cá! Que houve, Rachel? Andava tão ansiosa por este momento, e agora a percebo destituída da capacidade de falar? Ou não reconhece mais o antigo e grande amigo da sua fase de meninice?

– Ora, Paul, não a constranja! Rachel está uma linda moça! Além do mais, a iniciativa dos cumprimentos deve ser sua, Stephan! – Klyde instigou o filho, que, fazendo por onde não denotar que percebia o tanto que Rachel enrubescia, se lhe acercou gentilmente, tomando-lhe a mãozinha delicada, que percebeu trêmula, e nela depositando um beijo cortês.

– Espero que se recorde de mim, Rachel! Porque jamais me esqueci de você! – O rapaz comentou, cavalheiresco, mas reticente, dirigindo-lhe um sorriso contido, embora de maneira significativa. Em parte, por não saber mais como se comportar diante daquela de quem guardava recordações de uma menina meiga e vivaz, e que lhe ressurgia, agora, como uma jovem encantadora, cuja presença lhe provocava sentimentos perturbadores e emoções intensas, em tudo diversas.

E como notasse que a filha se demorava ainda incerta e presa à emoção, Paul interpôs outro comentário, dando-lhe tempo para que pudesse se expressar devidamente.

– Rachel estudou muito durante estes anos! Lê maravilhosamente e demonstra interesse por algumas ciências. Mas possui, sobretudo, acentuado dom para a música, e desenvolveu bastante os seus recursos neste sentido, embora agora, e como bem sugeriu William, necessita de atualização nos métodos! Creio que está abalizado para auxiliá-la nesse sentido, não é, Stephan? É bom revê-lo! – ele gesticulou para o rapaz, com cordialidade. – Reconheço-o saudável e apresentável! – comentou, convidando-os a se acomodarem.

– Com satisfação, lord Ashley... – assegurou de pronto o jovem, embora não pudesse fazê-lo sem desviar o olhar, entre curioso e interessado, da corada Rachel, que, em o notando, e enfim encontrando forças, mudou ligeiramente a postura, enquanto sentava-se ao lado de Paul, dignando-se devolver-lhe, embora ainda bastante tímida, o cumprimento inicial.

– Claro que não me esqueci de você, Stephan! Não se passaram tantos anos assim. Além disso, lord Klyde tem nos contado que você estuda muito! Conte-nos como tem sido sua vida!

– Progredi nos estudos dos instrumentos de corda, Rachel, e hoje recebo muitos convites para participar na música de câmara[1], executando o violino, no qual me especializei! – contou o rapaz, em cujo sorriso se percebia uma mistura franca de satisfação e o orgulho natural pelo que relatava.

A moça devolveu-lhe o sorriso com delicadeza; mas era visível no brilho vívido refletido em seus olhos que já compartilhava com

1 Música de câmara: diz-se do gênero musical precursor das atuais orquestras, composto para execução de vozes ou de, pelo menos, quatro instrumentos, que cabiam nas câmaras palacianas. Compostas por quartetos, trios ou quintetos de combinações instrumentais várias, e podendo prescindir da regência de um maestro (Nota da médium).

ele da felicidade que a simples menção ao assunto lhe evocava ao espírito inerentemente devotado à música.

– Já dá aulas com regularidade? – quis saber Paul Ashley, interessado no contexto no qual aconteceria, para a filha, o prosseguimento dos seus estudos de música sob a orientação profissional do jovem.

– Há um ano ensino os filhos de duas famílias que nos são íntimas, lord Ashley; uma delas são os Cameron! Demonstram satisfação com o meu trabalho, e mr. Edward está nos prometendo, para o futuro, colocar-me em um cargo promissor, como maestro ou compositor oficial, em patamares mais favorecidos da sociedade!

Ouvindo-o, porém, Klyde encenou um gesto no qual se percebeu falsa e prudente modéstia.

– Ora... isso é verdade! Todavia, um passo por vez! Já conversamos sobre isso, Stephan! Sempre mantive reservas com o verbo fácil frequente nos discursos demagógicos de Edward, cujos interesses no mundo das articulações políticas requisitam certa cautela! Você tem talento, e não preciso que lhe diga! – Lembrou ao filho, agora ao ouvi-lo um tanto incerto quanto ao que pensar daqueles fatos. – Contudo, ainda é cedo para contar com favores e voos mais altos, e a época é de que se assegure com alguns trunfos em seu favor! Entre eles, aliás... o de um bom casamento! – insinuou, relanceando o olhar perspicaz nos circunstantes, com um sorriso dúbio cujas implicações, se de um lado espelhavam o caráter dos planos calculistas que já tecia para o futuro do filho, de outro, no próprio Stephan, tanto quanto em Rachel e no agora atento Paul, provocaram sensações disparatadas e algo incômodas.

O casal, sem que pudesse se impedir a isso, trocou um fugaz, embora intenso olhar, repleto de indisfarçável significação.

E Rachel, de seu lado, desviou-se, presa de repentina perturbação íntima, voltando a pender, num ângulo, o rostinho belo e enrubescido.

Sem que pudesse explicar a sensação a si mesma, experimentou ligeiro mau pressentimento, ao escutar do pai de Stephan aquelas palavras.

Algum tempo depois, e após terem dividido ligeira ceia, ambos os barões haviam se recolhido a um escritório para tratar de assuntos mais sérios e também para discutir detalhes práticos relacionados ao encargo que o jovem Stephan assumiria com Rachel, Caroline e Marshall nos estudos de música.

Isso, afinal, liberou os jovens para ficarem em situação de maior discrição, a salvo de interferências, e, portanto, palestrando com mais liberdade e desenvoltura durante um extenso e agradável passeio pelos jardins amplos da moradia – oportunidade, em verdade e depois de tanto tempo de separação, aguardada por ambos secreta e ansiosamente, desde a expectativa anterior daquele tão esperado reencontro.

De fato, não demorariam para resgatar a forte empatia que já aflorava dos assuntos, a princípio, superficiais que iam abordando, e que os conduziam, com naturalidade, à alegria compartilhada de perceber que, apesar da passagem do tempo e de todas as mudanças pessoais impostas pelo decorrer dos anos, ainda se conservava intacto o profundo afeto mútuo, acrisolado no coração deles como joia preciosa preservada para ser recuperada na época devida.

Naquele momento, o silêncio predominava, enquanto caminhavam lado a lado usufruindo do perfume campestre dos arredores, divagando o olhar, sem realmente prestar atenção nos cenários dos grandes ajardinados em volta.

Já tinham conversado bastante a respeito do que cada qual havia feito de mais importante em família e em relação às atividades que os ocupavam e interessavam mais de perto. Rachel falou de seus progressos na leitura e nas aulas de canto e de cravo. Stephan narrou com entusiasmo o aparentemente infindável curso de sua especialização no violino, com um professor, na época, renomado, e providenciado a seu favor pelo pai graças a algumas influências e articulações sociais importantes que mantinha a conta de ouro no cofre. Narraram muitas vivências, trocaram informações sobre conhecimentos e amizades em comum e também risos francos com episódios pitorescos acontecidos em momentos vários.

Compartilharam algumas confidências. E, nisso, a certa altura, sem poder evitar enquanto se entreolhavam afetuosamente, cederam a um impulso simultâneo de confessar que haviam sentido muito a falta um do outro. Então, nesse instante significativo, riram muito, um tanto desconcertados por ter-lhes ocorrido a um só tempo a expressão daquele mesmo pensamento.

E não resistiram em trocar outro daqueles olhares já compartilhados desde o princípio daquele reencontro, repleto de perguntas, curiosidades e significados. Depois, Stephan não aguentou o impulso de emitir um comentário a respeito do que, desde que chegara na companhia do pai, absorvia-lhe por completo as percepções, não lhe abandonando as considerações mais íntimas.

– Você está bonita, Rachel! Nossa! – sorriu, detendo-se e desviando um pouco para os arredores o olhar ostensivo de admiração quase apaixonada com que a fixava, ao reparar no jeito logo constrangido com que a jovem lhe correspondia àquelas impressões. – Estou sendo sincero! Você está linda!

No auge do acanhamento, ela deixou escapar um sorriso no qual se notava, clara como água, uma mistura perturbadora de imensa inibição com um quê qualquer de travessura, originada no grau espontâneo e terno de amizade que mantinham.

– Ora... obrigada! Você também está muito bem, Stephan... Mas durante estes anos imagino que deva ter conhecido inúmeras outras jovens bonitas!

O rapaz, a isso, naturalmente mais ousado, voltou a depositar nela os belos olhos castanhos e sempre dotados de um brilho magnético, poderoso e incomum.

– Não... – meneou a cabeça. Rachel não duvidou de que ele fora sincero ao responder. – Conheci muitas outras jovens, mas nenhuma assim bonita como você, Rachel!

Todavia, muito embora a maneira envolvente com que se pronunciava, própria de rapaz, até certo ponto, já habituado a cortejar outras moças que as novas experiências de homem permitiam conhecer em festas e acontecimentos em sociedade, no que dizia respeito a Rachel, em particular, ele se confundia de maneira especial. Ele sentia e sabia, de forma definitiva, que deveria ter para com ela toda cautela possível com o que, afinal, faria dos novos e surpreendentes sentimentos que, no que lhe dizia respeito, já se reconhecia experimentando.

Sabia que aquela jovem delicada e graciosa sempre ocuparia um lugar sagrado e de especial relevância no seu coração. E que lhe cabia resguardar, intocada, a todo preço, a qualidade única daquela convivência.

O jovem e idealista Stephan Klyde não teria como adivinhar, ali, naqueles minutos de alegria e enlevo, o alto preço que a vida lhe cobraria para que se conduzisse a contento – uma promessa que ali mesmo ele se fazia.

Todavia, lamentavelmente, sob o peso esmagador das interferências externas, com o passar do tempo ele compreenderia, sob intenso estado de sofrimento, que não conseguiria alcançar condições ideais de honrá-la.

No entanto, naquele instante feliz de reencontro, durante uma tarde ensolarada da primavera perfumada de Londres, ambos não tinham como supor todo o enredo ingrato com que mais à frente o destino os confrontaria.

Rachel, no seu constrangimento, só conseguiu relancear-lhe o olhar terno, mas retraído, e esboçar, no semblante ruborizado e singelo, um sorriso tímido. E ele lhe correspondeu entrelaçando-lhe, com afetuosa espontaneidade, a mãozinha delicada, enquanto prosseguiram o passeio, do mesmo modo como o faziam na época em que corriam eufóricos por aqueles mesmos jardins, dividindo brincadeiras de infância, vários anos antes.

V
DIÁLOGOS EM FAMÍLIA

As recordações de Rachel prosseguiam, enquanto, nostalgicamente, entre se abandonar àquela extensa revisão de sua última trajetória na matéria e sonhar, enternecida, com o recente e tão ansiado retorno de Stephan para a bucólica região das esferas etéreas onde agora residia, ela se entregava ao repouso, durante o período noturno simultâneo tanto na esfera física quanto naquela faixa mais depurada das dimensões espirituais.

Lembrava-se, agora, de cenas de caráter familiar, vividas após o regresso do jovem músico do seu período de estudos com mestres dos mais conceituados em Londres, e a cujo conhecimento mais pleno dos detalhes tivera acesso apenas durante os encontros instrutivos e esclarecedores com seus mentores da atual dimensão das suas vivências.

○ ○ ○

Os Ashley organizavam-se à mesa para o desjejum, como de hábito, àquele horário matinal, nas primeiras claridades do dia.

Paul estava acomodado com a esposa, enquanto a copeira principiava os serviços à mesa, e ambos trocavam impressões sobre amenidades, quando se deram conta da aproximação da filha mais velha descendo as escadas de acesso ao andar superior com os modos acesos e voluntariosos de costume.

Todavia, a moça demonstrava irritação que se evidenciava, mesmo a distância, no jeito como arrumava com espalhafato os panos fartos do seu vestido bege, murmurando coisas, como se falando consigo mesma.

Ao se aproximar, Paul e Gladys conseguiram alcançar melhor o cerne do amuo inconveniente logo às primeiras horas do dia.

– Como se não bastasse... Imagine! Stephan ter vindo com lord Klyde, e as aulas serem tratadas na minha ausência! E agora tenho de tolerar Rachel com aqueles ares sonhadores, desde então, como se espezinhando na primazia experimentada em privar com ele primeiro!

Acomodou-se, afinal, ao lado da mãe, mal cumprimentando os circunstantes, de vez que miss Noreen, ao mesmo tempo, trazia o rapazinho também arrumado para acompanhar a família na refeição matutina. E enquanto Gladys se limitou a observar com interesse a primogênita, no intuito de avaliar melhor suas reações antes de indagar dela o que se passava, Paul não se deteve muito naqueles seus já conhecidos acessos de mau gênio por qualquer frioleira, preferindo questionar sobre o paradeiro da irmã.

– Onde está Rachel, Lane? Não veio para a refeição? Está demorando muito para descer... – E, acrescentando, a propósito: – O que está acontecendo? Houve alguma altercação?

A pergunta capciosa era intencional e tinha como objetivo avaliar outros pormenores, por antecipação temidos, e infelizmente confirmados com a resposta arrebatada da ruiva Caroline, ao revidar na mesma hora, com um dar de ombros de desdém.

– Pergunta para mim?! A meu ver, Rachel está mesmo lenta; mas pelas razões que suponho, e que tanto me aborrecem! Foi lhe concedido privar com o seu precioso Stephan em situação de exclusividade, quando, em verdade, o correto seria aguardar o nosso retorno! – Acusou, sem rodeios. – E, agora, ela está entregue a suspiros e ares de superioridade sem fim a meu respeito, como se o nosso novo professor de música, por antecipação, estivesse à disposição dela com primazia sobre mim! – explicou, enquanto arrumava com impaciência o lenço sobre o colo, indisfarçavelmente exasperada.

A explicação descabida provocou a irritação de Paul, que prontamente a cortou:

– Lane, o dia apenas começou! – advertiu, severo e sem meias palavras. – Não vou tolerar seus amuos e acessos de implicância com Rachel agora que mal nossos lábios tocaram o primeiro chá! Fiz-lhe uma pergunta simples, à qual caberia responder com poucas palavras triviais, e não com um relatório ciumento e cheio de considerações pessoais e injustas acerca desse assunto que, bem o vejo, já há uma semana a incomoda de maneira obsessiva!

– Paul! – tentou interferir Gladys, desgostosa, ante o imediato rubor de descontentamento subindo às faces de Caroline, que, por mais temperamental que fosse, porém, não costumava se encorajar o bastante para afrontar o pai quando lhe notava exaltação e enraivecimento daquela monta. Mas Paul fez-lhe um gesto seco e a cortou, na mesma hora, continuando:

– Sei que enquanto não avistar pessoalmente, e em situação de relevância, o jovem Stephan, não sossegará, por causa dessa estúpida competição de anos em que se empenha com sua irmã, baseada em delírios que só moram na sua cabeça, Lane! Todavia, advirto-a: Rachel e Stephan são amigos apegados desde a fase mais remota da infância, de épocas em que você já se dedicava a nutrir coquetismos de etiqueta sob a orientação, bem a propósito, da sua mãe! – E, como Gladys o medisse, visivelmente contrariada pelo que ouvia, ele agora passou a se dirigir a ambas, antes de encerrar, taxativo, o assunto, que não queria ver ainda tratado de maneira desapropriada no momento em que a outra filha descesse. – Você, Gladys, parece-me que se esqueceu de reservar à nossa primogênita, naqueles tempos, o necessário intervalo para o lazer infantil, em lugar de ocupar todas as horas da vida da criança com regras sobre como melhor se vestir e se comportar à mesa em reuniões sociais ou sobre as melhores cores dos rendados dos vestidos e enfeites para os cabelos! Isso provocou, no temperamento dela, ao que me parece, uma defasagem que, agora, sem se dar conta, procura resgatar, em época já imprópria, e com essa disputa com a irmã mais nova por uma amizade que só cresceu em situação de vantagem em relação a Rachel pelas razões que já expus. Sobretudo, porém, por causa das afinidades naturais de temperamentos existentes entre os dois! Se você, Lane, tivesse se dedicado com maior demora, naqueles anos, a correr e brincar nos jardins desta casa com os filhos das famílias com quem mantínhamos situação de intimidade, em lugar de perder a infância com preocupações que, por justiça, só lhe caberiam na fase atual da sua vida, talvez não sobrasse lugar no seu coração para esses ciúmes estúpidos. Mas, ainda que o tivesse feito, preciso dizer: o afeto houve que nascer e crescer, espontâneo, entre eles, preferencialmente à presença de todos os outros pequenos com que se entretinham vez por outra! De modo que não pode, agora, culpar sua irmã por uma predileção que floresceu com espontaneidade de uma atração mútua entre os dois e por nada mais! – E, como a esposa se limitasse a encará-lo, mal ocultando a contrariedade que a severa reprimenda lhe provocava aos pensamentos sobre o assunto abordado, Ashley amenizou o tom, arrematando o libelo, ao reparar que Rachel descia as escadas, sem imaginar ser, naquele momento, o estopim inocente do mal-estar familiar. – Stephan vai lhe dar lições de música semanalmente, assim como a Rachel e a Marshall, segundo as condições que assentei com Klyde no nosso encontro da semana passada, a partir do próximo mês! Terão aulas em caráter igualitário e em obediência às necessidades de cada um, e aos métodos do *professor* Stephan – ele fez questão de frisar a menção formal ao filho de Klyde –, a quem quero que trate e respeite como tal, Lane, porque a época da infância e dos folguedos de há muito já ficou para trás, e ele hoje é um homem, não mais o menino irrequieto de outrora! – Determinou, encarando intimativamente a filha, que ainda ousou apor um comentário afrontoso, por entre um dar de ombros de despeito, antes de afinal silenciarem e mudar o rumo do assunto.

– Hum... penso que esta última advertência deve, antes, dirigir à sonsa da Rachel, que está diariamente a suspirar por causa do antigo amigo de infância...

° ° °

– O que me enlouquece de irritação, mamãe... – Lane desabafava com Gladys, enquanto, no quarto, esta a auxiliava com o ajuste do espartilho sob o vestido – é que posso adivinhar os próximos acontecimentos!

– A que se refere? – a mãe indagou reticente e reflexiva, porque era seu costume favorecer a primogênita com rédeas soltas para os seus queixumes e pareceres sobre quaisquer assuntos que fossem. Acima de tudo, era fato, sobre o que dizia respeito à irmã adotiva, a respeito de quem, e sem que pudesse se conter, nem explicar a si mesma a origem vaga daquelas impressões sem nexo, compartilhavam a mesma antipatia, quase gratuita, e tendências a achaques e implicâncias pelos pretextos mais banais. Tendência esta à qual somente não se abandonavam a bandeiras soltas pela forte interveniência da severidade de Paul, que nutria pela filha mais moça, de seu lado, indisfarçável predileção – coisa que talvez justificasse, de certa forma, as reservas enciumadas da esposa e da filha mais velha, ambas astutas, e a quem nunca passara despercebida aquela nuance enigmática de sentimentos do chefe da família para com a jovem.

Achavam que Rachel mereceria comiseração e amparo de alguma família próxima ou aparentada no momento da maior desdita de anos antes. "Mas não", considerava Gladys, em variados momentos de ponderação desassossegada e solitária, "...em situação constante de primazia para com a filha mais velha e natural, e mesmo para com ela, a esposa, no tocante a inúmeros pormenores do cotidiano familiar em que havia diferenças de convivência".

Não ocorria a Gladys que, se assim se posicionava Ashley, era que também não lhe escapavam as características de despotismo enciumado com que tanto ela quanto a filha primogênita encaravam a situação, desde o começo... Como se pudessem intuir certas coisas... Alguns fatos graves, que permaneciam fora do conhecimento de todos, e que torcia, com todo o seu empenho, para que assim permanecessem, para o bem maior de todos.

Principalmente, porém, para o bem-estar da inocente Rachel.

Instigada pela mãe, Lane continuou, após ensaiar uma careta depois de um puxão mais forte dos cordões.

– Não se recorda do baile de máscaras na semana que vem, na residência dos Goldman?! O que acha que acontecerá na ocasião, já que lord Klyde e a família lá estarão?!

Todavia, pelo menos naquele momento, Gladys lidou com o diálogo dentro de certa cautela. Parou o que fazia para indagar da filha, olhando-a com certa severidade:

– Lane, o que se passa? Não é de hoje que a observo! Está apaixonada por Stephan? Considero isso impossível, porque a última lembrança que detém dele é a da sua despedida, quando se afastou para se especializar nos estudos de música, e quando se tratava, então e ainda, de um mero menino!

A isto, todavia, e para a surpresa da mãe, Lane bateu o pé.

– Mamãe! Você não entende nada, não é mesmo? Então não percebe o que me aborrece em toda essa história?! – desviou-se, com subterfúgios que, malgrado a predileção por aquela filha, não escaparam à argúcia maliciosa de Gladys. A mãe, em lugar de se aborrecer com o acesso amuado, em princípio, somente suspirou, com algo de ironia na fisionomia velada. De fato, conhecia a matéria de que era feita Caroline – semelhante demais à sua, reconhecia – para que se enganasse a respeito daquelas nuances de emoções e de temperamento.

– Continue... – Gladys pediu.

– Papai sempre considera as questões que se apresentam elevando Rachel em posição de privilégio sobre mim! – a jovem atacou, voltando-se, para que a mãe continuasse com o auxílio ao seu vestuário.

– Talvez porque ela seja a caçula e com um histórico de vida um tanto sofrido... – sugeriu Gladys.

– Não tenho culpa! Nem minha irmã ela é! Ora, nem a Marshall ele favorece com tantos mimos, zelos e satisfação de caprichos!

– Bem... seja como for, Lane, esta é, por ora, a situação! E haverá de se portar na festa com modos! Por favor! Nosso bom nome assim o exige, e não quero saber de cenas com sua irmã ou a pretexto do que quer que lá observe e aconteça! Entendeu? – Gladys intimou a moça com autoridade, a despeito de tudo, porque, pelo menos ali, ainda encarava aquelas momices de Caroline a conta de veleidades de mocidade que em nada deveriam comprometer o sossego familiar e, sobretudo, o ânimo do marido, que, de antemão, reconhecia severo quanto a tudo. Especialmente para com o que dizia respeito à paz de espírito de Rachel.

Mas Lane dava mostras de mal ouvi-la, divagando coisas para si mesma.

– Posso até ver a cena... o reencontro do casalzinho! – lamuriava-se, por entre suspiros e muxoxos. – Maldição!

VI
NO BAILE DE MÁSCARAS

PAUL REPAROU, COM SATISFEITA DISCRIÇÃO, NOS MODOS E na apresentação de Rachel, à saída da família para a festividade daquela data.

Ambas as filhas estavam deslumbrantemente arrumadas para o baile à fantasia, que todo ano era promovido pelos Goldman. Todavia, eram visíveis para a sua percepção experiente as mudanças sutis que foram se produzindo no comportamento e no estado de ânimo da moça depois do reencontro com Stephan, dias antes.

"Rachel está se tornando uma linda mulher...", considerou para si, parado próximo à saída da moradia, observando a aproximação da jovem a tagarelar, com modos um tanto afobados, com miss Noreen, a quem pedia, mais uma vez, opinião sobre os arremates de sua vestimenta com a linda máscara ornada de plumas que empunhava, levando-a diante dos olhos risonhos, brincalhona, para que a dama opinasse sobre o efeito produzido no rosto delicado e maquiado em tons suaves.

Imerso em considerações daquele teor, durante as quais tentava imaginar o rumo dos próximos acontecimentos, ele ainda escutou Rachel indagar em surdina, para a dama, se achava que Stephan a reconheceria sob o disfarce singelo do adereço enfeitado em tons de azul. Ao que miss Noreen respondeu, num tom misturado de malícia com troça, que denunciou ao arguto Ashley a provável e habitual troca de confidências entre ambas sobre certos assuntos.

– O jovem senhor iria reconhecê-la sob qualquer disfarce, querida... Sinto muito! – confidenciou, com uma das mãos diante da boca.

Ambas riram, mas contiveram-se logo em seguida, ao darem com a presença próxima de Paul, a essa altura a considerar para si mesmo que não havia como se enganar a respeito do rumo que os sentimentos daquela filha estimada iam tomando.

Aquela contingência, por ora, não lhe ocasionava preocupação digna de nota, de vez que sempre estimara com sinceridade o filho mais velho de William Klyde. Assim, limitou-se a sorrir de leve, porque não havia razões para emprestar, ainda, a devida seriedade ao assunto.

Ademais, também Gladys já se acercava da porta, dialogando com Lane com grande alarido.

Viu a esposa dispensando as últimas recomendações a Noreen acerca dos cuidados com Marshall durante sua ausência. Depois, deslizando os olhos, silenciosa, por Rachel, colocou-se ao lado do marido, em expectativa, esboçando leve meneio de cabeça, denunciando que se achavam prontas.

Lane, no entanto, sempre tagarela, acercou-se da irmã, medindo-lhe, sem cerimônia, o vestuário, com ares analíticos, e comentando:

– Arre, que não sei como se contenta com essas cores pálidas em seu rosto! Jovem como é, nem mesmo num baile a fantasia se anima a colorir mais essas faces de fantasma?! É muito branca,

Rachel, e se dispensar a máscara de tom azul, bem ou mal, alguém acabará por julgá-la fantasiada de assombração!

E desandou a rir, empunhando com coquetismo, por sua vez, a sua viseira vermelho-púrpura.

Todavia, a provocação não alcançou, daquela vez, o efeito pretendido, de amolar a irmã mais nova, já que Rachel, sabendo-se arrumada com especial esmero para a ocasião, achava-se com ânimo particularmente bem-disposto, antecipando, no íntimo sonhador, as expectativas felizes pelo desenrolar do evento em perspectiva.

– Cores berrantes, mesmo num baile de máscaras, são coisas para cortesãs, Lane! – A moça se limitou a comentar, de bom humor. E, deixando Lane trocando impressões frívolas com Gladys, preferiu colocar-se, como de costume, ao lado do pai, a quem graciosamente tomou o braço, recebendo logo um elogio pela beleza de sua apresentação, que ele fez questão de lhe dirigir para contrabalançar a habitual inconveniência dos comentários da primogênita.

– Está linda, Rachel! E já me preocupa que atraia demais as atenções no baile! Sabe bem das preocupações de um pai nesse sentido! – Aproveitou-se para insinuar, a propósito, dirigindo-lhe o olhar atento e um sorriso afetuoso, ao qual a moça correspondeu um tanto encabulada.

– Ora, papai... Assim me constrange! Não haverei de atrair tanta atenção assim! Além do mais, sei me comportar! – disse, devolvendo-lhe o sorriso, embora um tanto sem graça.

– Hum... Sei disso! No entanto, bem sei também que pelo menos uma atenção haverá de atrair com exclusividade durante esta noite! – Paul inclinou-se, confidenciando-lhe, em surdina: – e não venha me dizer que não sabe ou que, mais do que tudo, isto a incomoda!

Mas como diante deste comentário, tecido com ares antes de divertimento e descontração, a moça silenciasse, e agora se encabulasse ainda mais, desviando-se com expressão até certo ponto travessa, Ashley julgou melhor mudar o assunto, enquanto entravam na charrete que os levaria ao endereço do evento.

O sempre altivo Paul Ashley, acostumado a se acreditar no controle de todos os aspectos mais importantes de sua vida, nunca imaginaria que no decorrer daquela noite festiva um acaso acabaria por acarretar consequências graves envolvendo o seu nome e o futuro rumo de sua família.

Na residência dos Goldman, de tempos àquela parte, e com o cair das primeiras sombras noturnas, já havia convidados suficientes para encher de movimento e de animação o salão e os variados setores da moradia senhorial destinados às festividades.

Depois dos cumprimentos aos cordiais anfitriões, todos os que aos poucos iam ganhando o local, sob o disfarce lustroso das vestes e viseiras clássicas, diluíam-se com facilidade no pequeno tumulto, resguardados do reconhecimento imediato de quem quer que fosse num primeiro momento. Não foi com rapidez que um jovem, em cuja fisionomia se ocultava certo grau de ansiedade, conseguiu identificar alguém de quem aguardava a chegada havia mais de meia hora, depois de conseguir se desvencilhar da conversa desinteressante na qual os pais insistiam em inseri-lo, com um músico idoso, mestre de variados instrumentos. Com efeito, Klyde apresentava o filho a novas articulações do mundo da música londrina, na esperança de propiciar oportunidades promissoras na sua carreira, assim como fazia em quaisquer ocasiões em sociedade que se apresentassem.

Stephan o atendeu durante vários minutos, compartilhando com cordialidade da conversa, e respondendo, atencioso, às perguntas que o mestre encanecido, e um tanto lento no entendimento, ia lhe fazendo.

Mas, a dada altura, como William e Catherine desviassem o foco da palestra para trivialidades observadas no momento por entre os convivas, já entregues a franco alarido, sentindo certa necessidade de isolamento, o jovem músico aproveitou para se esquivar.

A princípio, trocou cumprimentos aqui e ali com conhecidos, por onde passava, até ganhar a entrada das aleias perfumadas dos jardins, por onde os convidados iam chegando. E ali se manteve, em discreta expectativa, examinando com atenção aguçada as famílias e jovens que passavam, tentando detectar por sob o disfarce das variadas e coloridas máscaras e viseiras um único rosto que lhe interessava em particular.

Não teve de esperar muito, pois a sorte o favoreceu com pouca demora.

Esboçando um sorriso irônico e encantado, reparou, com algum divertimento, que em meio aos grupos que chegavam sucessivamente, de repente, uma jovem lhe passou rente, com os familiares, sem reconhecê-lo, e entretida com fascínio na palestra animada com o pai sobre os aspectos pitorescos da profusa decoração iluminada dos jardins.

Sem ser percebido num primeiro momento, velado parcialmente que estava o seu rosto por uma viseira brilhosa em tons de negro e azul-escuro, o músico, não se aguentando, renteou a moça, que logo estremeceu, sobressaltada, ao ouvi-lo sussurrar em seu ouvido:

– Você está linda, Rachel, mas a sua máscara não a disfarçou o suficiente! Não para mim. De todo modo, prometa que sempre que me vir usará os cabelos soltos desse jeito... Está adorável!

Apenas ela, parando de abrupto, e tomando-se de forte rubor no rosto, ouvira aquele galanteio proferido em tom que não lhe deixou dúvidas sobre os sentimentos que o inspiravam. Mas sua parada brecou o restante da família. Quando Ashley se voltou, sob os olhares agora curiosos de Gladys e da filha mais velha, depararam o rapaz ao lado de Rachel, sorrindo-lhes com cordialidade.

Apesar da surpresa, aos pais das jovens não escapou a forte comoção experimentada pela caçula, cujo coração descompassado no peito fê-la, depois de corar vivamente, ter o seu rosto empalidecido de forma indisfarçável por sob a maquiagem discreta. E aquilo, de saída, já contrariou a altaneira Caroline, que tomou a iniciativa de cumprimentá-lo em primeiro lugar.

– Ora! Lord Stephan Klyde! Enfim tenho a honra de encontrar o meu novo professor de música... ainda que as nossas aulas tenham sido combinadas durante a minha ausência... para o meu desprazer! – atacou a garota, provocando um suspiro enfadado de Ashley, enquanto Gladys limitou-se a esboçar ligeiro sorriso pelos modos voluntariosos com que Lane costumava enveredar pelos temas que a interessavam em primeiro lugar, com uma desenvoltura invejável.

A isso, porém, o sempre polido Stephan soube responder com a distinção de costume:

– Oh, quanto a isso perdoe-nos, miss Lane... Foi fortuito. Quando meu pai marcou a visita à sua família, creio que sua viagem ainda não fora programada. Ao que sei, aconteceu com alguma urgência, não foi? Uma sua aparentada adoeceu, exigindo a presença de mrs. Gladys...

A moça assentiu com a cabeça, sem se demover do intencional amuo na fisionomia dissimulada. Mas Paul, agora, estendia-lhe a mão, cumprimentando-o, em parte para livrá-lo do embaraço da abordagem intempestiva da filha.

– Então, professor Klyde... Não o reconheceria debaixo dessa máscara! De muito bom gosto, mas acredito que seja, também, um bom fisionomista, para, por sua vez, nos reconhecer assim tão rápido...

Sorrindo com comedimento, e depois de cumprimentar também a esposa de Paul, que lhe respondeu apenas com leve meneio de cabeça, ele se dispôs a acompanhá-los até onde estavam seus pais à espera de todos, para que se reunissem na mesma mesa. Mas soube se desembaraçar bem do comentário capcioso de Paul, tanto quanto desviar-se, por ora, da cobrança inoportuna de Lane, ainda medindo-o analiticamente, com certa insistência, para continuar no diálogo discreto que iniciara com Rachel antes, à guisa de saudação:

– Então? Vai atender-me ao pedido?

Presa entre a timidez inicial e a emoção do momento, todavia, era visível para Stephan o tanto que ela compartilhava da alegria de enfim se reencontrarem, após aquela última vez em que foram combinadas as aulas de música, durante sua visita com o pai à residência dos Ashley.

– Não pode estar falando sério... – ela enfim devolveu, em surdina, rindo com certa travessura.

– Nunca falei tão sério! Prometa que sempre a verei de cabelos soltos... mas que o fará *apenas para mim!*

– Você está mudado, Stephan! – ela cochichou-lhe, entre admirada e ainda enrubescida, por sob a máscara delicada que lhe encobria adoravelmente os traços graciosos do rosto risonho. – Está bem, eu lhe prometo... Mas, diga-me, como você está?

– Com saudades... – o jovem músico cochichou de volta. – Antigamente, nossos pais atendiam-nos aos pedidos quando queríamos nos encontrar para brincadeiras em nossa casa! Mas agora precisamos esperar pacientemente pelos dias certos e por estes eventos! Não é justo!

Ambos seguiam um pouco mais atrás da família de Ashley, adiantando-se a passeio, mas era visível a todos como espontaneamente o jovem casal já se atraía a uma situação destacada de discreto entendimento. E isso provocou, de saída, um trejeito de desagrado no semblante de Lane, dirigido à mãe, mas que não escapou da atenção de Paul, aparentemente desviada naquele instante para a movimentação festiva dos arredores, embora, em verdade, também estivesse presa à palestra bem-humorada que se dava entre a filha mais nova e o jovem professor, às suas costas.

◦ ◦ ◦

O amuo de Lane se agravava, de hora para hora, no decorrer do animado e colorido baile de máscaras.

Durante o diálogo entre as famílias, o filho do casal anfitrião, mr. e mrs. Goldman, convidou galantemente a primogênita dos Ashley para algumas danças, o que contribuiu, durante algum tempo, para desviar-lhe o ânimo do fato de, sem se incomodarem em estar sendo observados por ela e por Gladys de modo impertinente, Stephan e Rachel não mais se largarem desde o instante do seu reencontro.

Aquilo naturalmente suscitou o jovem músico a convidá-la, oficialmente, para ser seu par no decorrer do baile. Todavia, embora Charles Goldman fosse dotado de humor brilhante e inteligência aguçada, conseguindo até certo ponto despertar-lhe o interesse sincero para o que lhe dizia e para as atrações da festa, à que se via arrastada na sua companhia, Caroline não conseguia se desprender, volta e meia, do que acontecia com a irmã e com seu acompanhante, durante as danças, ou nos intervalos, quando os convivas se entretinham com palestras animadas, com o banquete e com a música vibrante que prosseguia, ininterrupta, no salão, ou ainda com os jogos competidos com grande alarido em vários setores dos jardins iluminados.

Por tudo isso, Lane viu-se grandemente irritada quando, por ter se demorado demasiado com Charles em dança animada promovida entre vários casais que trocavam passos e coreografias, acabou perdendo Rachel e Stephan de vista. E, pretextando um mal-estar súbito pelo abafamento do salão, pediu ao jovem que fosse conduzida de volta à mesa onde se reuniam seus familiares, agora privando com exclusividade com os Klyde.

– Rachel desapareceu? – Foi logo indagando para a mãe, mal se sentou. E Charles ficou observando-a, intrigado com os seus modos incompreensíveis, pois ela não lhe dirigira mais palavra depois da última dança.

Gladys lançou-lhe um olhar interrogativo; mas Ashley captou de imediato as intenções dúbias da menina, e respondeu:

– Ora... ninguém desaparece num baile a fantasia! Rachel deve estar por aí, dançando com Stephan!

– Tomara, não? Bem, concordo com seu parecer, embora me pergunte se caso fosse eu a me demorar incógnita em qualquer festa que fosse, seria tratada com toda essa parcimônia e compreensão!

Era uma quase reclamação, que soou descabida e desrespeitosa a Paul. Mas que, no entanto, provocou certo mal-estar em William e na esposa.

O músico gesticulou, a propósito:

– Bem... de fato, Rachel estará sempre bem acompanhada de meu filho, Paul, e, na certa, ele a toma sob sua responsabilidade, ainda que no ambiente de uma festa... Mas, se preferir que eu os procure... – ofereceu, já ensaiando levantar-se. Todavia, entre amolado e dominado por enfado, Paul o conteve.

– Sente-se, William. Trata-se de questões frívolas de ciúmes entre irmãs, cujo desenrolar, ao longo dos anos, já contou com vários episódios! Não se preocupe... – Segredou ao outro, com confidencialidade: – Seu filho é exemplo digno de cavalheirismo e distinção, e sei que minha filha está bem entregue em sua companhia! Dançavam ali mesmo, ainda agora! Na certa, com o fim da música, distanciaram-se para usufruírem um pouco do frescor da noite!

E ambos os barões riram-se, compactuando pareceres e assuntos outros.

Todavia, Lane se manteve aborrecida ante o silêncio constrangido e cheio de estranheza de Charles Goldman e o disfarçado ar de preocupação da mãe.

De fato, na sua exasperação, Caroline parecia intuir o que acontecia entre a irmã e o jovem Klyde, agora de fato recolhidos a passeio sob os ares perfumados das aleias dos jardins, após a sucessão de músicas ora envolventes, ora empolgantes que dançaram durante mais de meia hora.

Ambos passeavam de mãos dadas, livres de maiores indiscrições, e porque Stephan estava seguro da estima nutrida a seu respeito pelo pai da moça. Assim, sentia-se autorizado a usufruir com mais liberdade, ao lado da antiga amiga da infância, de momentos nos quais poderiam privar, conversando e saciando as saudades depois de todos aqueles anos sem se verem e com tantos assuntos a ser atualizados.

De fato, não eram mais os mesmos daqueles anos recuados. Assim, depois de muitos minutos trocando novidades e expectativas sobre o curso de música a ser iniciado brevemente, com Stephan antecipando à moça perguntas úteis sobre o nível atual do seu entendimento para a leitura de partituras e para a execução de instrumentos que lhe interessavam tocar, ambos silenciaram.

Demoraram-se um intervalo apenas desfrutando do prazer de se verem juntos, naquele belo evento noturno, passeando sob o sereno da noite algo fria, em meio ao perfume vívido dos jardins. E, a certa altura, Rachel sentiu o rapaz firmando-lhe de leve a mão delicada, entrelaçada à sua.

A moça relanceou-lhe o olhar um tanto tímido. E trocaram um sorriso breve, com o qual compartilharam os mesmos pensamentos e sentimentos mútuos.

Então, num trecho mais a salvo de indiscrições, e distanciado do movimento maior da festividade, o músico, enfim, se encorajou, deixando-se arrastar pelo impulso dos sentimentos. Parou de andar e deteve a jovem com ele, colocando-se de frente, como se preparando, um tanto ansioso, para lhe dizer alguma coisa.

A isso, contudo, Rachel tornou a se retrair, como no dia do reencontro semanas antes, pressentindo a iminência de emoções importantes para o curso do seu destino.

– O que foi, Stephan? – ousou perguntar, entre incerta e inibida.

Olhou-o, sentindo-se paralisada pelo magnetismo forte presente no brilho agora abertamente apaixonado do olhar com que a encarava. Mas Stephan apenas conseguiu atrai-la a si, com gentileza à qual ela não soube, nem quis resistir. E a beijou, afetuoso, e demoradamente nos lábios, para só depois conseguir falar alguma coisa, com voz presa, sofreada:

– Rachel, desculpe... Sei que talvez você não entenda ou ache que está cedo demais... Mas desde que nos revimos, não consegui mais tirá-la dos meus pensamentos!

Abraçaram-se estreitamente. E, dominada pela emoção daquela vivência inédita na sua vida, e sem conseguir, naquele primeiro momento, responder mais nada, Rachel se sentiu perder em meio a intensa vertigem.

VII

DOIS DESGOSTOS NA MESMA FESTA

Rachel sentia-se mergulhada num arrebatamento inexprimível de felicidade, naquela que talvez tenha sido a noite mais importante da sua vida.

Adolescente ainda, estava nutrindo os sonhos de jovem inerentemente romântica. Todavia, felicidade inenarrável era dar início ao repertório de realizações concretas daqueles sonhos justamente com aquele que tanto lhe dizia ao coração!

Nada embora, dominados ainda pelas lembranças fortes da amizade compartilhada na infância, ambos, ao mesmo tempo em que se encantavam com aquele florescimento de sensações nos sentimentos, assustavam-se intimamente com o rumo rápido à que estas emoções os arrastavam. E, como seria de se esperar no temperamento digno e recatado de Rachel, o salto das quimeras devaneadoras para a materialização inopinada daquela realidade, acontecendo mais cedo do que esperava, constrangeu-a grandemente nos primeiros instantes após aquele minuto intenso vivido com o músico. E, logicamente, ela reagiu de maneira fiel ao que condizia com sua índole ainda inexperiente e com a timidez inerente ao seu temperamento.

Ruborizada, mal se afastou do rapaz, levou ao colo palpitante as mãos delicadas, esboçando para ele um gesto súplice. Depois, virou-se e avançou uns passos na aleia perfumada e deserta, desconcertando Stephan.

Sem entender bem, ele acabou receando ter sido, de fato, impulsivo demais nas atitudes. E logo se maldisse por isso.

Não se perdoaria por molestar Rachel de qualquer modo que fosse, ainda que involuntariamente!

Acercou-se-lhe cauteloso e desmanchou-se em escusas.

– Oh, Rachel... por Deus! Desculpe! Não tive a intenção de... – gesticulou, embaraçando-se nas palavras. – Sei que nos reencontramos há pouco tempo, mas é que...

Para sua surpresa, a moça, calada, gesticulou com delicadeza, voltou-se para ele e, tornando a encará-lo, hesitante, respondeu:

– Não me peça desculpas, Stephan... Não há motivo! Eu já entendi!

Dirigiu-lhe um sorriso tímido, incerto.

Na verdade, não sabia como reagir de forma apropriada àquela nova vivência que se apresentava ao seu mundo emocional; e o músico, a despeito de tudo, soube perceber e compreender isso.

Chegando próximo a ela, agora mais contido, tomou-lhe, carinhoso, as mãos delicadas e agora frias pelo sereno da noite e pelo excessivo grau de comoção experimentada. E afiançou-lhe, na intenção de sossegar-lhe o coração e as possíveis preocupações sobre a situação inusitada que provocara, ao ceder ao arrebatamento dos seus impulsos emotivos.

– Olhe... se quiser, podemos ir mais devagar – sugeriu, sorrindo-lhe com certa ansiedade insegura. – Faça de conta que nada aconteceu. Não quero constrangê-la, Rachel! Gostaria que soubesse que meu sentimento por você é sincero! Não menti quanto às coisas que lhe afirmei ainda agora! – Ouvindo-o, apesar de tudo atenta, ela notou que também ele se via um tanto nervoso, e se perdia nas palavras e nas reações. – Durante as semanas passadas depois do nosso reencontro, não parei de pensar em você!

– Está bem, Stephan, mas não fique deste jeito, assim, confundido! – ela devolveu-lhe o sorriso com certo divertimento, embora no auge do acanhamento. – Você não me beijou sozinho!

Entreolharam-se. E, ambos se dando conta, enfim, de que mesmo ali compartilhavam das mesmas reações e emoções contraditórias, acabaram rindo juntos.

Deram uma pausa. Seus olhares voltaram a se embevecer, involuntariamente, naquele diálogo silencioso – e, então, vencendo o aturdimento inicial, voltaram a se abraçar, com ternura, como as duas crianças que outrora, vez por outra, se consolavam ou se animavam mutuamente.

Haveriam de combinar, durante o restante de tempo gasto naquele passeio pelas agradáveis aleias ajardinadas da moradia entregue aos festejos, que se manteriam durante algum tempo discretos, perante as famílias, sobre aquele princípio de envolvimento.

Todavia, era como se ali houvessem empenhado o coração em tácito compromisso. Porque, embora ainda não houvessem admitido claramente por palavras, era inegável, e os pensamentos e atitudes o confirmavam, e, pelo modo como se olhavam, já se diziam.

Stephan e Rachel estavam apaixonados. E ambos anteviam que com o passar do tempo aquele sentimento só faria se aprofundar, adquirir seriedade e recrudescer.

Mas, certamente, esta circunstância não escaparia ilesa à percepção aguçada de pessoas como mrs. Gladys, William Klyde, e mesmo a astuta Caroline.

○ ○ ○

Decorridos cerca de trinta minutos, o jovem casal retornava ao salão como se nada houvesse acontecido. Caminhando não mais que próximos, Stephan ciceroneava apenas cavalheirescamente sua parceira; mas para um observador mais percuciente que os conhecesse bem, algo nos seus modos denunciaria uma mudança qualquer de maré, na maneira como se olhavam e se tratavam, conversando ou ainda dançando por ali as últimas músicas, antes de chegar o momento de as famílias se despedirem.

Não se sabe se para sorte ou por falta dela, circunstâncias extemporâneas contribuiriam para que pessoas como Lane e Gladys – aquelas que mais interessavam ao jovem par que se mantivessem ignorantes das novidades entre ambos – permanecessem, pelo menos num primeiro momento durante aqueles festejos, sem suspeitarem do que lhes acontecera durante o passeio nos jardins, porém, isso não os favoreceria por muito tempo. E, embora a Paul e William uma sutileza qualquer, curiosa, lhes atraísse involuntariamente a atenção para os jovens filhos, entretidos agora em nova dança animada, e empolgados por evidente alegria a refletir-se claramente em suas fisionomias enquanto trocavam palavras entre si, aquela contingência momentânea, em meio à profusão de atrativos outros acontecendo simultaneamente na movimentação buliçosa do baile de máscaras em plena efervescência, não deixou que, num primeiro instante, os dois pais se detivessem naquela peculiaridade com maior vagar.

Na mesa, e na ausência das esposas entretidas com palestras de temas variados com outras damas presentes na festividade, desviaram-se para assuntos mais picantes da ocasião, como de hábito em acontecimentos semelhantes naquelas épocas. Fatos envolvendo encontros clandestinos por sob os disfarces propícios das máscaras enfeitadas com cores vivas, e envolvimentos espúrios entre componentes da sociedade ali reunida, de quem Ashley e Klyde conheciam bem o estado civil comprometedor.

Bem a propósito se daria o episódio que ruiria com o relativo sossego familiar de Paul Ashley nos tempos vindouros.

Por um acaso infeliz, Gladys, já enfadada com os modos extremamente impertinentes de Lane, convocou a caprichosa filha para uma conversa. Ela se mantivera irritada durante todo o tempo por ter sido ostensivamente ignorada por Stephan Klyde, quando se julgara irresistível na arrumação apelativa do vestuário e da maquiagem, especialmente preparados durante horas no vestiário de seu cômodo, com o auxílio amolado de Noreen.

A jovem, afinal, havia cansado a paciência de Charles Goldman, o filho dos anfitriões, quando ele viu esgotado o seu repertório de galanteios e de assuntos brilhantes abordados inutilmente com a moça para conquistar-lhe a atenção.

Quando, enfim, o apesar de tudo altaneiro jovem, um aspirante a componente dignitário da Guarda Real Britânica, compreendeu definitivamente a direção persistente dos interesses de Lane, escusou-se, polido, à família. E passou a ocupar-se de outra das jovens que lhe disputavam a presença durante o evento.

Isso completou o desagrado de Gladys, de vez que não alcançava, também, o móbil obsessivo daquela teimosia da filha; e compreendia bem que Charles não era partido de molde a ser daquela forma esnobado, na idade já casadoura da moça e nos tempos turbulentos que corriam na Inglaterra.

Assim, convocou-a ao *toillete* mais próximo, pretextando às amigas presentes a necessidade de retoque do vestuário e da maquiagem, e a puxou para entendimento sério e definitivo sobre aquele assunto incômodo.

– Não adianta, Lane! Não admito mais subterfúgios, e já, neste mesmo momento, quero que me ofereça explicações dignas para a imperdoável deselegância com que tratou lord Goldman, está visto, um pretendente cuja estirpe talvez nunca mais atraia durante o resto de sua vida! Principiava a reprimenda.

– Não me amole, mamãe! Charles pode vir a ser dignitário da Guarda Real, mas não me diz nada ao coração! Sempre o achei demasiadamente petulante!

De repente, pediu que a filha se calasse ao virar um corredor mais deserto de acesso aos andares de cima e entreouvir um diálogo, à primeira vista, incompreensível.

– Shhh!!

Lane viu que a mãe havia estacado o passo; parada, aparentava aguçar a atenção para algo indefinível, dizendo-lhe depois, com alguma afobação:

– Vá! Siga para o *toilette*! Já a encontro!

– O que foi, mamãe? – indagou Lane, quase alarmada pela expressão ligeiramente lívida na fisionomia materna.

Mas tudo o que Gladys fez foi cobrar-lhe, enérgica, pronta obediência.

Confusa, surpreendida, Lane a atendeu. E a mãe rodou nos calcanhares, arrepanhando os panos fartos de seu elegante vestido de seda lilás, e dirigindo seus passos, cautelosa, para o recanto onde julgou entreouvir o trecho de diálogo, que prosseguia, vívido de cores fortes na entonação de voz discreta de duas damas a palestrarem em sacada próxima dali que dava para os jardins.

– ...mas será que mrs. Gladys ficará a vida inteira sem se inteirar de que cria desde a infância uma filha bastarda de lord Paul Ashley?! – comentou a primeira.

– Pois não sei muito bem a origem desse boato, mrs. Nolan! Todavia, comentários deste teor grave, penso, dificilmente são infundados! Diz-se que o crime que tirou a vida de Arnold Farrow não foi em vão. De algum modo, ele, afinal, descobriu que a filha da qual a esposa, Evelyn, morreu no parto, não era sua! Foi a entendimentos com Ashley, e, nisso, ele exterminou-lhe a vida!

– Mas... isso é um disparate, mrs. Phelan! Qual seria a origem possível dessa descoberta?! Quem soube disso, e como?

A dama, esboçando um sorriso malicioso, percorreu o olhar precavido em torno, fazendo Gladys, àquela altura, quase desfalecer por detrás do reposteiro pesado que velava, nas sombras da noite, o ambiente da varanda da saleta pequena onde se ocultava.

Mrs. Phelan inclinou-se e Gladys, palpitante, lívida, aguçou os ouvidos. E julgou distinguir retalhos mais nítidos da revelação séria que a dama confidenciava à amiga, ávida por mexericos caluniosos de tal monta.

– Não tenho muita certeza, mrs. Nolan; algo associado a uma testemunha, mais exatamente alguém das relações mais íntimas de Ashley, que não soube manter discrição à provável fidelidade com que ele lhe confiou essas coisas! Nunca reparou bem em miss Rachel Alene? A semelhança entre eles, agora, nesta fase da vida em que ela se transformou na bela jovem que ali vemos na companhia de lord Stephan, é bem visível!

Pausaram. A outra se deteve em reflexões analíticas, para, afinal, concordar com expressão de renovada surpresa no olhar ardiloso.

– Sim, sim! Deus! Mas é tão absolutamente visível! Como não pude me deter nisto antes?

Ambas riram-se, enquanto Gladys, agora dominada por transtorno quase desesperado, extraía antecipadamente suas próprias conclusões sobre aqueles comentários.

Recordava, trêmula de ódio impotente, das noites já distanciadas no tempo, quando sua relação com o marido houvera atravessado instantes difíceis por causas que nunca conseguira compreender a contento no seu foro íntimo; mas cujos episódios, associados a saídas noturnas e a ausências diárias e sem maiores explicações por parte de Paul, cujas lembranças foram abrandadas com o passar dos anos e da sua forçosa reconciliação, nunca haviam sido satisfatoriamente elucidados.

Gladys alucinava, tresloucada, num primeiro instante, sem saber o que pensar ou fazer. E teve seu desgosto agravado com o arremate a mais que se permitiu ouvir do diálogo insidioso, travado em surdina pelas duas damas de conduta duvidosa, durante aquela palestra discreta acontecendo na sacada de uma das varandas a salvo de indiscrições, nos andares superiores.

– Aliás, viu como Rachel e Stephan já ensaiam franco envolvimento afetivo, dada a cena que presenciamos lá embaixo?

Ao que mrs. Nolan sorriu de novo, gesticulando com malícia.

– Oh, mas quem negará que quem sai aos seus não degenera? O jovem Klyde acaba de retornar de anos de afastamento para estudos de música, mas miss Rachel Alene não se esqueceu de mantê-lo nas rédeas, como acontecia desde a infância!

A outra torceu a boca, num meneio desdenhoso, concordando.

– Ora, mas viviam mesmo apegados; uma coisa inapropriada, aquilo, em todos os eventos e festividades nos quais os víamos, e lord Ashley nunca a censurou!

– Oh, ele certamente ama a filha! É bem possível que mais do que os outros, frutos de sua união legal com mrs. Gladys... a atraiçoada mulher que nem desconfia cuidar de uma filha adotiva de quem é, na verdade, madrasta! – alegou Nolan, com convicção. – Já que a infeliz menina orfanou de mãe logo no parto, e do desditoso pai enganado, que nem fora seu pai, no fim das contas, morrendo daquela forma bárbara! Paul Ashley foi o único familiar digno que lhe sobrou na vida!

Naquele ponto, porém, Gladys não suportou mais ouvir. Deixou o esconderijo dominada pelo que existe de mais horrendo no universo das emoções.

Com lágrimas ardentes lavando-lhe o rosto lívido, rilhando os dentes, amarfanhando convulsivamente os panos de seu vestido enquanto avançava, trôpega, na direção do *toilette*, consumia-se em ódio, em mágoa e em desespero impotentes.

Mais do que tudo, porém, avassalavam-lhe o coração destroçado os mais torpes e encarniçados desejos de vingança.

E ela não sossegaria enquanto não os visse realizados!

VIII
TRAMAS FEMININAS

As primeiras aulas de música começaram simultaneamente, no mesmo mês, para os três filhos de mrs. Ashley. Mas uma circunstância, num primeiro momento destituída de maior importância se não mexesse com os sentimentos recém-despertados entre Stephan e Rachel, veio contrariar e amuar extremamente a caçula.

A título de compensação pela série interminável de arengas e acessos mal-humorados de Caroline, Paul houve por bem facultar a ela a primeira aula da semana, já que a cada qual seria dedicado um dia com aulas exclusivas, durante duas horas. E, por conta disso, aquela primeira terça-feira daria início a uma longa série de muitas outras em que este dia específico da semana se converteria em razão de autêntico martírio para o coração de Rachel, ultimamente por inteiro enlevado por sonhos e devaneios alimentados pelo princípio do ainda ocluso, mas intenso envolvimento entre ela e o seu jovem professor de música.

Ainda porque foi-lhe dado presenciar a pequena e calculada desforra de Lane, insinuante de maneira particular na ocasião daquela primeira aula, no momento em que receberam o rapaz na residência. Apesar dos olhares frontais de advertência de Paul, quando, sem cerimônia, e surgindo na sala excessivamente arrumada para meras duas horas de aulas de música, a espevitada moça cumprimentou o recém-chegado com modos e olhares exageradamente desinibidos – justo no momento em que ele, Rachel e Paul trocavam, com cordialidade, as primeiras saudações, acomodando-se para breve palestra.

– Oh, não, professor Klyde! – ela frisou, interrompendo-os com ares alvissareiros por detrás de um sorriso malicioso, que na mesma hora provocou acentuado desgosto na irmã mais nova, subitamente retraída, e desviando os olhos para outros lados, sem reparar, com essa atitude, na forma como o próprio Stephan notava sua inquietação, observando-a, sem disfarce, entre preocupado e carinhoso. – Hoje, a exclusividade da sua atenção é minha... goste ou não a sua grande amiga de infância! – avisou. E como o músico somente dissimulou certa distração na fisionomia, apanhando do assento e examinando, ao acaso, o material de estudo que trouxera para as lições, a moça provocadora acrescentou: – Sinto, Rachel! Mas o dia é meu! Sua vez chegará, então, dê-nos licença!

E, assim dizendo, e relanceando com delícia o olhar arguto nos modos grandemente desassossegados da caçula, colocou-se entre eles e estendeu, sem cerimônia, os dedos delicados de sua mão, que o jovem Klyde, entre reservado e cavalheiresco, tomou, num respeitoso cumprimento.

Mas Paul Ashley captou as intenções dúbias de Lane. Ele sempre fora atento à acentuada situação de carência materna de Rachel, para quem faltava esse importante esteio emocional, deixando a jovem sem uma única confidente digna para os seus maiores ou menores dilemas de mocidade. Sabia que ela contava, para tanto, apenas com Noreen, naturalmente guindada a esta posição com o passar dos anos, que desempenharia importante papel para ajudá-la e aconselhá-la num futuro bem próximo. E que, neste contexto, Rachel jamais contaria com Gladys ou Lane. Assim, ciente dessas nuances importantes no contexto de vida daquela filha, a quem estimava com especial consideração, e sempre defensivo para com ela, atalhou, bem a propósito, decidido e sem meios-termos:

– Bem, vejamos, deixemos de lado os coquetismos, aos quais, aliás, sei lord Klyde bem pouco afeito, Lane, pois já se adianta o horário do começo das lições! – E, voltando-se para o visitante, disse: – Dirijamo-nos à saleta de música, Stephan, pois será o local onde serão realizadas as aulas! – Depois, arrematou o convite com um gesto amistoso, dando um basta, assim, e de forma definitiva, às provocações dissimuladas da filha mais velha. – Com o término, naturalmente, será convidado para uma ceia em nossa companhia, a qual Gladys já está providenciando!

Agradecido, Stephan concordou, avançando na direção indicada, em seguida a Lane – todavia, preocupou-se com o jeito aparentemente ressentido com que, ainda e apenas em silêncio, Rachel se voltava, ensaiando deixar a sala em direção aos cômodos superiores rapidamente, sem corresponder-lhe ao olhar ansioso, e quase a correr.

– Rachel! – Ele não resistiu, chamando-a e detendo Paul e a então contrariada Lane mais à frente. E, a isso, a moça estacou o passo nos primeiros degraus, voltando-se, visivelmente consternada. – Voltaremos a conversar tão logo terminemos, está bem? – avisou, atencioso, e sorrindo-lhe intencionalmente, com um brilho entre significativo e zeloso evidenciando-se em seus olhos.

Mas a jovem, agora retraída, desconcertada, apenas retribuiu-lhe levemente o sorriso afetuoso. Resvalou o olhar tímido em Paul, também parado a encará-la com as mãos cruzadas atrás das costas, e endereçando-lhe, pela fisionomia, uma mistura ostensiva de afeto e compreensão, como se rogando-lhe paciência para com os estouvamentos da irmã.

E correu escadaria acima, sentindo o coração contraído por indescritível opressão. Parecia pressentir o que os próximos tempos lhe reservariam.

Nos dias posteriores, contudo, e após dividir com a paciente Noreen os seus receios e apreensões sobre aquele episódio desagradável, acontecido logo na primeira visita de Stephan como seu professor oficial de música, Rachel ouvia-lhe o aconselhamento bondoso. Passeando no ambiente agradável dos jardins da residência, sob o sol matutino de certa manhã que, afinal, anteciparia a sua vez de tomar lições com o jovem Klyde, Rachel, enfim, aparentava estar mais apaziguada interiormente.

A acompanhante, mulher ainda moça, que servia a família havia muitos anos junto à mãe idosa, a governanta dos Ashley, era, portanto, compreensiva para com as muitas emoções próprias da idade da jovem. Assim, assegurava que era visível a qualquer um a autenticidade dos sentimentos que Stephan sempre nutrira por ela, Rachel, e ainda mais atualmente, naquela nova fase de convivência.

Chamou-lhe a atenção para as particularidades caprichosas presentes para tudo no comportamento de Lane, e aconselhou-a a ignorar as futuras provocações, que certamente aconteceriam; mas que não deveriam servir para desencorajá-la, enfraquecendo-lhe a confiança na ligação afetiva profunda e indiscutível existente entre ela e o jovem músico.

Assim, afinal devolvida ao equilíbrio íntimo abalado desde a terça-feira anterior, e encaminhando-se, já feliz, para receber o rapaz, próximo do horário marcado para a sua chegada, Rachel cumprimentou, com um sorriso carinhoso, Paul Ashley, entretido em palestra com Marshall nas proximidades, e à espera apenas da chegada do professor para encaminhar-se a negócios que o aguardavam durante aquele dia, relacionados à obtenção de um imóvel que lhe coubera por herança devido ao falecimento de um familiar que residia distante de Londres.

O pai devolveu-lhe o gesto amistoso, e ela se encaminhou para a saleta de música, na intenção de colocar-se à espera do rapaz, que haveria de chegar no horário, pontualmente.

Quando ele fez anunciar sua chegada, Paul o recebeu e cumprimentou com cordialidade, indagando sobre o passadio de William e de mrs. Catherine; e informou-o da presença de Rachel na saleta, já a aguardá-lo, ao que Stephan agradeceu e avançou, apressado, para encontrá-la, sem esconder na fisionomia certa ansiedade.

Apesar de na tarde daquela primeira aula ele ter combinado com Rachel a retomada da palestra após o tempo de aula a Lane, a presença inconveniente, tanto dela quanto de Gladys, no intervalo que se passou antes de se dirigirem à ceia familiar, não lhe permitiu privar com a moça como queria, sozinho, para apaziguar-lhe o coração obviamente dominado por inseguranças e contrariedade depois da atitude inconveniente e desafiadora da irmã.

Paul observou-o até que entrasse na saleta, e, vendo-o desaparecer atrás da porta, ensaiou sair. No entanto, alguma coisa – um movimento furtivo e ligeiro entrevisto nos interiores do salão da casa, deteve-lhe os passos na altura da porta; e, intuindo do que se tratava, ele meneou a cabeça, contrariado, e apressou-se na direção do cômodo onde a filha caçula faria as suas aulas de música.

Lá, assentada num estofado confortável com expressão agora devaneadora, Rachel havia tomado ligeiro sobressalto com o ruído da porta sendo destrancada.

Ergueu-se, em expectativa; e, em vendo Stephan entrar, dirigindo-lhe de saída um sorriso declaradamente feliz e apaixonado, a jovem não conteve os impulsos sinceros do coração e, correndo até a entrada, encontrou-o.

E ambos logo se abraçaram, forte e espontaneamente.

Um brilho emocionado estava presente nos olhos de ambos, enquanto se fitavam; e Stephan, depositando-lhe leve beijo nos lábios risonhos, atraiu-a para o assento, pretendendo primeiro conversar com ela antes de iniciarem o horário combinado de estudos.

– Rachel! Não via a hora de ter contigo! – Ele se deteve um pouco, examinando, com fascínio, a graciosa beleza da jovem trajada com um vestido azul-claro de corte singelo, que lhe deixava entrevisto por sob um rendado leve o colo alvo ornado com lindo cordão de pérolas. E não pôde esconder a admiração flagrante na sua expressão fisionômica, comentando, enquanto lhe afagava, amoroso, o rosto sedoso e delicado: – Você está linda, como sempre... e com os seus cabelos soltos, como eu lhe pedi! Mas, ouça... – Acrescentou, acercando-se e atraindo-a mais, de modo intimista.

Contudo, interrompeu sua fala quando a porta da saleta de repente se abriu, surpreendendo-os com a entrada inesperada de Caroline.

– Stephan! Eu não poderia deixar de cumprimentá-lo antes que iniciasse as aulas para minha irmã, que definhava e amuava-se enquanto você não chegava! – comentou logo de início, rindo alto, com certa zombaria.

Tomando fôlego, depois de soltar-se de Rachel às pressas, e respirando fundo, Stephan levantou-se e recompôs a fisionomia para cumprimentar devidamente a aluna. Mas não teve tempo de efetivar o gesto cordial pretendido porque, em seguida, entrou Paul, intempestivamente. E dirigiu-se à filha mais velha de maneira taxativa, ordenando:

– Lane! Quando foi seu dia de aula com o professor, ninguém ousou interrompê-los no horário, por nenhum pretexto que fosse; e certamente não iria tolerar se alguém o fizesse, menos ainda se se tratasse da sua irmã caçula, ainda que alegando cumprimentos ao seu professor de música! Assim, quero que não seja inconveniente; retire-se e reserve tal intenção, e outras, de menor urgência, para o momento em que ele terminar seu compromisso! E isso vale para todas as aulas de Rachel! – antecipou, determinando, sem permitir réplicas.

Drasticamente empalidecida, assim pega de surpresa nas suas improvisações de molde a atormentar a irmã mais nova, de vez que já julgava Paul de há muito distanciado da moradia, Lane estacou, desprovida de iniciativas por breve instante.

Depois, resvalando o olhar, velado por indisfarçável enfado misto de despeito, em Stephan e na agora perdida Rachel, a moça limitou-se a assentir levemente para o pai. Apressou os passos e deixou a saleta.

Paul dirigiu ao músico e à outra filha um leve gesto cordial de despedida. Saiu e fechou a sala, para alívio de ambos os jovens, que se entreolharam, compartilhando o mesmo desafogo.

Então, o rapaz atraiu novamente Rachel para o assento próximo onde haviam principiado o entendimento e comentou, bem-disposto:

– Tem, em seu pai, um anjo protetor, não, Rachel?

– É o meu melhor amigo! – a jovem concordou, visivelmente emocionada.

– Então, escute o que tenho, afinal, a lhe dizer, e que queria tê-lo feito ainda naquela última tarde de terça-feira, mas não consegui! – Ele não perdeu mais tempo com rodeios: – E bem a propósito do que também acabou de acontecer nesta sala, Rachel! Prometa-me... – pediu, o olhar profundamente magnético mergulhado nas pupilas amendoadas da moça. – ... que não vai mais ficar angustiada daquele jeito! Não dê atenção a Lane! Ela é tola! – Observou Stephan, sorrindo-lhe e refletindo no rosto uma mistura de compaixão com certo divertimento, e novamente lhe afagando o rostinho agora tomado de evidente enlevo. – Por vezes, aparenta até ser bem mais nova do que você, meu amor! – Alargou o sorriso, que ela agora lhe correspondia, denotando extraordinário alívio por ouvir aquelas palavras. Sobretudo, quando ele arrematou, fixando-a e declarando-lhe, pela primeira vez, em entonação apaixonada permeada de inquestionável sinceridade que encheu o coração da jovem de regozijo e de alegria: – Rachel, nunca se esqueça de uma coisa: o meu coração lhe pertence, e nunca será de mais ninguém! Eu a amo, Rachel! – enfatizou. E atraiu-a para si, estreitando-a nos braços. Depois, repetiu, procurando reconfortá-la com a segurança que imprimia no modo como lhe fazia aquela declaração, de fato sincera e dominada por toda a autenticidade de que, então, os seus sentimentos se revestiam: – Eu a amo, Rachel!

– Eu também o amo, Stephan... – Foi a única resposta sussurrada da jovem Ashley, paralisada e trêmula naquele minuto importante de sua vida, pois experimentava sentimentos e emoções dos quais nunca mais se esqueceria, inebriada de enlevo e de cálida felicidade como se achava.

Assim, e embora vez por outra, Lane conseguisse se intrometer nos horários programados para as aulas da irmã, a pretextos vários e dos mais fúteis, decorriam os dias com o jovem Klyde ensinando Rachel durante aulas ministradas em caráter a cada vez mais especial e idílico.

Sentavam-se, pois, abraçados diante do cravo. Entre as lições, em variadas vezes não resistiam; beijavam-se prolongadamente e namoravam. Mas Stephan, sempre responsável, oportunamente se continha e lembrava com gentileza:

– Preste atenção um pouco, agora, minha Rachel: seu pai haverá de querer resultados! – comentava. E lhe ensinava a respeito de teoria musical e de alguma nova peça, enquanto tocava com indiscutível virtuosismo. E, divertidos, riam, fitavam-se e embeveciam-se.

IX

NO ANIVERSÁRIO DE STEPHAN

Mais uma aula agradabilíssima se encerrava para Rachel na tarde daquela quarta-feira, algumas semanas depois dos últimos acontecimentos.

Ao término do horário, sem que ninguém os tivesse interrompido ou incomodado, para franco prazer dos dois, e como de costume antes de, enfim, saírem da sala assumindo postura mais formal, de vez que ninguém, à exceção de Noreen, sabia do já franco envolvimento entre ambos, os dois se estreitaram apaixonadamente e se beijaram, com ardorosa intensidade, durante largo intervalo.

Todavia, para grande constrangimento deles, e de forma absolutamente inesperada, no instante em que se encaminhavam, distraídos com alguns comentários sobre música, na direção da entrada da casa, rumo aos jardins, foram abordados por Gladys, que, com expressão indefinível, e em entonação de voz ainda mais intrigante, comentou com Rachel, alcançando-os antes que saíssem:

– Rachel, seus lábios estão borrados! O que está acontecendo? Não sabe mais se maquiar?

Havia nítida ironia estampada na fisionomia e no modo como fora proferido aquele comentário aparentemente casual. Isso fez com que, na sensível e intuitiva Rachel, o estômago de imediato descaísse, com um baque gélido, embora, para ela, por razões ainda incompreensíveis.

Não imaginaria que Gladys já traçara, em seu íntimo, os planos calculados de modo a não falharem no momento previamente escolhido para começar a executá-los, desde a data já afastada do baile de máscaras, durante o qual se transtornara horrivelmente com as revelações surpreendentes relacionadas à paternidade da moça.

E este momento seria o mencionado no assunto que Stephan abordaria com a agora um tanto perturbada Rachel, num local mais a salvo de indiscrições dos jardins, antes que se despedissem.

– O que há? – ele quis saber, contudo, antes de começar a falar sobre o tema feliz que naquele instante ocupava seus pensamentos, estranhando a expressão ainda perdida que ela exibia desde que ouvira os dizeres sugestivos da mãe adotiva momentos antes. – Algo a preocupa, Rachel! O que é?

– Você acha que ela desconfia? Que já sabe de algo? – Ela não se conteve, e quis dividir os seus dilemas íntimos com ele, que, de imediato, fixou-a com franqueza e sério.

– Sobre nós dois? – e relanceou os olhos atentos para os interiores da sala de onde haviam saído havia pouco; porém, lá já não se via mais ninguém. – Mas... refere-se a mrs. Gladys? O que a faz mencionar isso?

– Não achei que a pergunta que me fez tenha algum sentido que não esse, Stephan! – foi a resposta, proferida num tom de angústia velada, mas sincera – Aparentou, antes, alguma insinuação! Mrs. Gladys é uma mulher vivida! Acho que me descuidei e ela percebeu que nos beijamos!

Todavia, para o sempre seguro Stephan aquilo não representaria exatamente um problema. E ele meneou, querendo tranquilizá-la, sentindo o impulso espontâneo de voltar a abraçá-la, mas contendo-se e contentando-se, por ora, em sorrir-lhe, afetuoso, aproximando-se um pouco mais.

– Meu amor... em algum momento isso acabará acontecendo! Penso mesmo que lord Ashley já desconfia do que acontece conosco! Isso não deveria preocupá-la, pois, afinal, o que há de tão errado?

– Você tem razão! Não teria nada de mais, de fato... Mas não gostei da entonação com que mrs. Gladys se reportou a mim!

A isso, contudo, Stephan deteve-se num aspecto do que ouvia que sempre considerou curioso.

– Você se refere a lord Ashley como seu pai, mas não a ela como sua mãe, da mesma forma, não é, Rachel? É difícil para você. Por qual razão?

Ela já se via acostumada a confidenciar sobre aquelas coisas com ele, assim, admitiu, com uma incerteza refletindo-se-lhe no olhar enquanto o encarava, um tanto desamparada:

– Nunca consegui! Não a sinto como mãe, Stephan... A própria mrs. Gladys, a bem da verdade, nunca me tratou como filha, e isso sempre se evidenciou, durante todos estes anos, quando eu reparava nas diferenças imensas entre o tratamento que ela dispensava a Lane e a mim; mas, principalmente, em se comparando ao modo como papai me considera e trata!

O músico reparou que o assunto a entristeceu. Assim, conteve-se novamente, quando já ia cedendo a novo impulso de atraí-la. Tornou a sorrir com intenção, e, buscando-lhe a atenção para algo com que pretendia alegrá-la, lembrou-lhe:

– Rachel, deixemos de lado estas coisas, que provavelmente não nos importam para nada, por enquanto! Sabe? Não vejo a hora de vê-la na minha comemoração de aniversário! Não se esqueceu de que será na próxima sexta-feira, não é?

A isso, a moça recobrou algo do seu ânimo para compartilhar da satisfação dele.

– Como esqueceria? – E se demoraram um intervalo entreolhando-se, apaixonadamente.

Dali a mais alguns instantes, com Rachel reanimada e esquecida das impressões desagradáveis anteriores, por força da capacidade do jovem professor de envolvê-la nos temas agradáveis relacionados à troca mútua do seu sentimento amoroso, os dois, enfim, e sempre de modo relutante, despediram-se.

Mas sentiam-se alentados pelas perspectivas felizes dos eventos dos dias que estavam por vir.

◦ ◦ ◦

Chegou, assim, a noite em que seriam comemorados os dezenove anos de vida do carismático filho mais velho de William e Catherine Klyde – já que havia mais dois, um rapaz e uma moça, bem mais novos, e todavia, nenhum deles concedera ao pai a satisfação de seguir, a exemplo de Stephan, a carreira artística peculiar à qual se dedicavam com grande virtuosismo.

Harold, o irmão imediatamente mais novo, nos seus dezesseis anos, demonstrava interesse e pendores para a medicina e as ciências naturais. E Patsy, então com quinze para dezesseis anos de vida, jovem mais afeita aos modos maternos voltados para as artes de gerência doméstica e os apuros de etiqueta, não demonstrara, até então, tendência a voltar-se para os estudos da música, nem ao mais básico da teoria musical.

Esta última, oportunamente, viria a ser a amiga sincera de Rachel, com quem contaria para desafogar-se nos seus piores momentos de sofrimento e de decepção com o decorrer dos rumos que tomaria, à sua revelia, o seu envolvimento com Stephan, até então embalado somente por múltiplos sonhos e alegrias mútuas.

Mas aquela noite especial seria de regozijo para os dois jovens, que somente alinhavavam os primeiros tempos de uma união ainda reservada e preservada da percepção alheia, em comum acordo, e obedecendo a naturais escrúpulos. Afinal, Rachel era, nos seus dezessete anos incompletos, quase uma menina; e o jovem músico, consciente das responsabilidades que lhe cabiam, atento a este pormenor, fazia por onde resguardá-la dos comentários picantes da indiscrição alheia, de cujas nuances maldosas já detinha algum conhecimento, adquirido durante as suas andanças na companhia do pai por eventos sociais e de caráter familiar, desde havia alguns anos.

Apesar dos cuidados de ambos neste sentido, porém, a flagrante embriaguez de satisfação de que se veriam tomados na presença um do outro, desde o momento em que se encontraram na chegada dos Ashley à residência, com as primeiras luzes noturnas, contribuiria, involuntariamente, para que alguns, mais próximos de ambas as famílias, começassem a se dar conta do que estava acontecendo, em observando o modo como o rapaz tomara a linda jovem como sua parceira oficial dos festejos assim que a recebeu, com extremos de cortesia, e um indisfarçável olhar cheio de admiração apaixonada, à entrada do salão iluminado e já bastante movimentado por convidados que circulavam por ali.

Mais do que os circunstantes, porém, os próprios componentes de ambas as famílias, afinal, se aperceberiam, com mais clareza, da aproximação afetiva entre ambos; e isso desencadearia, em cada um deles, pensamentos e sentimentos disparatados uns dos outros. Enquanto Paul, William e os irmãos de Stephan davam-se conta da novidade experimentando simpatia pela situação, Catherine, por certo grau de ciúmes pelo filho mais velho, a naturalmente chocada Caroline e Gladys intimamente amargavam com animosidade indiscutível a confirmação de suposições que teciam acerca daquelas circunstâncias, até então, apenas em surdina.

Infelizmente, isso atiçou a rancorosa esposa de Paul Ashley a executar, por antecipação, os planos que estava alinhavando durante os últimos dias.

Assim, com intenção premeditada, e deslumbrantemente vestida e arrumada para a ocasião, como era seu hábito ao querer realçar sua beleza ainda marcante na idade mediana da fase atual de sua vida, Gladys concentrou seus objetivos em se acercar sub-repticiamente de William Klyde, acenando-lhe, durante o decorrer do evento, com assuntos de teor grandemente atraente para algo que o interessava bem de perto, a saber: o futuro profissional de Stephan como músico.

Apelaria a ele com certa promessa de auxílio irrecusável, lançando mão de determinadas articulações sociais às quais, seguramente, sabia como recorrer com sucesso para esse fim. Mas isso exigiria do astucioso barão um preço: o casamento bem-arranjado de seu filho com a filha mais velha, por interesses comuns de ética, considerados naturais segundo as etiquetas familiares daqueles tempos, segundo as quais deveria a primogênita contar com primazia naquela espécie de arranjo muito comum nos séculos findos. E, por mais que, a princípio, William alegasse já ter percebido o franco envolvimento de Stephan com a caçula dos Ashley, a quem estimava sinceramente, apesar de tudo, aludindo também aos escrúpulos certos de Paul quanto àquilo, de encontro aos quais esbarrariam no futuro.

– Bem... – avisou Gladys, lançando mão de um argumento que sabia convincente diante da índole reconhecidamente calculista do orgulhoso aristocrata: – Certamente se interessa, acima de tudo, pelo bom futuro profissional de Stephan... E eu tenho como auxiliá-lo com meus vínculos naturais com determinados membros da corte, ligados ao elenco de compositores e músicos oficiais da monarquia! Pense a respeito, então, lord Klyde, porque os sentimentos de uma adolescente são voláteis nessa fase da vida... Mas não a construção sólida do destino de um filho homem! Estarei à espera, quando decidir! – declarou, com segura tranquilidade, e também relanceando estranhamente ao ainda indeciso William olhares insinuantes cujo significado, de início, ele não soube bem ao certo compreender.

De fato, não poderia acreditar que a esposa de seu grande amigo de tantos anos, naquele momento, adotava tal conduta dúbia, por mais que se visse acostumado àquela espécie de dissolução de costumes fartamente disseminada na sociedade brilhante daquelas épocas.

E ele ainda haveria de relutar durante um bom tempo diante da proposta tentadora; todavia, somente até ao momento em que Gladys, como trunfo final, apelasse para a revelação do móbil real por detrás daquela sua atitude de desforra, no momento certo, porém: quando já contasse com o, apesar de tudo, volúvel barão, com farto repertório de traições conjugais do qual detinha o devido conhecimento, nas rédeas das suas artimanhas de sedução – e por outra razão maior, mais grave!

Todavia, inocentes daquelas premeditações ruinosas para os seus planos a longo prazo, sendo tecidas justo naquela data e por completo felizes, os dois, unidos desde o primeiro momento em que se viram no princípio da noite, tratavam de saciar a saudade e de trocar diálogo agradável com outros amigos da sociedade londrina com quem mantinham boa relação de convivência, além de com os próprios irmãos de Stephan, com quem Rachel, feliz e sorridente, travava diálogo desanuviado e saudável.

Isso sob os olhares cheios de mágoa e de despeitos mal contidos da distanciada Caroline, que, isolada ao lado dos pais a uma das mesas do amplo salão onde agora vários casais dançavam um minueto, limitava-se a relancear-lhes a vista ensombrada por nuances fisionômicas estranhas, como se remoendo apenas para si mesma pensamentos extremamente desagradáveis.

Finda uma daquelas parcerias musicais em que os casais, risonhos e entusiasmados, trocaram passos entre si, o aniversariante atraiu oportunamente Rachel para dentro de uma saleta próxima, olhando em volta, e puxando-a de abrupto, furtivo.

A manobra, ao mesmo tempo, excitou-os e fê-los rir juntos, enquanto o rapaz fechava a porta. Na mesma hora, ele atraiu a jovem pela mão para perto de si, enquanto a observava, com ostensivo deslumbramento no olhar intenso e brilhoso, naquele vestuário de festa a um só tempo delicado e elegante, e complementado por joias singelas com brilhantes que faiscavam sob as luzes noturnas, salpicando-lhe, também, os maravilhosos cabelos cor de cobre derramados sob os ombros e o colo alvo.

Stephan, de igual modo, também se achava distintamente arrumado, com especial cuidado para a ocasião de seu aniversário. Usava um traje de cores sóbrias, que lhe realçava a virilidade natural e marcante, própria da sua faixa etária cheia da vitalidade e do poder de sedução que, a qualquer tempo, são atributos desta fase da vida, repleta de idealismos e do ímpeto das energias que tornam os seres humanos dispostos a conquistar tudo!

Entreolharam-se, então, apaixonadamente. E o músico confessou, para susto de Rachel, que jamais esperaria ouvir aquilo daquela forma, ainda tão cedo.

– Rachel... – ele disse, encarando-a com um ardor ostensivo a se refletir na tonalidade amendoada de seus olhos, levando-lhe, afetuoso, a mão ao rostinho ligeiramente esfogueado pela emoção do momento. – Sabe, se fosse obedecer ao meu impulso, iria pedi-la em casamento agora mesmo diante de nossas famílias, celebrando, com o meu aniversário, o nosso noivado!

– Stephan! – Rachel somente conseguiu exclamar, quase atordoada, sem saber se deveria ou não levar a sério aquela declaração tão intempestiva. – É precipitado, meu amor! Faz pouco mais de dois meses que nos reencontramos, e mal sabemos ainda como lidar com todas as mudanças que aconteceram no nosso relacionamento! Acredito na sua sinceridade ao dizer-me isso e nos seus sentimentos, mas...

Ela parou de falar, perdida nos pensamentos. Olhou-o. E, intimidada pelo peso da ardência com que era encarada, corou vivamente.

Riu, abobada, e, tentando ocultar o seu imenso constrangimento, achegou-se-lhe nos braços, que logo a envolveram, acolhedores.

Mas, a isso, Stephan apenas beijou-lhe os cabelos perfumados. E comentou, mais sério:

– Eu sei, meu amor! Sei o que está sentindo! É pouco mais do que uma menina! Mas está tão linda, que não contive meu pensamento e tive de dividi-lo com você! Mas sei que devemos esperar a hora certa... – E, distanciando-a um pouco, entre divertido e ainda falando com seriedade, quis saber: – No entanto, isso não quer dizer que um dia não vou fazer o que lhe disse! E você esperará com paciência, não é? – E como agora, sem saber o que mais dizer, ela apenas corasse ainda mais, no auge do constrangimento, ele enfim susteve o seu extravasamento emotivo, compreensivo. E a atraiu novamente, estreitando-a mais e declarando, emocionado: – Você é tão linda! Está tão linda nesta noite, meu amor!

Rachel, embevecida, beijou-o no peito, próximo de onde se achava afixado o presente que lhe oferecera, e que escolhera antes, escrupulosamente, e em comum acordo com o pai: um par de abotoaduras em ouro maciço, cravejada de diamantes, que agora ornava o colarinho da fina camisa branca que ele trajava por sob um elegante sobretudo azul rei.

– Gostou do meu presente? – ela perguntou, de repente, talvez para modificar o rumo do assunto e livrar-se da grande inibição que experimentava diante da declaração intensa e de sérias implicações que ele lhe fizera antes, mas que, no entanto, inundara seu íntimo de felicidade.

Stephan a fixou, o olhar de cujo magnetismo era difícil se libertar mergulhando, repleto de amor apaixonado, nos olhos úmidos e risonhos da graciosa jovem que tinha nos braços.

– Vou usar seu presente até o fim dos meus dias, Rachel! – prometeu, afagando-lhe carinhosamente o rostinho belo e suavemente maquiado.

Sorriram um para o outro, felizes. E voltaram a se abraçar e a se beijar, enlevados, durante longo tempo.

Nunca imaginariam que durante o idílio embalado por sonhos e projetos de felicidade futura outros planos eram articulados pela astúcia alheia, e haveriam de lançar mão de seus destinos, com oportunas manobras de vingança.

X
A DISTÂNCIA É FERMENTO AMOROSO

– Como está Rachel, miss Noreen?

– Agitada, *milady*! Não se conforma com o fato de a moléstia extemporânea conservá-la apartada das aulas de música que tanto preza! Afinal, já vai para duas semanas que está assim...

Mas, a isso, mrs. Gladys esboçou um trejeito irônico nos lábios, antes de conferir o sono da caçula, e se distanciar para perto da outra filha, um tanto abandonada a cismas e a enigmático desânimo nos últimos dias.

– Vejo bem... – após um comentário dirigido não necessariamente à dama de companhia, que, todavia, já de há muito familiarizada aos temperamentos da família à qual servia, captou algumas nuances dos sentimentos reais que inspiravam aquelas palavras. – Não é exatamente pela perda das aulas que Rachel se acha agitada! Todavia, há que cumprir fielmente as prescrições médicas! O inverno deste ano veio rigoroso, e seu estado requer repouso absoluto! – E, tornando a olhar a moça, parada diante de si sem ousar emitir pareceres ao que ouvia, avisou: – Assim que lord Klyde chegar, avise-me! Paul está ausente, atendendo a compromissos financeiros que reclamaram seus pareceres, e o professor terá de ser avisado da permanência da modificação na agenda de suas aulas ainda durante esta semana! Hoje, portanto, antecipará as aulas de Lane, e as de Marshall serão amanhã!

– Sim, mrs. Gladys! – Noreen concordou, sem refutar.

Todavia, tão logo a dama deu as costas, apressou-se até a entrada do quarto e, certificando-se de que Rachel permanecia mergulhada em sono profundo naquele momento, que haveria de se estender durante pelo menos mais uma hora, procurou pelos corredores dos locais de serviço da casa por sua mãe, e, em encontrando-a, avisou:

– Mamãe! Devo me desincumbir do que me pediu Rachel! Lord Klyde já deve estar nas proximidades, porque nunca se atrasa, e tenho de lhe dar o recado que ela me confiou!

Mrs. Madge de pronto assentiu, relanceando, preocupada, o olhar em volta, e detendo-se na orientação da arrumação de um dos cômodos.

– Vá de uma vez! – gesticulou, preocupada. – Mrs. Gladys não haverá de gostar se perceber sua manobra!

Concordando de pronto, a moça, conhecedora dos meandros dos fundos da ampla residência londrina, correu a passos leves por corredores que a conduziram rápido ao andar inferior, e dali saindo pelo acesso lateral que dava direto na avenida onde, por sorte, distinguiu, a distância, a aproximação de Stephan, já se acercando da casa da família.

Apressou os passos por entre o gramado do ajardinado caprichoso dos arredores, e, acenando por entre as grades, chamou, entre tensa e pressurosa:

– Lord Klyde!

O rapaz, surpreso por se ver abordado daquele jeito intempestivo pela jovem a quem conhecia de vista, deteve os passos. E, intuindo qualquer coisa desagradável, avançou, ganhando o acesso lateral dos jardins assim que Noreen lhe abriu o portão.

– Miss Noreen! Boa tarde! O que se passa? Aconteceu alguma coisa? Noto-te claramente desassossegada! – E, precipitando conclusões que de imediato o angustiaram, fixou a dama com o olhar agora invasivo e tenso: – Rachel piorou? É isso?

– Oh, não, Deus nos livre e guarde, lord Klyde! Ela me pediu para tentar transmitir-lhe um recado, antes que chegasse à casa! – falou lastimosa. – Hoje, ainda não poderá dar aula à miss Rachel! Ela está acamada e febril, com uma tosse renitente que apenas lentamente a deixa! A mudança drástica de temperatura a penalizou muito, e, desde menina, o senhor há de se lembrar, era sensível ao período do inverno!

Interrompeu-se. E notou, de pronto, indisfarçável na fisionomia do rapaz, a mistura acentuada de preocupação com decepção, com a expressão agora perdida dos belos olhos castanhos, que, com um suspiro de quase inconformação, ele relanceou a esmo pelos arredores.

– Cristo! Mas... Então, haverei de dar aulas para Lane ou Marshall, novamente modificando a agenda, como na semana passada? – ele questionou.

– Sim, lord Klyde, mas, por Deus, não deixe mrs. Gladys perceber que lhe antecipei a informação! O caso é que miss Rachel, deprimida e inquieta como está, quer por força ter contigo! Mas agora dorme. E não sei como haveremos de providenciar isso sem a sua interferência direta, pois quem poderia interceder a seu favor, no caso lord Ashley, não se encontra em casa!

Stephan concordou, amolado.

– Sei disso! Saiu com meu pai, que o acompanhou a uma reunião de finanças importante, na qual ele oficia como conselheiro! – Ele se sentiu momentaneamente perdido, pensando num jeito. E novamente meneou, desanimado, e especulando, mais para si: – Não sei como haveremos de atender ao pedido de Rachel! Esta é, também, a minha maior vontade; todavia, conheço um pouco mrs. Gladys, e, até mesmo alegando a situação de fragilidade da saúde dela, creio que não vai me atender se eu lhe pedir esse favor!

Noreen entendeu. Compartilhava da opinião do músico, mas, de outro lado, via-se visivelmente ansiosa com o problema.

– O caso, lord Klyde, é que, ao que observo, esse estado de coisas está retardando a recuperação de miss Rachel! Adoentada como está, de tempos em tempos chora e se deprime! Em todos os dias se maldiz e me confessa não estar suportando o distanciamento entre vocês! O que me sugere para solucionarmos a contento esse impasse, lord Klyde?! – A moça perguntou, desorientada.

O jovem músico, todavia, sempre firme e decidido, apesar da pouca idade, depois de pensar um pouco declarou à dama, a fitá-lo com aguçada expectativa.

– Miss Noreen... tenho de vê-la! E, nisto, você terá de me ajudar! Ouça-me, portanto, sobre o que deverá fazer assim que Rachel despertar e no caso de mrs. Gladys não me facilitar devidamente as coisas!

Aproximou-se mais, baixando o tom de voz. Conferiu outra vez os arredores, cauteloso, e confiou-lhe algumas determinações com presteza, que a jovem arguta cumpriria à risca, preocupando-se também em não retê-la naquela posição irregular mais tempo que o necessário.

Dentro da casa, enquanto se davam aqueles episódios fora do conhecimento da senhoria, esta, àquela altura, entrava no quarto onde Lane se arrumava com especial aprumo, apesar do já aludido abatimento constante nos seus modos nos últimos tempos.

Mrs. Gladys se aproximou, mirou-a pelo espelho, auxiliou-a com algumas fitas que ajeitava com dificuldade atrás do vestido rendado comentando:

– Arruma-se meticulosamente hoje? Lane, devemos aproveitar os minutos que nos faltam até a chegada do seu professor para conversar!

– A que se refere? – A moça perguntou, um tanto distraída, remirando-se, a especular para si mesma da própria apresentação com excessos de detalhismo, apesar de tudo.

Mas a mãe a puxou pela mão e fê-la interromper-se, para atraí-la até o assento diante do toucador.

– Ouça-me! Bem sei o que a acabrunha tanto ultimamente! Tempos atrás, aludi a isso sem emprestar muita seriedade ao assunto. Mas agora, observando suas reações nas últimas semanas, sei o que a aflige, e, como mãe zelosa, não posso me furtar a favorecê-la com alguns conselhos, porque não vem se comportando adequadamente para auxiliar a si mesma nesse seu dilema!

Encaravam-se, agora, sentadas uma diante da outra. E Lane corou vivamente ao ler, no olhar translúcido de Gladys, que ela, de fato, conhecia os seus sentimentos mais íntimos, que julgava ainda despercebidos, flagelando-lhe o coração de tempos àquela parte. Assim, de dentro da sua inexperiência, não pôde fazer mais do que calar ante a expressão inquiridora da outra, que não se demorou a dar continuidade à exposição franca das suas impressões.

– Também se apaixonou por Stephan, Lane, nada embora, a princípio, esta disputa estúpida com a sua irmã se desse somente em razão de mera puerilidade e ciumadas sem sentido! O tempo passou... Todos mudaram, e, em dando diante de si com o belo rapaz em que ele se transformou, sem que você mesma pudesse impedir, acabou desviando seus sentimentos para ele, da mera travessura provocativa de antes, para o que a vem atormentando o coração desde que ele retornou, em observando o seu agora já declarado envolvimento com Rachel!

Ouvindo aquilo, do rubor anterior, Lane passou à palidez quase marmórea, confirmando a veracidade do que a percepção interior de Gladys lhe asseverava.

– Oh, mamãe! Por favor! – ela desviou-se, atarantada. – A que se refere?

– Não negue, porque é inútil! Conheço-a mais do que qualquer outro nesta casa! E, por essa razão, devo me apressar em avisá-la de duas coisas: primeiro, que se quiser virar o jogo a seu favor, deve, com urgência, modificar seus modos diante desse moço, a quem, definitiva e claramente, não agrada seu comportamento excessivamente insinuante e voluntarioso! E a segunda...

– Virar o jogo a meu favor? Oh, mamãe! – Completamente perdida em pensamentos e atitudes, Lane não aguentou e, agitada, levantou-se, andando pelo quarto: – Como poderia virar o jogo a meu favor, ainda que houvesse verdade no que afirma, se o envolvimento entre ele e Rachel já é inegável... desde a infância, diga-se! – arrematou, interrompendo Gladys com impaciência. Mas a mãe retomou a frente do entendimento e continuou:

– A segunda coisa é que não deve dar tanta atenção às bobagens que, ano após ano, seu pai nos repetiu sobre a amizade entre Stephan e sua irmã! Não, Lane! – Gladys levantou-se também, acercando-se, compreensiva e carinhosa, da agora claramente desconsolada moça. – Esqueça essa história de preferências asseguradas de lord Klyde para com sua irmã, em razão de "inclinações naturais entre ambos", como seu pai afiança! É jovem demais para entender melhor as particularidades do comportamento masculino nesse território da vida humana, mas, com base na minha vivência, asseguro-lhe: o coração do homem é o mesmo, em qualquer tempo, e se comporta de maneira previsível, sempre! Deve jogar com o que se apresentar a seu favor, se lhe interessar, de fato, o filho de lord Klyde! Porque é a filha mais velha e, por ordem natural das coisas, deveria se casar primeiro!

– E o que se apresenta a meu favor num caso desses?! – indagou, ainda incrédula, voltando a sentar-se, e, enfim, tornando a encará-la, mais esperançosa.

Na sede ansiosa de desforra que a motivava, não ocorria a Gladys que talvez o que interpretava como sentimentos reais da sua primogênita pelo músico talvez não passasse do mesmo tipo de capricho egoísta que sempre fora o combustível do seu comportamento quanto a vários quesitos, no decorrer dos anos, e desde a infância, em relação aos quais batia os pés querendo sair-se em situação de primazia diante da irmã caçula.

E o passar do tempo, infelizmente, só faria confirmar esta realidade proeminente no temperamento de Caroline Ashley.

– O que se apresenta a seu favor é a natural volubilidade do homem! Lord Stephan lembra demais os modos do pai! São visíveis, nele, a vaidade acentuada, o interesse pertinaz em se colocar favoravelmente como músico conceituado na sociedade! E, principalmente, seus próprios atributos de beleza e de sedução, que influirão na hora certa com sucesso! Isto se, como tento adverti-la, modificar seu comportamento diante dele, para algo mais condizente com a sua idade, atrativos naturais e inteligência! Ouça-me, pois, Lane, porque, junto a essas advertências, devo, também, compartilhar com você certos fatos graves que desconhece e que me, a inverter essa situação, movem a qualquer preço, a seu favor!

Ouvindo aquilo, a jovem calou-se, entre curiosa e aguçadamente interessada. E entreteve-se durante o quarto de hora seguinte a ouvir de Gladys acerca de acontecimentos que só fariam acirrar a animosidade natural que desde sempre experimentara contra a irmã adotiva.

Momentos mais tarde, ambas recebiam o jovem Klyde na sala principal da moradia.

Stephan experimentou a ligeira impressão de perceber uma modificação qualquer, sutil, no comportamento de Lane ao cumprimentá-lo.

Parecia-lhe, estranhamente, mais gentil e comedida. Todavia, preocupado como estava com Rachel, não se permitiu deter-se demais naquela peculiaridade do momento, atento ao desenrolar dos acontecimentos relacionados às aulas daquela tarde para, na hora certa, tentar junto a mrs. Ashley o pedido de ter com Rachel para a necessária visita que tanto ansiava.

Assim, foi informado por Gladys sobre a repetição da inversão dos horários agendados para as aulas, ainda naquela semana. Indagou do passadio de Rachel com sincero interesse. Mas o modo enfático como foi intencionalmente informado a respeito da necessidade de repouso absoluto da moça, conforme as prescrições do facultativo responsável pelo seu tratamento, tratou de reduzir-lhe, por antecipação, qualquer esperança de obter uma autorização espontânea para visitar a aluna e namorada, contrariando-se um pouco. Tinha certeza de que se o pedido fosse dirigido a mr. Ashley, na certa, e em observância ao bem-estar íntimo da jovem, ele de pronto iria consentir.

Desencorajou-se, ali mesmo, de solicitar o que quer que fosse nesse sentido àquela mulher altiva que, em deixando-lhe entregue a agora risonha Lane, despediu-se brevemente, após lembrar-lhe que as aulas do dia seguinte, naquele mesmo horário, estariam reservadas ao pequeno Marshall.

Isso tudo só serviu para desanimá-lo ainda mais para questionar Caroline a respeito do estado de Rachel.

– Lane, você sabe se na semana que vem Rachel estará disposta para retomar os estudos comigo? – perguntou, dando mostras, com aquela atitude, de certa ingenuidade para com as premeditações contumazes da moça astuta, que, com um trejeito de dissimulado desconsolo na fisionomia, de caso pensado, embonecada para a ocasião, respondeu:

– Oh, Stephan, sei que sua preocupação e seu interesse pela minha irmãzinha são sinceros, mas não devo iludi-lo! A tosse de Rachel é renitente, e a tem penalizado muito, de modo que está muito fraquinha! Ademais, para seu próprio interesse, ela deve estar inteiramente recuperada antes de vê-lo, pois conhece os riscos de contágio em casos assim!

Algum tempo se passaria, todavia, antes que os planos de Gladys e da filha mais velha começassem a surtir efeito. O íntegro professor de música não tinha como imaginar, àquela altura, de que espécie de sanha vingativa se nutririam as atitudes delas a partir daquele dia em que compartilharam confidências e informações graves a respeito do passado de Paul Ashley.

Assim, findou-se o período de estudos. E, apesar de perceber em Lane o brilho enlevado muitas vezes ostensivo no olhar com que o fixava, Stephan conduziu o horário de aula com indefectível profissionalismo. Depois, e enfim aliviado e liberado do seu compromisso, ele se dispôs a executar o plano arriscado que, felizmente, se concretizaria sem nenhum contratempo. Porque Caroline julgou-o, como Gladys, finalmente ausente da moradia depois das despedidas, rumo a compromissos outros que alegou a propósito para despistá-las, quando da sua saída forjada pelos portões dianteiros da casa.

Caíam as primeiras sombras da noite fria quando, decorrida cerca de meia hora, um vulto correu até o mesmo portão lateral dos jardins onde antes Stephan fora recebido pela arisca miss Noreen.

Era hora do jantar na residência. Paul Ashley ainda não retornara, e Gladys se achava na sala de jantar com Lane e Marshall, sendo servida pela copeira e pela governanta, já que era sabido que, prostrada como se achava, Rachel fazia as poucas refeições que a sua inapetência tolerava no próprio quarto.

Foi nesse intervalo propício que, com o auxílio da mãe, miss Noreen aproveitou para introduzir Stephan no cômodo, prevenindo Rachel antecipadamente, assim que acordou, e enchendo-a, com este aviso, de incontida quanto indócil ansiedade.

Próximo ao momento, mrs. Madge, apresentando-lhe com insistência a bandeja com a refeição da noite, advertiu-a :

– Filha, por Deus, que já maldigo ter incentivado Noreen a concordar com essa ideia temerária do professor Klyde! Já não se acha de todo refeita da febre alta de ontem e agora rescalda de impaciência nesse leito! Todavia, se não se alimentar pelo menos o mínimo desejável, eu mesma me encarrego de impedi-lo de visitá-la, pelo menos até que recobre o juízo!

– Sabe que haverá de matar-me fazendo isso! – Devolveu Rachel, no auge da agitação, fazendo por onde colocar-se sentada no leito e sem querer ouvir nada. – Ora, mrs. Madge, hei de comer! Mas bem sabe que nada descerá ao meu estômago até que eu veja Stephan!

– Pois o prejuízo será seu, por ser teimosa e perder a chance de permitir que ele a visite com aspecto pelo menos um pouco mais saudável, após a alimentação que iria livrá-la desse aspecto empalidecido e frágil que apresenta! – argumentou a mulher, qual mãe zelosa, inutilmente. Porque já alguém fazia-se anunciar com batidas leves, mas notadamente ansiosas, na porta. E, a partir dali, Rachel nada mais viu, ouviu ou fez.

– Entre! – disse, com os olhos já úmidos, tomada de acentuada comoção.

Miss Noreen abriu com vagar a pesada porta, evitando o rangido das dobradiças. Tão logo o fez, e o jovem professor, preocupado e comovido, invadiu o quarto. Cumprimentou e agradeceu brevemente à bondosa governanta que fazia companhia a Rachel e que, suspirando com resignação, deixou próxima ao leito, sobre um console, a bandeja com o jantar, ousando apelar para o rapaz, antes de sair e se manter com a filha vigilante aos movimentos do lado de fora.

– Lord Klyde, por Deus! Creio que você Rachel vai ouvir, então, tente fazê-la se alimentar, pelo menos um pouco!

Stephan assegurou-lhe que tentaria, enquanto, ao mesmo tempo, ele e a jovem se abraçavam, emocionados, durante um longo intervalo.

– Haverá de jantar, pelo menos um pouco! Não é, meu amor? Atenderá a esse meu pedido, porque também não posso mais com a nossa separação! Tem de se recuperar logo, Rachel! Ou será em vão o risco que corri hoje, contrariando a proibição de mrs. Gladys ao meu pedido de ver-te, se também não fizer por onde encurtar este período desagradável de distanciamento entre nós! Porque não poderei inventar subterfúgios como este sempre, Rachel! – Ele alegou, súplice, e beijando-a repetidamente nos lábios e no rosto.

– Por favor, Stephan, pare! – ela denotou retrair-se um pouco, distanciando-o, subitamente atenta ao bem-estar do rapaz. – Não pode se contagiar! Ou será mais um período insuportável sem que possamos nos ver!

Ele pegou a bandeja e a colocou sobre a cama, dispondo-se a oferecer-lhe, à sua revelia, colheradas da sopa, a intervalos, enquanto conversavam, apesar da careta de repulsa com que de pronto reagiu.

– Oh, Stephan! Por favor! Não desce!

– É a sua ansiedade que impede, mas agora já pode relaxar um pouco! Estou com você, Rachel! – Ele a observou, e, teimoso, mostrou-lhe a colher: – Vamos! Conversaremos enquanto isso!

– Estou feia e desarrumada diante de você! – ela se recostou e alegou, então, como se dando súbita conta da ausência dos cuidados da vaidade com que se preparava para recebê-lo sempre que se viam, mas, a isso, entre compadecido e divertido, Stephan riu e tranquilizou-a:

– Vamos, pare com isso! Você está linda, sempre, e haveremos de nos casar um dia! – E, fazendo-a tomar a colher de sopa que lhe oferecia, enquanto a distraía, agora, com aquele diálogo confidencial, murmurou-lhe, abrandando o tom da voz para comentar, atento à presença das duas damas vigilantes do lado de fora do quarto: – Cuidaremos um do outro! Acordaremos juntos pela manhã e não haveremos de estar sempre com roupas de festa!

Para a sua satisfação, a jovem aceitou, afinal, a refeição, enquanto tranquilizava-se, embora denotando novas preocupações.

– Quantos dias mais serão necessários, Stephan?! Certamente, já durante o restante desta semana, não nos veremos mais!

– Oh, não seja pessimista! – O músico respondeu, embora não pudesse oferecer a ela garantias quanto àquilo; mas havia a necessidade de transmitir-lhe a devida renovação de ânimo, no interesse de acelerar sua recuperação durante o breve espaço de tempo de que dispunham naquele momento. – Lord Ashley certamente estará aqui amanhã e conto com o consentimento dele, além de também com a sua melhora, agora que enfim nos encontramos!

– Sim, mas e depois, Stephan? E depois? – A jovem questionou, lançando-lhe o olhar entre amuado e úmido por lágrimas motivadas, em parte, pela sua extrema fragilidade emocional depois daquele período sofrido de separação. – Tive tanta saudades de você, meu amor!

Stephan olhou para ela, apaixonadamente, e apenas silenciou por um momento.

Ofereceu-lhe outra colher com sopa. E, ocultando que também se sentia a cada dia mais incomodado quanto àquilo, parecia refletir de maneira diferente sobre o que ouvia, especulando coisas para si mesmo. Mas, por ora, limitou-se a afirmar, na intenção de não agitá-la ainda mais com ideias expostas em ocasião inoportuna:

– Eu também, Rachel! Eu também não aguentava mais... Mas apenas se alimente, agora! Haveremos de conversar melhor sobre isso depois, e acharemos um jeito!

XI

NOS BASTIDORES DAS APARÊNCIAS

DECORRERAM ALGUMAS SEMANAS APÓS AQUELES DIAS MARCAdos por alguns contratempos, relacionados ao estado delicado de saúde de Rachel, que apenas após cerca de vinte dias se restabeleceu por completo.

Esse fator, de outra sorte, contribuiu para exacerbar o ardor apaixonado a cada dia mais presente no relacionamento amoroso entre ela e o professor de música, e também serviu, em favor dos dois, para arrefecer os efeitos da execução inicial dos planos em comum de Gladys e Lane, no sentido de buscarem usurpar as atenções afetivas do moço, de Rachel, para a sua irmã mais velha. De modo que, sem que ninguém a princípio notasse, o envolvimento entre eles, rapidamente, foi adquirindo características de seriedade e importância, a um grau do qual só se aperceberia, por acaso, a dama de companhia da jovem, tempos depois, e para franco desassossego da dama fiel e devotada, como será visto adiante.

Durante uma daquelas tardes em que a caçula de Ashley tomava aulas com Stephan na saleta reservada da residência, a ocasião, em especial, se confirmava a salvo de maiores indiscrições. Paul recebia novamente a visita de William para compartilharem questões e interesses comuns, durante o decorrer agradável de uma quinta-feira; e Gladys, a seu turno, fazia as honras à visita da esposa de lord Klyde, em companhia de Lane.

Os dois barões orientavam, naquele momento, os temas a propósito de pormenores sobre os quais, de tempos àquela parte, William vinha se sentindo ligeiramente incomodado.

Após longo intervalo conversando sobre informes recentes a respeito da política e dos últimos acontecimentos sociais mais comentados em Londres, ele alongou os olhos perscrutadores para a área da moradia onde as damas se entretinham em diálogo vibrante, de onde escapuliam sons esporádicos de palavras esparsas regadas a risadas pueris indiciando assuntos, ao menos naquele momento, relacionados às amenidades usuais sobre detalhes domésticos e criação de filhos.

Marshall se entretinha nos jardins, correndo atrás de uma bola cujo lançamento em sua direção ficara à incumbência de um dos empregados da casa. E William, sentindo-se seguro para abordar o que queria com a desejada discrição, enfim declarou a Paul, colhendo-o com certa surpresa:

– Ashley, sabe que sua esposa, em diálogos eventuais mantidos recentemente nos eventos sociais aos quais comparecemos, andou insinuando-me a pretensão de casar sua filha, Caroline, com Stephan?

A entonação da pergunta guardava nuances de sondagem, como se o barão pretendesse também avaliar se o amigo compartilhava daqueles planos extemporâneos de Gladys. Todavia, bastou-lhe a avaliação do desassombro franco estampado no semblante do outro, para constatar que Paul Ashley experimentava autêntica confusão pelo que ouvia.

– Mas... como?! A que se refere? – indagou, fixando-o com sincera perplexidade. – Ora, William, não é mais novidade para ninguém o namoro já declarado entre seu filho e a minha Rachel, o que, aliás, eu endosso e prezo! Não sei, de meu lado, o que pensa a respeito disso, o que eu apreciaria avaliar! – sugeriu. – Porque não posso atinar, no caso de realmente ser verdade o que me relata, o que possa estar ocorrendo a Gladys para proceder dessa forma incompreensível!

Klyde deu de ombros, relanceando de novo os olhos azulíneos pela brincadeira agitada de Marshall do lado de fora, como se também perdido em especulações sobre o que dizia.

– Alega que, por ser mais velha, Lane possui prioridade sobre Rachel, no que se relaciona a um casamento vantajoso entre nossas famílias! – aludiu, embora não explicitasse, num primeiro momento, ao agora tomado de aguçada curiosidade Paul, a que, realmente, referia-se usando o termo *vantajoso*.

Todavia, Ashley abanou a cabeça ainda perplexo.

– Mas... o que deu em Gladys?! Não escondo que a sua atitude me surpreende bastante, pois em nenhum momento compartilhou comigo dessas intenções, que, aliás, reputo completamente insensatas! Não sei o que pensa disso, William, mas, de meu lado, não pretendo contrariar nossos filhos, ocasionando-lhes certo quanto profundo desgosto, impondo-lhes essa intervenção drástica no encaminhamento do envolvimento afetivo deles! Mesmo porque... – fez menção, após uma pausa, visivelmente inquieto: – sinto-me devedor à Rachel de lhe assegurar um bom futuro, coisa que certamente vai se dar se puder encaminhá-la a um destino conjugal venturoso! E sabe o que significa isso! – frisou.

Ambos se entreolharam, significativamente, comungando entendimento quanto àquela alusão grave ensejada por Paul, enquanto bebiam goles do drinque que compartilhavam.

– É o que também penso; além do que disse, e num primeiro momento, inclusive, porque estimo Rachel com sinceridade, desde a época em que ela e Stephan eram duas crianças, correndo, como Marshall faz agora, pelos jardins! E adivinhei que a sua reação seria bem essa, o que antecipei à sua esposa... mas... – Klyde interrompeu-se, com um suspiro reflexivo, alteando as sobrancelhas de um jeito que ocasionou ao seu interlocutor inexplicável mal-estar.

– Vamos, William! Há mais alguma coisa o incomodando?

Todavia, o que, em verdade e em princípio, espelhava uma segunda ordem de preocupações em Klyde naquela situação, não poderia ser exposto assim, de modo tão desarmado, a Paul naquele momento. Porque dizia respeito à conduta dúbia de Gladys para com ele, em escala crescente com o decorrer dos últimos tempos.

Assim, pelo menos naquele instante, viu-se na necessidade de criar subterfúgios para responder, inclusive porque, astuto, não queria mencionar tão já ao barão a oferta tentadora com que sua esposa lhe acenara para o futuro profissional de Stephan, semanas antes, como moeda de troca para aquele acordo matrimonial de caráter familiar e proposto mais à feição de negociata rendável, em mais de um sentido.

Não adivinharia William que brevemente outros fatores o compeliriam a se decidir, sem apelação, por um rumo definitivo a ser imposto ao filho quanto àquela guinada drástica nas circunstâncias do seu romance com Rachel. E esses fatores surgiriam no momento em que, sempre fraco àquele gênero de tentação, terminasse por sucumbir às investidas sedutoras e sedentas de vindita da esposa do barão agora intrigado, sentado à sua frente. Pois, a partir dali, Gladys lhe explanaria todo o cerne do móbil de sua conduta, ao narrar ao amante, então guindado à guisa de seu confidente, sobre o teor da revelação espantosa que, por acaso, acessara, na já distante ocasião do baile de máscaras acontecido na residência dos Goldman.

E, quando enfim ela o fizesse, outra ordem grave de temores se apoderaria de William Klyde, impondo-lhe se empenhar em convencer Ashley, a qualquer custo, de que deveria atender aos anseios de Gladys – mesmo que ao preço do sofrimento certo de dois jovens inocentes que de nada poderiam suspeitar da ordem desoladora de acontecimentos que os aguardavam mais à frente.

Então, e com base nessas ainda vagas e incertas especulações íntimas, o músico experiente somente brandiu ao acaso o copo com bebida que lhe fora oferecido, aludindo, com casualidade premeditada.

– Nada me incomoda, realmente, por ora, Paul. Como disse, penso como você... até que algo a mais me convença do contrário! Não creio que valha a pena contrariar o andamento do envolvimento feliz entre os nossos filhos; aliás, ligados afetivamente desde a infância por causa desse tipo de consideração das coisas alegada por Gladys, apesar do respeito que tenho pela sua esposa e pelo que possa vir a causar-lhe satisfação nos rumos familiares!

Olhando-o analiticamente e aparentemente convencido da sinceridade do outro ao lhe asseverar aquela opinião, Paul consentiu. E pausou o diálogo, mantendo-se silencioso durante algum tempo, para depois desviar os rumos da conversa, exprimindo interesse pelas novidades a respeito das audições que ultimamente Klyde articulava no intuito de apresentar à sociedade o talento artístico do filho mais velho.

Em outro setor da ampla morada, e como a tarde corresse de maneira diferente em razão do encontro de visitação de ambas as famílias, Stephan e sua aluna davam prosseguimento ao período semanal de estudos de música, de modo um tanto mais desafogado de preocupações com formalidades e com horários do que habitualmente. Afinal, com o término da aula, e como a ceia para a qual era habitualmente convidado acontecesse em hora mais tardia, poderiam se demorar namorando durante um período maior, uma vez concluídos os exercícios no cravo.

E assim agiam. Após as observações finais do rapaz a respeito de algumas dificuldades renitentes de Rachel, principalmente relacionadas aos tópicos da leitura de partitura, uma vez que era propensa a aprender música com mais facilidade tocando de ouvido, encerraram os estudos daquele dia. Dirigiram-se de mãos dadas ao confortável estofado postado a um canto reservado da saleta silenciosa, e, abraçando-se, principiaram, com enlevo, um diálogo cochichado e entremeado de carinhos, versando sobre saudades e planos venturosos de futuro, e reafirmando incansavelmente, como de costume, seus sentimentos mútuos.

Sentindo-se, assim, libertos e completamente despreocupados, beijaram-se, repetida e demoradamente, sem que lhes ocorresse que alguém pudesse incomodá-los com entradas ou interferências inconvenientes.

A antiga e sempre recorrente imprudência da juventude!

E, nada embora, para sorte maior de ambos, o acontecimento a seguir fosse o melhor dentre todos os imprevistos possíveis de lhes ocorrer em tais circunstâncias!

A certa altura da tarde, miss Noreen fora encarregada por Gladys de verificar se havia um objeto esquecido dentro da saleta. Na verdade, um perfume valioso, com que fora presenteada por Paul na sua volta de uma viagem recente à França, a fim de exibi-lo para a esposa de lord Klyde, com quem palestrava naquele momento a respeito de comparativos de compras caras entre Londres e Paris.

Todavia, o intuito fora astucioso; porque, em apelando para este subterfúgio oportuno, teria chance de provocar uma situação em que o idílio que sabia estar acontecendo entre Stephan e Rachel na saleta de música fosse interrompido, sem melindrar o protecionismo acentuado do marido para com a filha naquele sentido.

E o plano malicioso arquitetado por Gladys meteu o jovem casal em inesperadas complicações.

Noreen, um tanto descontente com a incumbência, uma vez que não lhe agradava invadir a privacidade da ama por pretexto tão fútil, avançou, apressada, pelo longo corredor que daria na saleta de aulas. E, em lá chegando, parou um pouco, indecisa de início, porque estranhou o silêncio incomum que reinava do lado de dentro do cômodo.

Chegou a se encostar na ampla porta maciça para escutar, imaginando se não teria já o casal encerrado as aulas, saindo talvez dali para o ambiente dos jardins, a fim de dar um passeio.

Em contínuo, porém, julgou entreouvir sons abafados, indefiníveis, mas sugestivos. Com isso, e de imediato, a intuição lhe confiou alguma situação espúria acontecendo, que lhe provocou espontânea e imediata inquietação.

Apreensiva, a moça entreabriu a porta, com vagar, e espiou. E, nada vendo num primeiro momento, ensaiou, cautelosa, alguns passos silenciosos para dentro.

Quando deu com a cena, seu estômago descaiu com um baque gélido! Noreen corou vivamente, levando uma das mãos ao colo, em sobressalto.

Recuou, apressada, e, conseguindo sair sem ser notada, voltou a fechar a porta, tomando o cuidado de trancá-la provisoriamente por fora.

O fato é que dera com Stephan e Rachel em situação inaudita, inimaginável, amando-se ardentemente sobre o estofado confortável da sala!

Trocavam protestos fervorosos de amor. E Noreen chegou a distinguir, mergulhada em momentâneo choque, a voz sofreada do professor de música repetindo que ambos se casariam em breve, como se desejoso de apaziguar, no espírito da jovem, qualquer possível e provável temor pelo que, naquele instante, lhes acontecia.

Arfando, sem ação, a dama de companhia permaneceu no corredor durante largo intervalo, pálida e sobressaltada, tentando recolocar as ideias e iniciativas no lugar.

Nem verificara, afinal, a presença do objeto pedido pela senhoria, mas a ocasião, em si, revertia impossível! Haveria de se escusar da tarefa, de qualquer modo alegando não ter achado o perfume; e, nada embora, na sua inexperiência, lhe tentasse o impulso imediato de desabafar-se e aconselhar-se com a mãe sobre a atitude mais adequada a adotar num caso daqueles, decidiu-se a não dividir o dilema com quem quer que fosse a não ser com a própria Rachel.

Não poderia ficar de posse de um segredo daquela gravidade apenas para si! Rachel, pois, haveria de ouvi-la, o mais urgentemente possível! E, também, haveria de aconselhá-la devidamente para a temeridade do que ela e o professor de música estavam cometendo, em pleno ambiente da residência dos Ashley, já que o que presenciara se tratava daqueles episódios muitas vezes responsáveis, naqueles tempos, por verdadeiras tragédias familiares!

XII
TROCA DE CONFIDÊNCIAS

Passados, portanto, dois dias desse acontecimento, Rachel, em seu passeio matinal pelas ruas arborizadas próximas à residência da família, caminhava ao lado de miss Noreen.

Arejada, feliz, num vestido claro e mais leve para a caminhada ao sol, no entanto, para qualquer um que a conhecesse em nível privilegiado de intimidade ficaria visível uma mudança acentuada, intrínseca, na maneira de ser da jovem, que até pouco tempo antes se portava, muitas vezes, de entremeio às modificações comuns à sua idade, como a menina imatura e inexperiente da época da infância.

Palestrava, pois, com desenvoltura com Noreen a respeito das expectativas felizes pelo convite que sua família recebera para comparecer a uma das primeiras audições públicas de Stephan, durante a qual ele se apresentaria executando o violino numa peça de câmara, em festividade pública promovida em Londres por determinada família abastada do rol de conhecimentos de William Klyde.

Desavisada, doutra feita, de que tal evento, responsável por inexcedível orgulho e entusiasmo da parte do namorado e mestre de música, devia a sua promoção justo às articulações astutas de Gladys, providenciadas para a família Klyde a título de amizade, mas também funcionando como isca para objetivos maiores no futuro, Rachel não reparara direito ainda, durante sua narrativa eufórica, no ar e nos modos com que a moça silenciosa a ouvia, caminhando a seu lado mais ou menos como se desligada da realidade.

Depois de falar um pouco sem obter resposta, de repente a jovem Ashley dirigiu à acompanhante um olhar mais detido e tomado de certa curiosidade.

– Noreen! Algo a preocupa? Noto que estou falando como se fosse para as paredes e os passantes da rua!

– Diga-me, miss Rachel, sem querer ser desrespeitosa para contigo, e me valendo, naturalmente, dos anos de convívio desde a sua infância, que me permitem fazer esta pergunta: lord Stephan, por acaso, vem abordando contigo alguma alusão de compromisso mais sério, desde que há várias semanas se tornou notório o envolvimento de vocês?!

Rachel parou um pouco, confusa diante do questionamento que nada tinha a ver com o assunto sobre o qual discorria.

– Mas... Naturalmente que sim, miss Noreen! Todavia, eu, agora, é que lhe questiono: a troco de que me faz essa pergunta?

Era o momento de enfim se encorajar para falar abertamente com sua ama a respeito do que, desde a quinta-feira anterior, a vinha consumindo interiormente. Ou se revestiria de forças para fazê-lo naquele instante propício do prolongado passeio matutino pelas ruas de Londres, ou desistiria de vez, já que demoraria a se apresentar outra segunda e boa chance!

Mesmo assim, haveria de escolher bem as palavras. Pois, apesar da posição de cuidadora que ocupava, ainda e sempre, ela ocupava, na residência da família, uma posição subalterna.

Rachel, contudo, percebendo algo inusitado, compeliu-a a se apressar na resposta.

– Vamos, miss Noreen! Está visto que há algo! Diga-me! – Teimou, parada na calçada de braços dados com a dama, esquadrinhando-lhe a fisionomia agora indecisa.

A isso, a outra, com um trejeito até certo ponto agoniado, fez-lhe um gesto ameno. Percorreu o olhar em volta e, puxando-a com gentileza, indicou um banco vazio num largo ajardinado das proximidades, onde algumas crianças brincavam, e poderiam dialogar com total discrição.

– Venha comigo, miss Ashley! Há um assunto sério a tratar com você!

Agora, sem disfarçar a ansiedade, quase assustada diante da entonação da declaração de Noreen, espontaneamente Rachel a seguiu.

Sentaram-se. Noreen avaliou os arredores durante mais alguns segundos e, sentindo-se enfim inspirada e à vontade para falar, começou:

– Primeiro, preciso de sua promessa de que não vai se zangar comigo, miss Rachel, por me atrever a abordar o assunto! Creia-me! Faço somente porque a estimo e temo grandemente o que possa vir a acontecer, se por acaso cair no conhecimento de mais alguém da sua casa o que já sei, sem que você suspeite!

Rachel empalideceu ligeiramente, ouvindo aquelas palavras iniciais proferidas em entonação aflita, embora quase súplice, como se adivinhasse a que diziam respeito.

– A que se refere? Fala de uma vez, em lugar de se pronunciar por enigmas!

– Já está se zangando! – notou Noreen, insegura e intimidada, mas Rachel não permitiria que ela recuasse e a instigou.

– Ora, vamos, não me zangarei com você e bem sabe disso! É a irmã que não tenho, apesar da existência de Lane na minha vida!

Nova pausa, durante a qual se mediam, ambas possuídas, mais ou menos, da mesma ansiedade que lhes sofreava a respiração.

Então, Noreen, carinhosa, tomou Rachel pelas mãos. Revestiu-se do fôlego final e prosseguiu, meneando a cabeça:

– Por Cristo, miss Ashley! Nem se dá conta da modificação completa que exibe, descuidadamente, no seu comportamento dos últimos tempos e na sua fisionomia, *milady*?! – sondou preocupada.

Mas a isso, confusa e quase atarantada, a jovem gesticulou com impaciência:

– Por Cristo, digo eu, Noreen! Explique-me de uma vez seu comentário incompreensível, que já me deixou nervosa, justo agora que eu me sentia tão bem contando sobre o próximo evento de audição de Stephan!

– Será que não se dão conta, você e lord Stephan?! Não se cuidam, miss Rachel?! – sugeriu a dama, ainda atrapalhada para abordar diretamente o ponto do problema que mais a afligia. Mas, enfim, se encorajou e concluiu – Miss Rachel: você e lord Stephan precisam se conter! Ou marcar encontros noutro lugar, que não naquela saleta de aulas de música da sua residência, que acabou se convertendo em alcova amorosa, *milady*! Porque, se principalmente mrs. Gladys ou Caroline os apanharem na cena que flagrei outro dia, será a ruína completa, sua, de lord Stephan e do envolvimento de ambos!

Aquela declaração intempestiva provocou um choque em Rachel, até então desprevenida de que o que intuía nas aflições ocultas da sua dama de companhia implicasse aquele teor sugestivo de que, de fato, ela realmente já se achava de posse de todo o contexto do seu envolvimento com o seu antigo amigo de infância e professor de música.

A jovem levou ambas as mãos ao colo ofegante, empalidecendo ainda mais, drasticamente.

Noreen tomou-lhe de volta, amigavelmente, as mãos trêmulas; e, vendo o abalo profundo refletido na fisionomia marmórea da outra, agora emudecida, sem ter o que falar, prosseguiu, esclarecendo:

– *Milady*! É por essa razão que lhe perguntei se lord Stephan está fazendo planos conjugais concretos com você para breve! Sabe, certamente, dos riscos e das consequências imprevistas de algo assim! E caso acontecessem? Como as contornariam, na presente conjuntura?! Você ainda fará dezessete anos! – E, algo revoltada, tornou a menear a cabeça, comentando: – Com o perdão da ousadia, *milady*, julgo lord Stephan bastante irresponsável na maneira de se conduzir!

Mas, a isso, Rachel enfim encontrou forças para falar, e de pronto a repreendeu, contrariada.

– Não ouse acusá-lo! Não sou mais nenhuma criança, miss Noreen! Stephan não me forçou a nada e nós nos amamos! – Analisou-a com ar crítico e meio malicioso durante um momento e continuou: – Você é noiva de James, o mensageiro! Acaso haverá de mentir que...

– Não pode comparar nossas situações, miss Ashley! Sou bem mais velha do que você, que é, ainda, uma menina! – repreendeu a dama. Contudo, na mesma hora, diante da severidade e do desagrado percebidos a tempo nas palavras e no semblante de Rachel, ainda a medi-la com desgosto evidente, a dama retraiu-se um pouco, para apenas aludir, respeitosa, embora soubesse de antemão a que ponto Rachel habitualmente considerava seus pareceres sobre tudo: – Bem, miss Ashley... – disse, persignando-se – minha intenção é das melhores, porque me preocupa justamente a manutenção da felicidade óbvia que vivencia atualmente ao lado de lord Stephan! Se, portanto, necessitar confidenciar sobre o assunto, sabe que pode contar com a minha discrição!

– Desde quando sabe? – Rachel a interrompeu, agora aparentemente perturbada, e obcecada com preocupações conflituosas em seu coração.

– Desde quinta-feira passada, *milady*! Miss Gladys pediu-me para apanhar um objeto na saleta! Bem contrariada, fui cumprir a ordem, por me desagradar invadir sua privacidade com o professor! Mas não me restou alternativa... Então, quando entrei... eu os vi... – arrematou a moça, constrangida.

Novamente interromperam-se.

Rachel corou e mudou de posição no banco, divagando o olhar perdido nos arredores do perfumado ajardinado do parque próximo.

Mergulhada em pensamentos tumultuados sobre o impasse, todavia, logo entendeu que não contaria com ninguém melhor do que Noreen para abrir-se, mesmo que para valer-se de sua ajuda oportuna e aconselhar-se sobre os rumos emocionantes que vinham se apoderando de sua vida, de tempos àquela parte.

– Stephan sente a minha falta, miss Noreen! E eu também, da mesma forma, ardo de ansiedade quando me vejo longe dele! – confessou, sentindo-se visivelmente desamparada.

– Mas... miss Rachel! Isso não é razão para que percam o controle das coisas! Afinal, todos já sabem que estão comprometidos, era só questão de esperar para...

– Você não me entende, não é? – Rachel enfim voltou-se, olhando-a diretamente, o olhar rebrilhando, úmido e agora emocionado: – Nós nos ressentimos da ausência um do outro, e também Stephan já se considera meu marido, miss Noreen! Por favor! Precisa me ajudar a achar uma solução... até que nos casemos!

A dama recuou, incerta de entender direito o que ouvia.

– Mas... como "já se considera seu marido", *milady*?

– O que viu na saleta não nos acontecia pela primeira vez! – Rachel inclinou-se para ela, enfim confidenciando-lhe, súplice.

E agora quem se sobressaltava inexcedivelmente era a dama de companhia.

– Mas... desde quando isso está acontecendo, então?! – quis saber Noreen, arfante de angustiada preocupação.

– Desde que... desde que eu estava convalescente e Stephan conseguiu me visitar, com a sua ajuda, algumas vezes em meu quarto! Ensandecíamos de saudades um do outro! A espera para nos vermos era demasiadamente longa, e nos perdíamos em carinhos, a cada vez que ele vinha! Não pudemos evitar! – a jovem, agora agoniada, confessou, com voz um tanto desfalecente. O que, sendo ouvido por Noreen, quase a levou, por sua vez, a uma vertigem súbita.

Grande e insuportável sensação de culpa a devastou de pronto, recordando aqueles dias em que, da primeira vez, contrariou ordens expressas de Gladys, sob a orientação astuta do professor, para introduzi-lo no quarto da jovem ama em estado convalescente.

– Oh, Cristo! Maldita que fui! – lamuriou-se. – Perdoe-me, Senhor! – orou, juntando as mãos, desviando-se de Rachel, e quase chorando, ao entender a gravidade do que, por imprudência, ajudara a desencadear na vida da ama demasiadamente sonhadora, romântica e inexperiente.

Mas, a isso, a inquietação de Rachel aumentou de intensidade, e foi a vez de ela tomar de volta a mão da dama, atraindo sua atenção dos arredores.

– Por favor, pare! Está se lamuriando por ter nos ajudado, por ter colaborado para a nossa felicidade? Precisa continuar fazendo isso, miss Noreen, e, para tanto, só conto com você! Rogo-lhe! Permaneça ajudando Stephan a ver-me, quando necessário for, em meu quarto, porque eu já lhe pertenço! Nós vamos nos casar!

– Felicidade? – voltou a dama, grandemente atarantada. – Miss Rachel, permita-me alertá-la! O que qualifica, agora, de felicidade pode se converter rapidamente na desgraça futura se não adotarmos grandes e eficientes precauções! – E, como se agora a jovem a encarasse dominada pela perturbação que aqueles avisos lhe provocavam, acrescentou, abanando a cabeça e olhando-a com os grandes olhos azuis também súplices: – Ouça-me, *milady*! Não ousarei desobedecer suas ordens, uma vez que as coisas já se complicaram a esse ponto! Mas rogo-lhe que se lembre de algo importante: à parte de lord Stephan, e do que sente por ele, miss Rachel, faça um esforço e aja com cautela! Sei por que lhe digo isso! Tenho reparado, já há bastante tempo, que, durante as aulas com o professor Klyde, Lane se insinua para ele sem nenhum pudor ou disfarce!

– E o que quer dizer com isso, Noreen? – recuou Rachel, agora um tanto exasperada pelo que ouvia. – Stephan, por acaso, corresponde a esse assédio? Viu algo comprometedor?

– Não, por Deus, *milady*! Muito pelo contrário! – enfatizou a dama, embora em entonação avisada. – Ainda não, e espero que não aconteça! Mas é preciso que considere que só pode se sentir segura, nessa conjuntura delicada, depois de se casar com o filho de lord William Klyde! Trata-se de prudência! Prudência, *milady*! – alertou Noreen, naquele minuto verdadeiramente inspirada por influências espirituais de ordem superior.

– Eu confio cegamente no amor de Stephan! – devolveu Rachel, em voz alta, e agora chorosa na sua inexperiência da inaudita situação, levando a dama, com essa reação fragilizada, a dar uma trégua no assunto.

Miss Noreen cumprira o que sentia como sua obrigação naquele drama difícil.

E acabou prometendo à jovem que, a partir dali, e em comum acordo com Madge, sua mãe, iria apoiá-la em seus encontros com o músico, assim como também o faria nos episódios cada vez mais difíceis que a colheriam, com o passar do tempo e à sua revelia, em razão das mudanças impostas despoticamente por terceiros nos planos devaneadores de felicidade do casal.

XIII
NA NOITE DA AUDIÇÃO

Decorreram mais duas semanas até chegar o dia da apresentação de Stephan, ao violino, em evento público sediado num teatro[1] de porte considerável, que ficava no centro de Londres, após o qual os mais íntimos da família Klyde seriam recebidos em sua residência para a devida celebração do acontecimento com um jantar.

Durante esse intervalo de tempo, os acontecimentos decorreram a contento para Rachel e Stephan, que, agora contando com o auxílio sub-reptício de Noreen para se encontrarem também em dias e horários fora do agendamento das aulas semanais, alcançavam seu intento de melhor saciar a ânsia de se avistarem repetidamente, atendendo às finalidades mais condizentes com aquilo de

1 Leia-se Sala de Concertos, pois as apresentações orquestrais em grandes teatros datam apenas do século XIX (N.M.).

que ambos necessitavam, devido à intensidade irrefreável do seu envolvimento afetivo.

De fato, ninguém, até aquela data, e à exceção talvez do próprio Paul Ashley, que em tempos recentes reparava nas modificações significativas nos modos da filha caçula, dava-se conta, ainda, do que se passava nos bastidores do relacionamento amoroso do professor de música com a jovem aluna. E Ashley, apesar dos zelos sempre extremosos para com a moça, não via, naquelas particularidades de comportamento, razão para se inquietar com o que de início julgou apenas uma consequência natural às circunstâncias que ambos vivenciavam. Afinal, dividia com o filho de lord Klyde sentimentos inegavelmente autênticos que, com origens na já remota época da infância, só fizeram recrudescer, desaguando em desfecho não exatamente surpreendente naquela nova fase da vida deles.

Entrementes, atenta ao impulso irrefreável de consolidar determinados planos acerca dos quais andava obcecada para tê-los realizados a contento, Gladys se deixara dominar pela decisão pertinaz e meticulosa de, nos eventos sociais, reaproximar-se da família Klyde, esmerando-se na apresentação, habitualmente já impecável, e também em gastar largos intervalos dos dias remoendo ideias cujo conteúdo apenas ela mesma conhecia.

Não que lhe ocorresse algum propósito prévio definido. O que se encarregaria de ocasionar os resultados espúrios posteriores, no âmbito conjugal de ambas as famílias, seria a lamentável empatia natural existente entre os temperamentos, de Gladys, manipuladora costumaz, e de William, homem desde sempre volúvel no território amoroso, e também frio e calculista nas horas de se abrir mão de certos escrúpulos de honra para amealhar vantagens várias no contexto diário da existência.

Em decorrência, mrs. Ashley tomara-se de certa apatia recorrente que, se não causara nota nos circunstantes de sua moradia, bem como no marido, por outro lado não passava inteiramente despercebida da atenção por vezes intrigada com que era por ele observada naqueles seus momentos de desligamento.

E somava-se a isso a peculiaridade de ter se tornado gradativamente, e a cada dia mais, arredia na intimidade conjugal, engendrando pretextos vários cujo resultado era a franca perplexidade em Ashley, que de há muito conhecia na esposa o caráter fogoso de seu temperamento naquela área de convivência.

Lane era a única que compreendia com inteireza o cerne dos modos amargurados da mãe, com cuja sanha de vindita, aliás, compactuava inteiramente, dada sua antipatia gratuita pela irmã adotiva. Daí ter também, com o passar das semanas, para recrudescimento dos padecimentos de Rachel no que dizia respeito à sua convivência antes já sofrível, assumido uma piora qualquer de conduta, sensível, embora não ostensiva – dados os temores costumeiros do pai –, no modo de tratar e escarnecer da moça pelos menores pretextos!

Isso deixava Rachel angustiada e aflita, o que ela só ousava compartilhar com a confidente de sempre, miss Noreen. Assim, em razão dessas determinantes, naquela data, que era para ser em tudo desanuviada por enfim ter a oportunidade de assistir a Stephan se apresentando em público, a jovem se cuidou, com especial atenção, de localizar-se na plateia seleta, de modo o mais distanciado possível de onde se achavam Caroline e a mãe, Gladys.

Na ordem dos assentos que lhes cabiam, situados de maneira privilegiada do teatro, portanto, colocou-se ao lado de Paul Ashley, a conta de álibi que a um só tempo a livraria de suportar eventuais inconveniências da irmã e lhe proporcionaria valer-se da presença agradável, mas também defensiva, do pai, como sempre acontecia.

Em meio ao ligeiro burburinho dos circunstantes sentando--se para a audição a se iniciar dali a breves momentos, todavia, em examinando com satisfação a filha acomodando-se a seu lado, Paul experimentou a ligeira impressão de notá-la levemente pálida e abatida, apesar de bela e arrumada de maneira graciosa para a ocasião.

De braços dados com a moça, segurou-lhe, afetuoso, a mãozinha delicada e um pouco fria, inclinando-se:

– O que tem, Rachel? Sente-se bem? – murmurou. – Ou a palidez que noto em suas faces é ilusão do contraste das luzes locais com o modo como se maquiou?

Aquilo a embaraçou ligeiramente. Não sabia como o pai a estava vendo, no entanto, era inegável que, desde o começo daquele dia, não se sentia na sua melhor disposição, atribuindo o fato, contudo, somente à ansiedade feliz pelo evento em perspectiva, sobre o qual Stephan falara com tanto entusiasmo durante todos os últimos encontros.

Até certo ponto desanuviada, e então inocente das causas daquilo, Rachel sorriu para Ashley, reconfortando-o:

– Oh, estou bem, papai! Somente um pouco ansiosa... bem sabe. – replicou, com significativa gentileza a que Paul correspondeu com divertimento.

– Sim, sei, minha adorável! E sei também que lhe convém compartilhar este evento na companhia certa de quem a entende o bastante para não fazer nota do seu óbvio entusiasmo pela ocasião, bastante acima do experimentando por qualquer outro aqui presente, até mesmo por William, Catherine e seus outros filhos, ouso arriscar.

Surpreendida pelo comentário do pai, Rachel corou vivamente, olhando-o, sem ação, diante do riso incontido do barão, que amenizou a malícia do que dissera depositando um beijo carinhoso na sua mão.

Mas o evento já dava sinais de se iniciar, e, eletrizada, mal escondendo a emoção, a jovem Ashley desviou-se de Paul para olhar, impaciente, para o palco logo adiante, onde, enfim, Stephan comparecia, altivo e elegantemente trajado para a audição.

Empunhava o seu violino na companhia de mais sete instrumentistas: entre eles, dois de sopro, um ao cravo e outros também de cordas.

Notava-se no rapaz acentuado orgulho pela ocasião especial – sobretudo, porém, por distinguir em primeiro lugar, tão logo vasculhou com os olhos ansiosos a pequena plateia, que lotava o ambiente do teatro, a adorável jovem a contemplá-lo de modo desveladamente apaixonado, refletindo no olhar úmido a emocionada felicidade enquanto o aplaudia, entusiasmada, com o restante do auditório.

Muito feliz e envaidecido, Stephan agradeceu, com os demais músicos, os aplausos clamorosos.

Acomodou-se, afinal, ao lado dos instrumentistas, e, antes que principiassem, dirigiu a Rachel, com discrição, um sorriso amoroso, acompanhado de ostensivo olhar significativo, cujo teor somente ela mesma entendeu em plenitude, embora, astutas, à Gladys e à aborrecida Lane não tivesse escapado aquela troca muda, embora rápida, e quase esquiva, de olhares entre os dois.

Decorreu, assim, a audição, com a execução soberba de várias peças clássicas, para natural orgulho de William e seus familiares, situados em setor privilegiado daquele ambiente público destinado a apresentações artísticas de diversificadas modalidades. Finda a apresentação, todos se reuniram aos Ashley para dirigirem-se à segunda parte do evento daquela data: o jantar oferecido na residência do barão.

Uma vez desobrigado das formalidades finais da audição, Stephan juntou-se a todos, sorridente e irradiando elevada satisfação pela conclusão bem-sucedida de sua estreia mais efetiva em público.

Não fez por onde ocultar que, ainda daquela feita, elegia para sua parceira exclusiva a jovem com quem já mantinha situação franca de compromisso. Assim, depois de receber os cumprimentos efusivos dos pais, irmãos e dos familiares de Rachel, achegou-se com naturalidade à moça, trocando com ela desvelado olhar apaixonado. Ouviu-lhe, atencioso, os elogios carinhosos ao seu desempenho, proferidos com discrição, e, entre agradecido e amoroso, beijou-a de leve nos lábios, ante o leve rubor que lhe assomou às faces delicadas pelo seu gesto espontâneo de ternura.

Destarte, durante o jantar, a jovem Ashley haveria de obter notícias, da parte da irmã de Stephan, que a encheriam prematuramente de elevada satisfação e enlevo.

Patsy lhe confiara, confidencialmente, que entreouvira durante os dias anteriores um diálogo entre o irmão mais velho e o pai, comentando sobre sua intenção de pedir-lhe em casamento, diante dos Ashley, assim que completasse os dezessete anos, sendo que planejava, antes mesmo disso, revelar sua intenção à família, com vistas a marcar por antecipação a data do noivado.

Aquela informação precoce a respeito de planos futuros que até então nem se atrevia a sonhar para tão breve, inundou o coração da jovem de alegria quase incontida. Ela e Patsy, a pretexto desse diálogo mantido com discrição na duração do encontro familiar feliz daquela noite, estreitaram seus laços amigáveis praticamente à conta de cunhadas, já que as idades regulavam, favorecendo a que articulassem linguagem e entendimento semelhantes a respeito de um sem-número de minúcias que logo compreenderam compactuar em relação a uma série de quesitos importantes da vida delas.

Por consequência, a ocasião se revestiu de uma aura iluminada toda particular para Rachel, cujos efeitos benéficos se evidenciavam com bastante clareza nos seus modos, no olhar e no jeito como permanecia ao lado de Stephan, denotando, de maneira mais liberta de subterfúgios, o elo amoroso existente entre ambos.

Correspondia-lhe, assim, indisfarçadamente, aos gestos de ternura e aos olhares apaixonados, acompanhados, volta e meia, de beijos discretos, tomada de um desafogo interior bem maior pelo que se referia aos seus temores anteriores pelas possíveis reações de seus familiares ao que lhes acontecia.

De outro modo, porém, dominada pela exaltação provocada pela notícia alvissareira da parte de Patsy, que lhe empanou, até certo ponto, a sensibilidade para eventuais notas em falso de contexto, não lhe ocorreu a dúvida de por qual razão, até aquele momento, Stephan não lhe transmitira a novidade. Afinal, seria o esperado, já que, dado o grau intenso e inquestionável de envolvimento amoroso entre ambos, naturalmente lhe interessaria, em primeiro lugar, e em circunstâncias normais, contar-lhe sobre aqueles planos, bem como, juntos, combinarem os detalhes do que então haveriam de realizar em futuro nem tão distanciado!

Esquecida, assim, das advertências anteriores de Noreen, talvez que Rachel tivesse, involuntariamente e ante aquele quadro de aparências propícias, julgado desnecessário preocupar-se por mais tempo com tais temores, sugeridos por prudência pela dama, vista a forma desarmada com que considerava aqueles acontecimentos.

Não poderia, por outra, adivinhar que as razões do silêncio do próprio Stephan sobre o assunto, até aquele momento, originavam-se em advertência recebida de William Klyde. Porque, se até aquele dia ele ainda não se posicionara objetivamente sobre as propostas sugeridas por Gladys de maneira superficial, também não as descartara de seus pensamentos em definitivo, deixando-as somente resguardadas para considerações posteriores, a se darem em ocasião mais conveniente.

Claro! Não disse para o rapaz as causas reais dos seus escrúpulos, mas soube enredá-lo com eficiência, alegando que, nada embora fosse feliz o seu projeto de entrelace marital com a antiga amiguinha de infância, todavia, e dada a idade ainda incipiente dela, conviria esperar-se a época certa para abordar o assunto com Paul.

William acabou apelando para a integridade natural presente no caráter de Stephan, rogando-lhe, por ora, somente conduzir, se assim lhe aprouvesse, o namoro obviamente feliz entre ele e Rachel. E, dali para o futuro, tudo se encaminharia naturalmente para o desfecho devido.

E Stephan, como era de se esperar, diante dos escrúpulos paternos, não se encorajou a expor, por ora, as razões mais fortes que possuía para apressar seus planos.

Considerou que, apesar de tudo, o que o pai lhe pedia era perfeitamente compreensível; e, acreditando-se no controle da situação com a namorada, convenceu-se de que não seria prudente demonstrar claramente a sua ansiedade!

Talvez a situação se resolvesse melhor obedecendo ao encadeamento natural dos acontecimentos, como lhe aconselhara William.

Assim, também disporia de tempo, considerou, bem-intencionado, para consolidar mais efetivamente sua vida profissional como músico. E, por conseguinte, teria condições mais adequadas de proporcionar à Rachel a qualidade de vida que, de dentro do amor sincero e devotado que lhe sentia, ambicionava oferecer-lhe por toda a vida em comum.

Entretidos com o decurso daquela noite de jantar que lhes fora particularmente agradável em mais de um sentido, Stephan e Rachel, envolvidos com assuntos entusiasmados, que giravam em torno das particularidades da apresentação musical finda, não notaram as peculiaridades acontecendo de maneira sub-reptícia entre os convidados.

À exceção de Lane, ultimamente mais meditativa e silenciosa em tais eventos, e conhecedora do repertório de ressentimentos da mãe e da trama de planos conflituosos que lhe convulsionavam o íntimo amargurado, num primeiro momento, e tendo em conta o grau de proximidade entre as famílias, não causava, ainda, espécie a Paul Ashley o jeito como Gladys se habituara a se entreter em longas conversações com William Klyde, naquelas ocasiões frequentes de reencontros familiares. Embora à Catherine já começasse a incomodar os diálogos demasiadamente prolongados entre o marido e a esposa do barão em visita à sua morada naquela noite de jantar. Apesar disso, a altiva dama não manifestara a ninguém comentários sobre as observações que lhe sobressaíam à percepção intuitiva, de tempos àquela parte.

De resto, Gladys e William ainda dividiriam uma contradança na duração daquele evento, e, em nome dos costumes cavalheirescos de época, sob a execução musical de instrumentistas conhecidos de Stephan, e convidados, em caráter profissional, para animar a ocasião festiva de caráter familiar.

E foi exatamente durante esse momento que Gladys, aproveitando o instante de um galanteio mais ousado do barão acerca da esmerada beleza que exibia naquela data, proferiu, pela primeira vez, o comentário melífluo que originaria todo o encadeamento de sucessivos acontecimentos infelizes nos tempos posteriores.

– Ah, lord William! Sequer imagina a que ponto a beleza a que alude não é suficiente para assegurar felicidade à qualquer mulher que seja...

Ao que o outro, interessado, porém prudente, franziu ligeiramente a testa, sem esconder a surpresa pelo que ouvia:

– Mas... por Cristo, mrs. Ashley, à que se refere? Noto tristeza em seu olhar ao proferir tal afirmação, na qual adivinho custosa confidência, cuja motivação mal posso adivinhar!

Gladys relanceou dissimuladamente o olhar ensombrado para os arredores, forjando na fisionomia um estado de desamparo interior que em verdade não sentia, pois que tal vulnerabilidade não pertencia à compleição do seu perfil psicológico astuto.

E William, homem vivido, na faixa dos seus cinquenta anos, conhecia com bastante clareza as nuances de caráter na consorte de seu amigo; porém, naquele instante, compelido pela curiosidade, preferiu instigar com habilidade o diálogo intrigante, para ver aonde chegaria.

Foi o que, mais à frente, o perderia. Pois, como consequência daquela malfadada palestra confidencial, seria apanhado de surpresa e lançado em profundo estado de desorientação.

Por razões que serão expostas mais à frente, lord William Klyde se veria compelido a adotar atitudes em defesa própria, que em verdade contrariariam os seus reais desejos, e, acima de tudo, sua forma rígida de considerar determinado assunto grave que jamais imaginaria poder estar no conhecimento da mulher bela e arrumada de modo exuberante que tinha junto a si durante uma dança aparentemente inocente entre membros de famílias íntimas.

Mas o ardil mútuo já havia sido armado pelo destino e lançado pelos seus protagonistas – e ambos, ali, acabariam enredados pelos impulsos particulares que lhes motivavam, irresistivelmente, as atitudes.

– Quer mesmo saber, lord Klyde? – insinuou Gladys, fitando-o com os olhos brilhosos nos quais se lia, pelo barão, naquele minuto decisivo, um apelo sedutor que lhe compareceria irrecusável, em mais de um sentido, nas suas entrelinhas óbvias.

XIV
DUAS DIFÍCEIS REVELAÇÕES

Iniciava-se uma sexta-feira. O rio Tâmisa brilhava sob as luzes do amanhecer. Como habitualmente acontecia na residência dos Ashley, o dia principiava cedo, principalmente para os trabalhadores da casa, com as primeiras claridades empanando a luz das estrelas. Assim, andando impaciente de um lado para o outro, enquanto auxiliava a mãe com os arremates da arrumação da mesa para o desjejum da família, a principiar-se dali a menos de uma hora, Noreen, enfim, largou um suspiro agoniado, e, entreolhando-se com Madge, desabafou:

– Não aguento mais a ansiedade, mamãe! Tenho de ir lá ou esta casa virá abaixo daqui a pouco! – E, ante o olhar compreensivo da senhora que compartilhava inteiramente do seu desassossego, fez um trejeito inquieto, arrumando os panos volumosos de seu vestido para subir, às pressas, a escadaria para o andar superior, onde se achavam os quartos. – O que deu naqueles dois? Cristo!

Madge suspirou, numa resignação entristecida.

– O mal está feito, Noreen! E você se comprometeu a assumir os riscos de proteger este casal difícil da própria imprudência! Dessa forma, se converteu, voluntariamente, no anjo guardião deles! Corra, portanto, e alerte-os! Faça o melhor que puder!

A isso, a filha, diligente, torceu a boca e subiu, quase correndo.

Valia-se do escasso movimento na moradia, mesmo dos empregados, no começo das atividades da manhã. Dessa forma, a moça avançou a passos ligeiros e macios pelo longo corredor onde se enfileiravam as portas dos quartos.

O último deles, felizmente, e em situação de maior isolamento, era o de Rachel.

Noreen alcançou-o; retirou do bolso, com as mãos ligeiramente trêmulas, as chaves. E destrancou a porta num impulso quase impaciente.

Entrando, e dando com a cena reputada absurda, deteve-se brevemente, dominada por um estado de quase exasperação. E, decidida, avançando até o leito, agarrou uma almofada largada a esmo por ali e a jogou sobre o casal, até então mergulhado em sono profundo, completamente desprevenido.

– Por Jesus! Não quero colocar a perder a minha cabeça ao auxiliá-los nessa imprudência, lord Stephan Klyde! Esqueceu da vida?! Levante-se, pelo amor de Deus, que a claridade do dia já vai avançada! – exclamou, puxando com irritação o lençol que os cobria, a ele e a Rachel, ressonando abraçados sobre a cama.

Entrementes, quem despertou de chofre, com um pulo, e em imediato estado de sobressalto, foi a jovem Ashley. E, em dando com a dama aflita, torcendo as mãos ao lado da cama, e com o músico ainda sem despertar a seu lado, encarregou-se, ela mesma, ainda que tonta de sono, de acabar de acordá-lo, abraçando-o e exclamando, com voz rouca:

– Stephan! Meu amor, por Cristo! Desperte! Descuidamo-nos da hora, Stephan! Tem de sair daqui agora, neste minuto!

A isso, o rapaz abriu os olhos zonzos de sono, olhando em torno, sem entender muita coisa.

Recordava-se apenas, ali, naquele minuto, de que dera entrada no quarto de Rachel com a hora já avançada na noite anterior, quando todos já dormiam, e com a ajuda habitual, embora amolada, de Noreen, sempre resmungando por não ver o dia em que enfim se casariam, desobrigando-a daquela iniciativa desastrada com que, descuidada, consentira tempos antes.

E empreenderam, felizes, ele e Rachel, o idílico encontro amoroso de costume.

Só que, adormecendo sempre na madrugada tardia, a dificuldade para despertar pouco depois persistia, de modo a que se ausentasse sem o risco de evidenciar, nalgum acidente, sua presença. E isso impunha à dama de companhia, além da preocupação já mórbida com a providência dos encontros requisitados pelo casal, mais aquele cuidado, de volta e meia ter de arrancar o professor de música de um sono letárgico para enxotá-lo da residência a salvo.

Assim, Stephan, ainda sem muita noção de si mesmo e da realidade em volta, mas obediente ao aflitivo apelo da namorada, saltou mecanicamente do leito. Vestiu-se, enquanto, com um muxoxo irritadiço, Noreen deixava o cômodo para montar guarda próxima à saída adequada pela qual ele se evadia da propriedade, ganhando a lateral da casa.

Sem resistir, o músico ainda estreitou Rachel durante um momento; e, em despedida, beijaram-se prolongadamente, em ardoroso estado de ansiedade.

– Vá, Stephan!! Por Deus, vá!! Não brinque com a nossa sorte! – cochichou-lhe a moça, súplice, tomando atitude e distanciando--o. Ao que o rapaz obedeceu, sem resistir; mas murmurando-lhe, embora um tanto atarantado:

– Desculpe, Rachel! A culpa é minha! Não vou mais deixar isso acontecer!

E sorriu-lhe, de modo apaixonado, dizendo, antes de correr para a saída:

– Vejo-a no dia da aula! O tempo há de passar rápido! Eu a amo!

E desapareceu porta afora, ainda arrumando as roupas em desalinho vestidas com afobação.

Minutos depois, Noreen retornou para auxiliar a menina a vestir-se para o desjejum.

Via-se que a dama de companhia estava aborrecida, e, ao mesmo tempo, acentuadamente preocupada, porque já entrara de volta no aposento meneando a cabeça em sinal de desaprovação.

– O que querem?! Miss Ashley, estou fielmente cumprindo minha parte do nosso acordo! Mas vejo, com profundo desgosto, que você e lord Stephan não têm amor à vida! – E, enquanto Rachel deixava o leito, um tanto perturbada, e se vestia, a dama desfiou um longo rosário de queixas que, para sua estranheza, após alguns minutos, percebeu não obterem do habitual ímpeto responsivo de Rachel nada, além de um quase inaudível e desanimado suspiro.

Ela parou o que fazia, à certa altura, para se deter diante da outra e indagar, segurando-a com gentileza pelo braço delicado e ainda úmido da água fresca com que havia se higienizado.

– O que tem? Está pálida , *milady*! – E, logo temerosa de que tivesse ido longe demais na reprimenda, incorrendo em falta de respeito para com a jovem ama, notou: – Oh, miss Ashley, perdoe-me se ousei demais nos comentários e nas reclamações! Mas é que a estimo e preocupa-me o desenrolar a contento dessa história, até que, enfim, tudo se resolva! – exclamou, carinhosa e sincera.

– Sossegue. Não é nada disso! É que acordei indisposta... – explicou Rachel, sentando-se diante do espelho do toucador arrumado de modo gracioso, com flores, vários perfumes e itens de toalete feminino. Intrigada, observava a própria imagem um tanto exânime, na qual percebia estranhas olheiras contornando os belos olhos fartos de cílios.

Seria natural atribuir aquele aspecto exaurido à noite dormida de maneira insuficiente? Todavia, a própria Rachel intuía que havia nuances no seu mal-estar que não se relacionavam, especificamente, àquela contingência, de vez que vinham se repetindo, a intervalos, no decorrer da sua rotina dos dias anteriores.

– No entanto, tem de descer com presteza para o desjejum com a sua família! E como explicará a lord Ashley esse aspecto depauperado que apresenta? Causa-me estranheza esse excessivo abatimento, miss Rachel, pois nas outras noites em que se encontrou com lord Stephan não amanheceu desse jeito! – E, experimentando vago pressentimento incômodo no coração, a dama inquiriu, enquanto a auxiliava, penteando-lhe com a escova macia os longos cabelos acobreados: – O que pode estar provocando isso, *milady*?!

– Não sei... – respondeu a moça, com sinceridade e sentindo certo esmorecimento íntimo que, realmente, ainda não conseguira explicar a contento para si mesma. – O que posso dizer é que não tenho a mínima vontade de comer o que quer que seja! – E, esboçando leve esgar de fastio no rosto gracioso e empalidecido, completou: – Estou com ânsia de enjoo, miss Noreen!... – disse, apoiando o cotovelo na cômoda e o queixo em uma das mãos.

Noreen franziu as sobrancelhas, mas preferiu se manter, no momento, em silêncio.

"Não! Não pode ser... Não é possível!", considerou fugidiamente para si mesma, ainda entretida na escovação meticulosa dos longos e sedosos cabelos da ama, agora devaneadora, a mirar sua imagem no espelho, enquanto se perdia em cogitações cujo conteúdo era impossível à dama intuir.

Ela preferiu, para o momento e até segunda ordem, forçar-se a se ater apenas às obrigações mais imediatas com a filha caçula do seu senhorio.

Malgrado isso, a partir do instante em que ouvira de Rachel aquele comentário dúbio, sentira esvair-se sua paz interior, embora ainda sem compreender com clareza as razões daquelas sensações indefinidas, sombrias e inexplicáveis.

De outra sorte, torcia para que, ao se reunir, a moça, aos familiares para a refeição da manhã, não sobressaísse à percepção dos demais os detalhes incompreensíveis do seu abatimento, já que se somava à indisposição de Rachel os efeitos naturais de uma noite de sono usufruída de modo incompleto.

Assim, maquiou-a com discrição, alegando a necessidade de melhorar-lhe a aparência desagradável das olheiras que prejudicavam o aspecto dos seus olhos expressivos e, naquele momento, algo melancólicos. E ela, por sua vez, dominada por aquele estado peculiar de espírito, nada refutou aos cuidados lúcidos da dama.

Desceu, portanto, meia hora mais tarde na companhia de Noreen, e foi recebida à mesa pelo pai, da maneira carinhosa de costume. Marshall dirigiu-lhe um sorriso alegre, cumprimentando-a, e Lane, já presente e à espera dela, nada disse. Aparentava estar absorta por reflexões várias, e a dama de companhia da jovem Ashley, observando isso, agradeceu aos céus pela dispersão propícia nos modos da sempre astuta primogênita do barão. Porque reparou que ele, pelo menos num primeiro momento, também não se deteve o suficiente em Rachel, de forma a perceber qualquer mudança digna na sua apresentação.

Madge, presente no recinto, servia os que já estavam acomodados para a refeição. Trocou com a filha breve e significativo olhar. Quanto a Gladys, estranhamente, estava fora de vista; e, a certa altura, como a demora se fizesse algo incômoda para o silêncio prolongado entre todos, Lane perguntou ao pai:

– Papai! Mamãe não vai descer? Já estou faminta!

Distraído, o pai relanceou os olhos na moça e comentou:

– Sua mãe acordou indisposta! Não sei o que está acontecendo, Lane, mas o fato é que venho percebendo-a mais fatigada! – E, dirigindo-se agora a mrs. Madge, parada próxima à mesa em atitude respeitosa, interessou-se: – As coisas vêm correndo a contento no ambiente doméstico, mrs. Madge? Nenhuma preocupação nova ou contratempo?

A senhora, solícita, aproximou-se e disse:

– Não que eu saiba, lord Ashley! O único movimento diferente desta semana foi a porteira quebrada nos fundos dos jardins, depois das últimas chuvas. Creio também que algum dos cães a tenha forçado, assustado pelos trovões, sem que nos tenhamos dado conta, mas isso foi um problema sanado logo pelo intendente, que não julgou apropriado incomodá-lo ou a mrs. Gladys com o fato de menor importância! A porteira já está inteira de novo!

Paul agradeceu, dando-se por satisfeito com o breve relatório. Depois, abstraindo-se novamente durante uns poucos momentos, acabou determinando, como se uma impaciência surda o compelisse:

– Bem, sirva-nos, mrs. Madge! Não acho que Gladys virá! Miss Noreen: daqui a meia hora, se a senhora ainda estiver recolhida aos aposentos, indague se ela quer ser servida em seu quarto!

– Sim, lord Ashley! – A moça concordou de pronto, e, trocando entendimento mudo com a mãe, afastou-se para os afazeres domésticos, a fim de antecipar o preparo do desjejum da senhoria.

A família, então, entregou-se à refeição, silenciosa, sob a assistência solícita da governanta.

Paul não atinava a causa das atitudes de Gladys, por não dispor de meios de sequer desconfiar de que, a exemplo do que vinha se dando com Rachel e o jovem músico, sua esposa, desde a ocasião do concerto inaugural de Stephan em público, assumira justamente junto a lord Klyde, seu consorciado mais próximo, atitude francamente espúria.

E agora, naqueles intervalos e ocasiões em que, aparentemente abatida por alguma espécie de mal-estar indefinido, devaneava horas a fio ou negligenciava as refeições em família, em verdade tinha a mente ocupada pelas cenas lânguidas e surpreendentes do primeiro encontro intencional que mantivera com o barão após o diálogo dúbio havido no jantar depois da audição do jovem violinista.

Insinuado por ela o convite durante a contradança, atiçando a curiosidade de William para o que a compelia a assumir aqueles ares melancólicos, embora premeditados, o barão cedera, finalmente, à tentação da conduta desairosa da consorte de Paul Ashley, não podendo mais com o assédio de que era alvo havia um tempo considerável.

Assim, depois daquela menção insidiosa no diálogo de ambos, sob os efeitos algo estonteantes do seu perfume de fina qualidade e da apresentação impecável da bela mulher que tinha junto a si naqueles momentos, respondeu à sua oferta intencional de colocá-lo melhor a par do que lhe abatia o ânimo, proferindo, por sua vez, uma sugestão iníqua.

Dando ares de veleidade ao que dizia, e, instintivamente, zeloso de sua reputação, ainda preocupado, apesar de tudo, de imprimir ao convite equivocado aparências de inocência, comentou que dado o ambiente impróprio onde se encontravam, poderiam privar noutra situação e em lugar mais adequado tomando o cuidado de ressaltar sua gratidão, por estar a dama assim desejosa de confiar-lhe algo grave que lhe imprimia ares sofredores, mesmo durante uma ocasião tão feliz quanto a que se dava naquela festividade de caráter íntimo e familiar.

E, na hora decisiva, com o olhar brilhando intensamente ao encarar a expressão sincera e sugestiva do barão, Gladys, desafogada interiormente, não titubeou!

E fora isso que colocara, de outra sorte, William Klyde a perder!

Combinaram de se encontrar durante passeio solitário empreendido em certa hora da tarde de uma segunda-feira, de caso pensado pela dama, em ruas bucólicas, distanciadas de suas residências, e bastante isoladas do movimento maior de transeuntes do centro, próximas à região da cidade onde ficava um belo parque florestal.

Gladys dispensara a presença de Noreen ou de qualquer outra acompanhante durante a ausência de Paul para os negócios cotidianos, pretextando visita a uma amiga que voltara de viagem e que não via fazia muito tempo.

William, a seu turno, alegaria motivos outros para se ausentar de suas atividades cotidianas, evitando eventuais interferências familiares. E, assim, ambos se dirigindo ao mesmo setor do bairro, conseguiram imprimir ao encontro ares de casualidade, passando, então, à caminhada que os enveredou pelo frondoso parque próximo, nas suas muitas vielas ensombradas, frescas, e, naquela hora particular da tarde de um dia de semana, praticamente desertas de passantes outros que não os dois.

– Enfim, mrs. Ashley, não houve como me furtar a este nosso encontro; imaginei, talvez, alguma dificuldade de ordem familiar que a estivesse afligindo de maneira indisfarçável! – William já improvisava, habilidosamente, a escusa, talvez mais endereçada a si mesmo, que reforçasse uma causa bem justificada para a situação de aparência dúbia que vivenciavam naquele momento. – Há, portanto, algo em relação a que possa, de algum modo, auxiliá-la, bem como a Paul e à sua família?

Os dois, àquela altura silenciosa da tarde morna nas alamedas do parque vazio de transeuntes, principiavam seu entendimento, enquanto caminhavam desde havia alguns minutos, sem que Gladys, pensativa, tomasse a iniciativa de abordar diretamente o assunto que era a essência do plano amorfo alimentado em seu espírito angustiado desde a noite já distanciada do baile de máscaras na residência dos Goldman.

Durante aquele preâmbulo, falaram sobre temas triviais: a respeito do passadio de filhos e dos acontecimentos mais comentados na cidade durante os últimos tempos. Só depois de um intervalo mais ou menos prolongado, William se sentiu compelido a sugerir algo que a levasse a abordar o assunto a que aludira anteriormente, no evento festivo dos Goldman, e que motivara sua ida ao encontro dela naquela data, e daquela forma pouco convencional.

– Lord Klyde... Desde sempre nossas famílias se entrosaram com especial intimidade, devido aos interesses em comum! – Gladys, então, começou, nitidamente escolhendo as palavras. – Meu marido o acompanha nos negócios, e ambos comungam de pareceres sobre assuntos sérios, bem como se apoiam mutuamente em questões relacionadas a uma multiplicidade de detalhes do cotidiano! – Olhou-o, reflexiva. – Assim, fico imaginando até que ponto ignora determinado fato grave relacionado ao passado de meu marido, e do qual, por acaso, tomei conhecimento há pouco tempo, algumas semanas! – Naquele ponto, ela fixou de maneira especial o olhar ensombrado e analítico na fisionomia agora séria de Klyde. Mas, como de início reparasse que ele apenas a ouvia, com atenção detida, e em evidente quanto acentuado estado de expectativa, continuou com o relato que continha elementos de incontido desabafo também, visível nas entrelinhas: – Quando soube desses fatos espantosos, tive de lutar bravamente no ambiente de meu lar para não permitir a ausência de equilíbrio nas decisões de nossa rotina, bem como também a derrocada de saúde, que me rondou, insistente, no decorrer de vários dias, dado o esmorecimento insuportável de ânimo e o flagelo devorador que, desde então, consome minhas emoções! – suspirou, e desviou-se para as cercanias, deixando os ventos perfumados dos arredores frondosos dos bosques próximos investir livremente em seu rosto, agora enrubescido pelos sentimentos convulsionados que lhe rescaldavam o coração, tão só por palestrar sobre a situação, de aceitação impossível ao seu entendimento. – Ocorre que agora, lord Klyde, e em vendo o envolvimento afetivo franco se desenvolvendo apressadamente entre seu filho Stephan, um moço honrado qual a família da qual descende, e a minha enteada Rachel, não posso me furtar a, pelo menos, tentar remediar o rumo de um cenário de futuro, a meu ver, até então conduzido de maneira completamente equivocada!

Uma nota em falso no que Gladys disse acendeu de pronto um estado de alerta no espírito do agora praticamente alarmado William. Ele quase antevia a que, provavelmente, ela se referia, daí o seu assombro. Intimamente, torcia para não se confirmar seu pressentimento. No entanto, homem objetivo, dotado de têmpera férrea e calculista, não deixou transparecer, nas palavras ou na fisionomia, nada da preocupação quase estarrecida que se assenhoreou de seu íntimo, preferindo aludir a um aspecto do que ouviu que, bem conduzido no diálogo, iria lhe servir de modo apropriado a ter esclarecida de forma mais rápida sua principal dúvida.

– Mrs. Ashley... Perdoe-me interrompê-la no assunto que já entendo sério; mas, permita-me um esclarecimento. Refere-se a Rachel como sua enteada... não exatamente como filha... adotiva, é verdade, todavia, mais apropriadamente uma filha do que uma enteada, um termo que sugere outra condição que não se coaduna com o caso da moça. Por quê?

Gladys o fixou com toda a intensidade de seus sentimentos rescaldantes, extravasando-os, sem disfarce, e impetuosamente, no brilho de seus olhos verde-metálicos. William percebeu, sem poder esconder sua admiração, um tremor nos lábios da dama, indiciando com clareza as emoções convulsionadas que provavelmente já de longo tempo vinham minando seu mundo interior.

– Porque Rachel, na realidade, é minha enteada, lord Klyde! Ao que tudo indica, fruto de um relacionamento espúrio de meu marido com a finada mrs. Evelyn! Eis o que descobri ultimamente, em ocasião das mais inopinadas possíveis... e eis, aí, e ao que tudo indica, o móbil e a determinante da morte até hoje insolúvel de lord Arnold Farrow anos atrás!

Agora era William quem não conseguia se impedir de fazer--se lívido. E, parado, de mãos cruzadas às costas, diante da mulher agora ofegante de indignação com o que relatava, lutou para definir com rapidez o que dizer e fazer no instante crítico, tanto para lidar com o dilema de modo eficiente, quanto defensivo para consigo mesmo.

Gladys, no entanto, era astuta. E não quis dar-lhe tempo para engendrar subterfúgios como reação mais imediata ao que acabara de revelar; assim, antecipou-se a ele, acrescentando, para arremate, com um sorriso algo malicioso brincando-lhe nos lábios finos e carminados.

– Imagino que talvez já soubesse dessa história inacreditável, não é mesmo, lord William? – aventou. – Dado seu grau de proximidade com meu marido... E... será que não se propagou inconvenientemente, este caso, para outros ouvidos, pela indiscrição de algum óbvio confidente de Paul, que não soube guardar a imprescindível reserva para com o conhecimento deste episódio espúrio?!

Todavia, o instinto natural de autodefesa fez William se esquivar com presteza da pergunta, para devolver à Gladys outros questionamentos oportunos.

– Mas... mrs. Gladys! Estou estupefato! Qual a origem?! Por Cristo, como teve conhecimento dessas infâmias, que aparentam calúnias indignas contra um homem idôneo como seu marido e meu amigo de tantos anos?

– Também me conviria reputar tal caso a uma infâmia contra meu marido, lord Klyde, se, infelizmente, e sob uma análise fria e desapegada, não me visse forçada a reconhecer em Rachel uma reprodução infeliz e bem exata dos traços fisionômicos de Paul, agora, nesta nova faixa etária jovem de sua vida! – Ela devolveu, com amargor, prontamente, e sem titubear, analisando sem disfarces todas as nuances das reações fisionômicas do interlocutor, que, por sua vez, deu alguns passos por ali, sem ação.

Lutava para que lhe valesse a presença de espírito sempre sagaz em situações críticas.

Gladys continuou, sem querer deixar esmorecer o assunto, agora que enfim se consumava o ponto-chave de seus últimos planos, delineados meticulosamente no decorrer das semanas anteriores. Assim, foi atrás dele, a passeio, tendo nas mãos a sombrinha rendada que a protegia do calor bastante intenso do sol naquela tarde.

– Durante a festividade dos Goldman, meses atrás, apenas por um destes acasos desditosos, acabei acessando esta realidade terrível; ouvi comentários tecidos em surdina por duas damas presentes na festa, sem que se apercebessem! Comentavam o caso como fato pacífico! Teciam pareceres, inclusive, e para o meu quase transtorno momentâneo, sobre as semelhanças físicas de Rachel para com o pai, e a minha desditosa situação de esposa insciente da conduta desairosa do marido... Aludiam ao fato de Arnold ter descoberto e chamado Paul para se explicar , o que os levou às desavenças que desaguaram no crime de aparência, até hoje, insolúvel; e também a respeito da causa disso: a provável indiscrição de alguém próximo a Paul, para que toda a história, agora, também já se veja na ciência, ao que suponho, de pessoas que só não trazem o caso grave à tona para as autoridades devido a permanecer sem provas, no território suspeito quanto arriscado dos boatos de salão! – Ela o alcançou, fazendo questão de se colocar de novo de frente para ele, sabedora de que o olhar é sempre uma referência segura da sinceridade com que um indivíduo se expressa. – Para o que me convém no momento, porém, lord Klyde, e dada a minha raiva por enquanto impotente, entendi, como primeira e correta medida, o dever de adverti-lo do tipo de consórcio que, ao que vejo, você e sua esposa vêm endossando, de maneira inadvertida, para o seu filho mais velho; afinal, alguém para quem, bem o sei, como pai zeloso, articula planos de progresso social consolidado na atividade profissional que elegeu, à sua semelhança, como músico da sociedade londrina! Então, com quem haverá de casá-lo, daqui a um tempo bem próximo? Catherine haverá de aprovar tal escolha? Desavisadamente, Stephan, movido a pulso dos sentimentalismos de infância, que para nada mais lhe servem, vai ao encontro de uma união matrimonial com uma filha bastarda de Paul, e estopim, embora inocente, reconheço, de um crime bárbaro, cometido muitos anos atrás, à revelia da punição das autoridades! – arrematou, diante da postura sóbria e austera do transido barão, depois daquelas considerações elaboradas de maneira longamente estudada por ela, mulher arguta e melindrada até a alma no seu amor-próprio. – Um autêntico escândalo, lord Klyde, é preciso que reconheça a tempo... do qual, estou convicta, nem você, nem mrs. Catherine desejarão compactuar! Menos ainda, inadvertidamente, por intermédio de um casamento desastrado de seu filho mais velho com essa moça de sina infeliz.

Entreolharam-sc, dizendo-se uma confusão de coisas nas fisionomias tomadas de emoções convulsionadas, conflituosas entre si.

– Mrs. Gladys... Não sei o que lhe dizer, agora, num primeiro momento...

Ele percebeu que ela não insistiu, por ora, na alusão melíflua de ser ele o provável confidente indiscreto do marido. Malgrado isso, não se iludia! Sabia das convicções intuitivas que Gladys já detinha daquele pormenor, por associação lógica dos fatos. E sabia que ela não hesitaria em usá-las contra ele de modo contundente e vingativo, se, por dispensável imprudência, não se associasse à satisfação de certos caprichos seus, no território de suas vinditas pessoais contra a realidade do envolvimento do filho com Rachel, em detrimento de Lane, que de há muito já se apercebera nutrir anseios sempre frustrados para com o jovem músico.

O orgulhoso barão suspirou, momentaneamente esmorecido interiormente; sobretudo, por se ver naquela situação impossível e de difícil aceitação para sua habitual altivez, refém das maquinações sagazes de uma dama, movida a pulso encarniçado de desforra contra um revés familiar do qual apenas por um malfadado acaso entrara no conhecimento.

– Temos muito o que conversar, mrs. Ashley! – pediu-lhe, por fim, convidando-a, com um gesto cauteloso, à continuidade do passeio, e pensando em ganhar tempo para decidir qual o caminho mais adequado para lidar com aquele impasse extemporâneo, da melhor maneira que lhe conviesse; mas também, e principalmente, à manutenção do futuro condigno de seu filho. – Haveremos de elucidar a contento esse caso! Então, acompanhe-me, por favor, até aqueles assentos, próximos à clareira!

XV
O DILEMA DE STEPHAN

Aquele dia parecia ter se iniciado de maneira aziaga.

Stephan dera entrada na residência dos Ashley, cumprindo sua agenda formal de aulas a Rachel, sentindo-se encurralado entre dois sentimentos distintos e conflituosos.

Por um lado, ardia de ansiedade para abraçar com força a moça, saciando a saudade apaixonada de sempre; de outro, uma angústia profunda principiara a dominar o seu estado de espírito, desde que acontecimentos inesperados com o pai começaram a surpreendê-lo, de modo totalmente desprevenido, na sua intimidade familiar.

Em casa, habitualmente contava com Patsy como confidente desde que se ela estreitara o elo de amizade com Rachel. Assim, compartilhava o seu dilema, desde dias àquela parte, quando William, gradativamente, começou a expor-lhe determinados pareceres e pontos de vista que o punham em rude xeque consigo mesmo – com a agravante de que não dispunha, ainda, de elementos que o esclarecessem de forma clara o esquisito comportamento do pai.

No entanto, sob o aconselhamento, apesar de tudo sábio, da irmã mais nova, o músico sentia apaziguado o seu espírito, embora apenas por pouco tempo!

Como haveria de se desvencilhar do conflito sério que a atitude recente e ininteligível do barão lhe impunha ao coração, e, sobretudo, à noção natural de hombridade pela qual sempre se orientava na vida?!

E, enquanto essas coisas se desenrolavam, fora do conhecimento de sua aluna e namorada, ansiava dolorosamente por cada encontro e aula, quando, na presença da jovem, sentia-se ao menos parcialmente reconfortado da amargura que principiava a oprimir-lhe o íntimo.

Ele rodava de um lado para o outro da saleta, dominado por um estado de impaciência surda e estranhando que até aquele momento Rachel ainda não fora ao seu encontro, com pelo menos uns dez minutos de atraso, quando ela sempre se adiantava à sua chegada, colocando-se à espera no cômodo da casa destinado aos estudos.

Todavia, momentos antes, Lane tinha entrado no quarto da irmã portando um recado para Noreen; e surpreendera a cena insólita da dama maquiando, com certa afobação, as faces um tanto lívidas de Rachel, podendo ainda distinguir um comentário incompreensível formulado em surdida pela cuidadora agitada:

– ...Estas cores haverão de disfarçar um pouco sua palidez, miss Rachel! Por Cristo! Por que está com esse mal-estar, sem mais nem menos?

– Sabe da provável causa! – devolveu a moça, no auge da contrariedade ansiosa. – Vamos, Noreen, acabe logo! Stephan deve estar impaciente lá embaixo!

– Que Jesus nos preserve, não há de ser nada! – lamuriou-se a cuidadora, quase agoniada, quando foi interrompida, de chofre, pela primogênita dos Ashley, encostada na entrada do quarto de braços cruzados com expressão incomodamente sugestiva.

– Quer que leve o recado? – intercedeu Lane, então, de súbito, sobressaltando as duas, em entonação claramente percuciente. – Mas o que se passa, Rachel? Sente-se mal? Como poderá ter aulas de música hoje? – perguntou, mas, a isto, e já presa da contrariedade daquele contratempo que a retinha até aquela hora no quarto, à sua revelia, a sempre pacata Rachel rebateu, levantando de abrupto, recolhendo os panos fartos das vestes e desvencilhando-se das mãos da dama de companhia, num trejeito afoito:

– Estou ótima, Lane! Não me amole!

Noreen interveio, avisada, no intuito de desviar da argúcia habitualmente acentuada da outra jovem as aparências suspeitas da situação, para solicitar:

– Miss Lane, faça-me um favor: desça e avise a lord Klyde que Rachel irá logo! Ela se atrasou um pouco!

– Sim! – a jovem falou, com um sorriso melífluo, sem querer se deixar arredar do impasse assim tão rápido. – Por que não se sente muito bem? – questionou, mas foi cortada com impaciência pela dama.

– Algo do que comeu ontem não lhe fez bem, miss Lane, mas, por favor, atenda ao meu pedido para não faltarmos com a cordialidade com o professor de música, aguardando, a esta altura, certamente preocupado!

Lane mediu-as. E, ignorando a contrariedade flagrante na feição da irmã, que em nenhum momento dignou-se sequer a lhe dirigir as vistas, voltou-se e saiu, descendo em direção à saleta.

Lá chegando, deparou, de fato, com o já agoniado Stephan cruzando o cômodo silencioso de um lado para o outro, como se acossado por algum pressentimento ruim.

Ele tomou ligeiro sobressalto com a entrada repentina da moça.

– Miss Lane?! – Ao mesmo tempo, a presença dela, daquela forma inesperada, em lugar da chegada tão ansiada de Rachel, acentuou-lhe a sensação desagradável que já experimentava. –

Como vai? – indagou, hesitante, parando seu ir e vir desassossegado e, de fato, bem pouco interessado no passadio de sua outra aluna.

Quase cobrava com o olhar, por outra, informações sobre Rachel, que Lane não se furtou a dar com presteza, embora como sempre estudando cada palavra.

– Sua aluna e namorada passou mal, lord Klyde, daí o atraso! – contou, com uma ironia amarga perpassando o tom da voz. – Mas já está descendo!

– Rachel passou mal?! – Stephan se assustou – Mas... Novamente, miss Lane?! De novo ela está adoentada? – quis saber, avançando, a entonação de pronto externando uma mistura sofrida de preocupação com angústia.

– Sossegue! Nada que seja fatal... ao que sei... Parece ter algo a ver com qualquer coisa que comeu ontem! Logo estará aqui... para a sua preciosa aula de música! – insinuou, sem conseguir esconder a zombaria franca na expressão do rosto, saindo e deixando o músico parado e dominado por grande aversão.

"Que criatura mais repulsiva!", comentou para si mesmo, irritado, e, com isso, retornando às suas aflições interiores. "Como, por Deus, hei de encarar as ideias sem sentido de meu pai sobre essa moça? O que será que deu nele para começar a agir assim, de um momento para outro?"

Voltou ao caminhar desassossegado pela saleta, e aos pensamentos que, à sua revelia, retornavam para os episódios recentes do ambiente doméstico, que vinham minando seu sossego interior: as ocasiões em que William, chamando-o por mais de uma vez a entendimentos para os quais passou a lhe cobrar posicionamento objetivo, expunha seus pareceres, no sentido de que, pensando no progresso já franco de seu desempenho profissional como músico em sociedade, deveria, ele, considerar com mais seriedade um casamento refletido com alguma representante de família que lhes conviesse, e à sua consolidação futura, com base em respeitabilidade. E quando, a princípio animando-se, julgou que enfim William lhe respaldaria seu propósito de propor noivado com Rachel ante os Ashley, contra todas as suas expectativas, e mergulhando-o em rude embate íntimo, mencionou, o barão, justo aquela moça, que acabara de sair da saleta depois de proferir palavras de contexto sempre desagradável, e cuja presença lhe evocava, invariavelmente, acentuado mal-estar. Nada embora lhe reconhecesse, indiscutíveis, os predicados evidentes de beleza, com os quais – ele bem o reparava já de há tempos, e ignorando o fato de caso pensado e postura decidida – a jovem vinha reiteradamente tentando seduzi-lo e cativar-lhe a admiração durante as oportunidades que surgiam, nos dias de suas aulas, em que se pilhavam, sozinhos, naquela mesma saleta de estudos de música.

Uma vez se insinuara tanto, em ocasião na qual se esmerara de maneira especial na apresentação, com vestes de decotes provocantes e com atitudes, palavras e gestos sedutores, que quase cedera, suscetível, à fraqueza das paixões normalmente arrebatadas do homem jovem e de emoções inflamadas, qual o era naquela fase de sua vida. Todavia, o amor franco e intenso já nutrido por Rachel, mesmo ali, lhe impôs freio a tempo, levando-o, prudente, a recuar no instante crítico.

Infelizmente, contudo, e sem que o soubesse, esse instante fora, por acaso, entrevisto pela dama de companhia da sua namorada, que naquele minuto se acercara da saleta com a porta entreaberta em busca da mãe. E que notara, surpreendida, a atitude, apesar de tudo decidida, com que reagira aos modos de Lane, quando esta se insinuava de maneira ostensiva e quase leviana.

E fora por essa razão que, tempos antes, Noreen advertira Rachel de modo avisado para que se precavesse quanto àquele sentimento avassalador que lhe assenhoreava o coração para com o músico. Porque percebeu, com clareza, naquele momento equivocado entre ele e Lane, que, se fora o rapaz firme na sua recusa aos propósitos claros de Caroline, por outra, algo nos seus modos, na sua expressão fisionômica, sugeriu à dama dúvidas francas sobre se resistiria indefinidamente àquele assédio astuto, que na certa prosseguiria, em escala crescente, conforme o tempo fosse passando.

E Noreen já vivera o suficiente para saber reconhecer, em algumas mudanças estudadas de atitudes da primogênita dos Ashley quando na presença do professor, exatamente este propósito.

Stephan, portanto, imerso em seu dilema interior, deslocava-se, indócil, de um lado para o outro do cômodo, enquanto se recordava do diálogo difícil daquela noite: quase revoltado, de vez que não gostava, por sua vez, de questionar os pareceres e determinações paternas, indagou a William, no auge da perplexidade, a que se deviam aquelas considerações inesperadas, ouvindo dele a última alegação que esperaria.

Disse-lhe, como justificativa incompleta e, a seu ver, destituída de consistência minimamente plausível, que havia um impeditivo grave de ordem familiar em relação a Rachel, do qual entrara no conhecimento havia pouco tempo, que tornava a possibilidade daquela união completamente inviável. Principalmente se lhe interessava, de fato, consolidar sua vida como músico profissional em sociedade dali para diante. Mas que não o indagasse a respeito das causas, devendo confiar apenas em seu prognóstico de pai, uma vez que se tratava de assunto de teor melindroso relacionado aos Ashley, que não tinha autorização para expor levianamente.

Sugeriu, por fim, diante da sua estupefação crescente, que, com tato, e a devida consideração pela amizade sincera cultivada para com a jovem durante todos aqueles anos, ele soubesse, aos poucos se esquivar, lançando mão do cavalheirismo devido a um homem da sua condição, do qual conhecia ser ele, Stephan, devidamente dotado, por tradição familiar.

Aconselhou-o, também, e para sua indisfarçável indignação, a começar a olhar para Lane com olhos mais isentos e da maneira que convinha a alguns acertos futuros, devido a ser, a moça, a primogênita dos Ashley, a quem interessava, a família, casar em primeiro lugar. Disso adviria – assegurou-lhe William, desta vez exibindo modos calculistas na entonação e no arremate do diálogo – bons desdobramentos, com o auxílio da própria família de Caroline, no sentido de içá-lo, em caráter definitivo, ao patamar pretendido de sua carreira como músico com o decorrer do tempo. Tratava-se de coisa já acertada com os pais da moça, que possuíam articulações influentes em meios da sociedade que lhes conviriam.

Stephan imaginava se não seria caso de dividir o dilema com a própria Rachel, para sossegar seu coração, e, talvez, saber das causas ocultas daquele drama. E o seu impulso maior seria este, naquele momento, se até isto o pai não lhe houvesse tolhido de antemão, e em caráter definitivo, aludindo a que o problema em questão era desconhecido da própria moça; e que, portanto, nada deveria ser mencionado a ela a este respeito, para não lançá-la numa situação de sofrimento maior.

Ignorando, portanto, que o próprio Paul Ashley ainda de nada sabia daquelas artimanhas, e por conseguinte julgando, de modo errôneo, que se voltara, a própria família de Rachel, contra o seu envolvimento com a antiga amiga de infância, Stephan rodopiava pela saleta, acabrunhado e perdido naquele turbilhão íntimo que havia dias o consumia, quando, enfim, a porta abriu-se, com um estrépito. E por ela passou a moça, arfando ligeiramente, algo pálida.

– Stephan!!

Ele se voltou, eletrizado, e também visivelmente empalidecido.

Olharam-se. Dominados pela mesma urgência, embora com razões diferentes a desassossegá-los intimamente, correram e lançaram-se nos braços um do outro, beijando-se com fervor, demoradamente.

Ali mesmo, naquele minuto intenso, o músico anteviu o insuportável tormento que seria atender a contento as determinações ininteligíveis e quase taxativas de William. E se perguntava se seria, aquilo, possível de ser realizado.

Sabia de antemão que, em essência, não conseguiria!

Nunca poderia arrancar de si, a pulso de ordens e conveniências sociais, profissionais ou familiares, o que sentia por Rachel!

– Rachel! Por Deus! Eu estava tão preocupado! – ele exclamou, afagando-lhe, ansioso, o rostinho também aflito, afugentando para outro momento aqueles pensamentos que o flagelavam, para deter-se, em primeiro lugar, no bem-estar da jovem. – O que houve com você? Lane esteve aqui e disse que passou mal!

Nunca imaginaria que ela, de seu lado, também vivenciasse simultaneamente, e sem que ninguém além de Noreen o soubesse, um impasse ainda mais sério, que lhe minava interiormente, havia dias, as emoções! E que este drama só poderia ser compartilhado, única e exclusivamente com ele mesmo, para que achassem uma solução eficiente!

Quando se distanciaram, para desgosto ainda maior do professor de música, a jovem Ashley denunciava lágrimas incontidas escorrendo dos belos olhos expressivos.

– Stephan! Preciso conversar sem mais demora com você sobre algo que vem me roubando sono e sossego! E tem de ser agora! Não posso esperar mais, embora o tenha evitado até então, para não inquietá-lo com aflições talvez destituídas de base! Mas não há mais como protelar, porque o problema não está se esvaindo por si só! E você é o único com quem devo e posso dividir isso!

Esquecendo-se da aula de música, o rapaz a abraçou e atraiu, zeloso, até o mesmo assento recolhido a um canto da sala, onde costumavam namorar e conversar ao término dos períodos de estudo.

Sua fisionomia tomou-se involuntariamente de uma expressão amargurada, porque o coração lhe antecipou que os dilemas íntimos que o atormentavam nos últimos tempos, de um modo que ainda não atinava, seriam agravados com o que ouviria em seguida.

– Venha cá, Rachel! Conte-me! Mas não fique assim angustiada, com aspecto doentio, pois me assusta! – e procurou sorrir-lhe, apesar de tudo, na tentativa de lhe transmitir algum reconforto, entrelaçando-lhe com firmeza, afetuoso, as mãos delicadas e trêmulas. – O que não haveremos de resolver juntos, meu amor?

Oprimida, para além da sua capacidade de suportação, Rachel não fez esperar as explicações, que desabafou de um só impulso, diante do agora quase transido músico.

– Stephan! Diga-me: acaso já conversou com seus pais sobre a nossa futura união, como comentou há algum tempo que faria, assim que surgisse a melhor oportunidade?

O rapaz a fixou, entre tenso e curioso, buscando encobrir da melhor forma a sombra receosa que lhe perpassou, fugidia, pelo semblante. E perguntou, hesitante:

– Meu amor... – meneou, perturbado. – Por que me pergunta sobre isso agora? E o que pode ter a ver com a causa do seu grande abatimento?

A moça inclinou-se para ele, súplice e já chorosa, explicando-se sem subterfúgios, em tom de desamparo:

– Temo pela causa deste mal-estar renitente, que de há tempos vem me incomodando, e resistindo a todos os cuidados adotados para debelá-lo! De modo que, baldados muitos dias, apenas uma explicação me acorre, agora, para definir o que está acontecendo, apesar dos conselhos de Noreen para guardar cautela e não me precipitar, visto tratar-se de questão grave, caso eu esteja certa nas minhas suposições!

O grau de temor de Klyde só fazia crescer, de minuto para minuto, enquanto ele a ouvia falar naquele estado supremo de exaltação, denunciando, nos traços francamente descompostos de seu rosto gracioso, um estágio já intolerável de flagelação íntima.

– Fale, então, Rachel! A que se refere? Não me deixe mais nesta dúvida! Hei de ajudá-la e acharemos a solução! Confie em mim! Acredite! – ele insistiu, veemente, fixando-lhe um olhar rebrilhante de intensa quanto aflitiva paixão.

– Eu... Eu acho que estou grávida, Stephan!

Na mesma hora, Stephan Klyde fez-se lívido!

Um tremor nervoso percorreu-lhe, imperceptivelmente, o corpo.

Sua única e primeira atitude, cedendo ao instinto natural de preservar Rachel de notar seu estado anormal de nervosismo, foi atraí-la para si, estreitamente, em silêncio. E, inicialmente, apenas beijá-la, afagando-lhe os cabelos perfumados, que ela sempre trazia soltos ao encontrá-lo, como outrora lhe pedira.

Ele fechou os olhos, desnorteado, com os pensamentos entrechocando-se em turbilhão atordoador. E o professor de música, buscando controlar-se, esforçou-se na tentativa exclusiva de acalmar-lhe, a princípio, os soluços irrefreáveis com que dava vazão à angústia represada para, só depois, tentar pensar em uma alternativa que os livrasse, a contento, daquele inesperado pesadelo.

XVI
PACTO ENTRE IRMÃOS

Da conversa sofrida com Rachel naquela tarde de aulas de música que, a bem da verdade, fora em sua quase totalidade preenchida pelos jovens somente com o debate delicado a respeito dos rumos cabíveis a se adotar diante do impasse crítico que se lhes apresentava, Stephan, sob palavra de honra e ante as lágrimas dolorosas da moça a quem de fato amava, extrema e enternecidamente, deixara-a, decidido a enfrentar o pai ou quem quer que se interpusesse contra seus planos de propor o urgente elo matrimonial a Paul Ashley.

Todavia, e mesmo em atenção ao seu estado especial de sensibilidade, decorrente da gravidez em estágio inicial, não expôs a ela a trama intrincada que estava vivenciando com William no decorrer das últimas semanas.

Preservou-a, ainda uma vez, alegando apenas que colocaria em prática o que já haviam combinado, antecipando com os pais um diálogo que apenas por contingências fortuitas – justificou, um tanto atarantado – ainda não ensejara no seu ambiente familiar, versando sobre os seus planos de noivado para breve e de união esponsalícia, a princípio quando a jovem completasse dezessete anos. Agora, todavia, impunha-se-lhes uma mudança de percurso que os compeliria a realizar o seu maior sonho mais cedo do que haviam planejado.

Ingênuo quanto a todas as nuances tenebrosas que existiam como pano de fundo daquele cenário inaudito, não desconfiaria o rapaz, motivado pela integridade romântica de seus ideais apaixonados, e imbuídos da melhor sinceridade para com a moça, que depararia com obstáculos férreos, intransponíveis para os meros recursos sentimentais e verbais com que contava para dobrar o pai no enfrentamento que queria ainda para a noite daquele dia.

Chegou à sua residência, portanto, superlativamente agitado. Atravessou os cômodos com passos apressados, indo direto para o quarto, pensando em insular-se durante algum tempo. Ao menos o suficiente para que se acalmasse o bastante para conquistar o equilíbrio e o sangue-frio necessários para os momentos que estavam por vir, tão logo William retornasse das atividades diárias que o liberavam para a volta em horário da noite sempre tardio.

Com isso, contudo, totalmente abstraído, ignorou solenemente os circunstantes, empregados que o cumprimentavam, solícitos, e também os familiares que se reuniam para a hora próxima do jantar na saleta adjacente ao salão de entrada.

Fora cumprimentado com amabilidade tanto por Catherine como por Patsy, presente em palestra bem-disposta com a mãe e com o irmão mais novo. E, vendo a cena ininteligível do sempre jovial Stephan atravessando a sala quase a correr, e ganhando as escadas de acesso ao andar superior sem dirigir-lhes ao menos um olhar, a moça antecipou-se à imediata preocupação materna, levantando-se do assento onde se reuniam em palestra e gesticulando para Catherine entre gentil e prestativa.

– Deixe, mãe, vou atrás de Stephan para avisá-lo de que já nos encontramos reunidos para a refeição!

– Há algo errado com ele! Conheço-o! – antecipou a outra, inquieta, com os olhos presos no vulto alto e esguio do filho desaparecendo nas sombras do princípio de crepúsculo daquela quinta-feira, obscurecendo o andar de cima.

– Ora, mãe, sabe que Stephan sempre foi um tanto estabanado! Aéreo, dispersivo... Sobretudo, desde que começou a colecionar episódios amorosos! – a jovem sorriu, buscando imprimir descontração no tom de voz na intenção premeditada de aplacar, nos modos de Catherine, aquele estado de preocupação quase dolorida. Pois antevia, no jeito intempestivo como o irmão mais velho entrara em casa, algum possível contratempo ou aborrecimento. E logo imaginou que talvez se relacionasse a algum desentendimento ou revés acontecido com Rachel, uma vez que sabia-o retornando da aula semanal de música que lhe dispensava, e também que não era aquela a disposição habitual com que voltava daquele compromisso, oposta ao bom humor e aos ares de enlevo apaixonado com que sempre ganhava de retorno o ambiente da moradia familiar.

Assim, Patsy conteve a mãe na sala de jantar, alegando a necessidade de monitorar a chegada do pai para que lhes avisasse, afinal, do momento apropriado para o início da refeição da família. E correu ao andar de cima em busca do irmão, àquela altura já enfurnado em seu quarto, silencioso e de portas cerradas.

A jovem, sem ocultar sua preocupação zelosa, encostou-se de leve no portal, reparando que não se escapava do interior o mínimo ruído. Então, ousou uma batida leve, chamando, em entonação fraterna.

– Stephan! Está aí?! – E como de início apenas o silêncio renitente a respondesse, insistiu, carinhosa: – Avizinha-se a hora do jantar, meu irmão... tive a impressão de percebê-lo retornando de sua aula a Rachel um tanto desassossegado! Está bem, querido? Há algo que possa fazer por você?

Bateu novamente, entre polida e incerta, aguardando. E, como se nova e incômoda pausa se repetisse sem resposta digna, entre decepcionada e ansiosa, e por outro lado sem querer molestar o irmão a quem estimava com especial afeto, Patsy recuou alguns passos, indecisa, medindo a porta cerrada durante um minuto, sem saber ao certo a atitude a tomar.

Foi quando, surpreendendo-a, Stephan a entreabriu; e ela avistou o irmão, a medi-la com expressão séria e indisfarçavelmente tensa, que logo provocou na moça, de modo instintivo, acentuado mal-estar.

– Olá, Patsy! O que quer ? Estou descansando um pouco da caminhada puxada até aqui! – ele declarou, a princípio com subterfúgios.

A jovem mediu-o um pouco, hesitando, para depois comentar com sinceridade:

– Bem, meu irmão... Passou há pouco por nós na sala como se não existíssemos, sem responder aos cumprimentos de mamãe nem aos meus! Aparentou estar de má disposição; e, como habitualmente não é esse o seu estado habitual de espírito... e menos ainda quando retorna das aulas e dos seus encontros com Rachel... nos preocupamos! Mamãe quase veio atrás de você, mas me ofereci para subir, pois também fiquei aflita!

Entreolharam-se um pouco, ambos com expressões fisionômicas e pensamentos diferentes, desencontrados, embora mesmo de dentro da inexperiência da pouca idade o coração segredasse a Patsy que aquela aparência descomposta no sempre altivo Stephan denunciava que ele atravessava algum extemporâneo dilema íntimo, que provavelmente lhe roubava o tino e a proverbial serenidade dos modos.

– Fale, Stephan! – insistiu Patsy, enervando-se um tanto com o silêncio renitente com que ele a media. – Por favor, sabe o tanto que o estimo! Será que não quer dividir comigo o que se passa?! Talvez possa ajudá-lo, mas está visto que algo o desassossega!

Não teve de insistir mais. Para sua surpresa, no instante seguinte, de um impulso, Stephan a tomou pela mão e, decidido, puxou-a para dentro, tornando a fechar a porta.

– Venha, Patsy! Agradeço sua preocupação e penso que talvez deva mesmo recorrer ao seu auxílio! Mas não para mim, exatamente! E sim para Rachel, com quem sei que tem excelente grau de entendimento e amizade! – Ele declarou, gesticulando com agitação, enquanto a conduzia até um assento próximo à escrivaninha onde se viam vários papéis de estudos diários de música, partituras e acessórios de violino, como arcos e cordas sobressalentes.

Ouvindo aquilo, pronunciado pelo irmão naquela entonação agora declaradamente aflita, Patsy esquadrinhou-o, condoída, antes de sentar-se e exclamar:

– Oh, meu Deus, Stephan! O que aconteceu com Rachel? De fato somos amigas há um bom tempo, e em especial depois que você me confidenciou seus planos de noivado reputados para breve, mas... vejo que algo o aflige de forma terrível! O que aconteceu, meu irmão?

Mediram-se de novo, sentando-se um diante do outro, e agora a jovem percebia com clareza um estado de quase desarvoramento na fisionomia pálida e descomposta do violinista.

Sentindo-se ainda um tanto perdido quanto a iniciativas mais adequadas, e, no entanto, vencido pela necessidade dolorida de desabafar com alguém que lhe fosse um aliado, comparecia-lhe, afinal, aquela jovem irmã como a primeira e mais adequada alternativa, por ora, de que se poderia valer para ajudá-lo a reconfortar Rachel no drama inimaginável que principiavam a vivenciar. Assim, sem querer deter-se mais em ponderações e receios, tomou-a pelas mãos e começou:

– Patsy! Um dilema horrível colheu-nos, a mim e à Rachel, de maneira completamente inesperada; então, preciso que nos ajude num certo sentido, que lhe explicarei! Mas... será que poderia contar com sua discrição e compreensão incondicional, Patsy, para nos valer num momento desses? Temo pela sua reação ao que vai ouvir de mim! – ele vacilou antes de começar a expor à irmã, já indócil de curiosidade mal contida, o cerne do impasse inaudito que, de uma hora para outra, apoderava-se do contexto diário, até então idílico e cheio de sonhos de amor que vinha embalando o seu envolvimento com a filha caçula dos Ashley.

– Cristo, Stephan! Mas, claro que sim! Amo-o acima de tudo! E Rachel, além de amiga querida, também é minha cunhada, por antecipação! Fala de uma vez, portanto, antes que papai chegue e nossa conversa seja interrompida, sem termos tido tempo de acertar tudo. Mamãe está lá embaixo preocupada com seus modos incompreensíveis!

Stephan meneou a cabeça, olhando-a, com semblante grave e agoniado.

– Está bem, Patsy, então vou confiar em você e lhe expor o ponto mais crítico da situação, que, e para cúmulo do infortúnio, não é o único! Sinto-me, de dias a esta parte, como se repentinamente empurrado para dentro de um caldeirão infernal, que está me tirando o tino!

– Sim? O que é? – teimou a irmã, já impaciente.

O músico firmou-lhe as mãos com mais força, involuntariamente, declarando:

– Rachel está grávida, Patsy! Espera um filho meu! – interrompeu-se, ele mesmo ainda atônito com o que relatava. E, como se a irmã empalidecesse drasticamente, abrindo a boca em estado de completo pasmo e desnorteamento, o rapaz revestiu-se de fôlego e continuou, em desabafo, fixando-a com intenso ardor nos olhos úmidos e expressivos: – Isso não representaria quase nada diante dos meus planos, que já conhece, de antecipar nosso noivado, consolidando, entre as famílias, nosso compromisso futuro de casamento! Mas acontece que, além dessa notícia imprevista que Rachel me deu hoje em estado de quase absoluto desatino, enfrento outro conflito imenso há vários dias com nosso pai!

Patsy balançou a cabeça, totalmente confundida e sem ação.

– Nosso pai? Mas... o que quer dizer?

– Nosso pai, de uma hora para outra, resolveu me impor encerrar o compromisso com Rachel em favor de um acordo matrimonial de caráter familiar com Caroline, Patsy! Por razões que até agora não consigo entender! Acho que ele enlouqueceu! Ainda mais agora, diante desse drama grave que vivo com Rachel, estou desarvorado, sem saber o que fazer!

– Está elevando o tom da voz! – a irmã advertiu, agitada, levando gentilmente a mão aos lábios dele. – Acalme-se, Stephan, nunca antes o vi em tamanho estado de exaltação! Tem de manter o equilíbrio para decidir sobre tudo com acerto!

– Mas como, Patsy? Por Cristo! O que eu faço?

Ele se soltou dela, levantando-se e se pondo a andar de um lado para o outro do quarto, como um animal acuado.

A irmã o media, sem conseguir entender, ou mesmo acreditar que aquilo, de fato, acontecia.

– Stephan! A primeira pergunta que lhe faço é o que ***eu*** posso fazer para auxiliá-lo? Deus! Isso não poderia estar acontecendo, Stephan! E que significa esse comportamento de nosso pai, afinal?

– Queria saber! E ainda esta noite vou chamá-lo para entendimento, Patsy; quero desposar Rachel o mais rápido possível! – ele declarou, indócil. E, parando diante dela, encarando-a, afirmou taxativo: – Não vou deixar Rachel! Eu a amo! – exclamou, até aquele momento irremovível de suas decisões. – Mas, o que você pode fazer para me ajudar, por ora, Patsy, é aproximar-se de Rachel e oferecer-lhe seu apoio e sua amizade! Sei que será de enorme valia e benefício para ela nesse momento difícil, no qual não conta com ninguém para desabafar, que não a dama de companhia, miss Noreen, uma vez que somente ela sabe o que está acontecendo entre nós!

Patsy, condoída, levantou-se, torcendo as mãos em aflição e solidariedade para com o irmão. Via agora, com clareza, em sua expressão fisionômica e em seus modos superlativamente agitados, o tanto que já sofria com o impasse confuso e de implicações graves que vivia, ainda revestido de elementos misteriosos, quais os indícios ainda incompreensíveis presentes na conduta do pai.

– Oh, Stephan! Naturalmente vou apoiá-los no que puder, o mais rápido que me permitam as circunstâncias! Arrume um modo de eu ter com ela em sua companhia e pelo menos este lado do problema estará arrumado! Rachel encontrará, em mim, solidariedade! Uma confidente fiel e verdadeira irmã!

Stephan olhou-a, reconfortado. E sorriu-lhe, então, sentindo-se mais desafogado e agradecido.

Não se via mais sozinho no seu inaudito dilema!

Quando ia falar mais alguma coisa, porém, ambos ouviram a voz contrariada de Catherine soando no andar debaixo, provocando-lhes pronto e angustiado sobressalto:

– Patsy! Stephan! Seu pai já os aguarda. E está impaciente! Acaso se esqueceram do horário do jantar?

XVII
CONFRONTO ENTRE PAI E FILHO

Patsy e Stephan atenderam com prontidão ao chamado materno, mesmo na intenção de não atrair para a situação maiores atenções do que já o fizera, involuntariamente, o rapaz, ao dar entrada no recinto doméstico do modo intempestivo em que se achava ao chegar.

Mais contido e asserenado, agora que contava com a solidariedade incondicional e o apoio fraterno da irmã mais nova, ele entrou em primeiro lugar na sala de jantar, cumprimentando Catherine, já com outros modos; e, em seguida, falando com William, acomodado à mesa à espera que todos se reunissem para a prece diária habitual, e com o irmão mais novo, que andava por ali, distraído com a leitura de um livro.

Patsy entrou em seguida, sorrindo com afabilidade para todos, e sentando-se ao lado de Stephan, que se acomodara à mesa, intencionalmente, ao lado do pai.

Catherine fez sinal à governanta para que os servissem e também se sentou, medindo o filho mais velho com ar percuciente e agora mais aliviado, ao percebê-lo aparentemente liberto dos modos agitados de que estranhamente dera mostras ao chegar em casa, momentos antes.

Ela havia chegado a comentar com o marido sobre suas impressões. Mas, como também ele não dera ao caso, num primeiro momento, maior atenção, aparentando estar absorto com outras questões, não estendeu o assunto, preferindo, dali para a frente, apenas observar.

– Noto-o mais descansado, Stephan! – comentou para o filho, enquanto a governanta fazia os primeiros movimentos para colocar o jantar à disposição da família. – Confesso que me preocupou sua chegada há pouco, quando mal deu mostras de nos perceber e ignorou nossos cumprimentos!

O filho olhou-a, suspirando. E retirou de algum lugar desconhecido de si mesmo serenidade e firmeza para lidar com naturalidade com aquela primeira sondagem materna; pois o assunto que queria abordar com o pai ainda naquela noite, de feição grave e decisiva a respeito do seu futuro, desejaria, ao menos num primeiro momento, que não entrasse no conhecimento nem na participação da mãe – o que também, aliás, seria do interesse de William. Assim, dirigiu-lhe um sorriso, o mais desanuviado que conseguiu esboçar, comentando:

– O calor, hoje, se fez algo incômodo, mãe; e, confesso, cheguei indisposto! Perdoe-me a falta de gentileza com você e com meus irmãos! – E, dirigindo-se à irmã sentada próxima, do outro lado da mesa, com um gesto amigável, continuou: – Já me expliquei com Patsy também, e ela entendeu!

– Ora, mamãe! Até parece que não conhece o excelente filho que tem! – a moça arrematou, acompanhando Stephan no seu esforço evidente de descontrair os ânimos, pelo menos no horário da refeição. E Catherine, mais aliviada, e se deixando levar pelo bem-estar nos modos dos dois, acabou acedendo de boa vontade.

Voltaram, todos, portanto, as atenções para o chefe da família, que, enfim, medindo-os, saudou-os e concentrou-se para a prece familiar diária de graças, proferida antes das refeições.

– Senhor, agradecemos por mais um dia, e por contarmos com saúde e disposição para trabalharmos e obtermos de Vossa graça o alimento que nos sustenta, e a morada que nos abriga. Que possamos nos conservar dignos para sermos instrumentos da Vossa palavra e do Vosso exemplo perante todos os que encontrarmos, até o dia em que nos chame desta vida para o momento do testemunho. Assim seja!

O jantar prosseguiu, assim, em clima familiar ameno, com os familiares falando sobre trivialidades a respeito dos acontecimentos corriqueiros do dia, embora, à argúcia usual de William Klyde, não escapasse algo ligeiramente tenso no ar, que se refletia involuntariamente no semblante do filho mais velho.

Próximo ao término da refeição, em tom discreto, por fim ele indagou de Stephan:

– Algo o aflige, Stephan. É visível. Quero saber do que se trata...

O músico não fugiu ao seu olhar percuciente. Enfrentou-o com firmeza e determinação, acompanhados de um meneio de assentimento.

– Sim, meu pai, conversaremos! Mas não aqui. Encontre-me no seu escritório tão logo terminemos... – respondeu, em surdina, e também zeloso da presença dos demais familiares. Todavia, Patsy, atenta, testemunhou aquele preâmbulo preocupante de entendimento entre pai e filho. E, entre pressurosa e tomada de zelos por aquele irmão que estimava com grande enternecimento, fez uma súplica muda aos céus para que tudo naquele intrincado problema se encaminhasse, de futuro, a contento para a felicidade de todos.

◦ ◦ ◦

Mal William cerrou a porta do escritório, Stephan se dirigiu ao pai em termos definitivos, ainda entrando, como se desejoso de assentar de modo objetivo e firme suas decisões, que queria, por antecipação, que fossem compreendidas como irremovíveis de sua disposição.

– Pai, a respeito do que me expôs nos últimos dias, desejo revelar-lhe que vou me casar com Rachel! E hei de apresentar à família meu propósito de celebrar nosso noivado em breve! Não me incomoda em absoluto, nesse assunto, o que deixarei ou não de amealhar dos favores dos Ashley, por essa ou aquela razão em favor da minha carreira profissional, porque confio no meu talento e no que já conquistei até então! – E como, momentaneamente estupefato, o pai se detivesse a alguns passos diante dele, medindo-o, voltou-se. Encarou-o com firmeza e determinação férreas a se refletirem no brilho intenso e magnético de seus olhos e continuou: – Não sinto por miss Lane o mínimo exigível para um consórcio matrimonial! E não posso crer que lord Ashley, que sempre me teve em grande estima, e sempre concordou com o meu relacionamento com Rachel, já ostensivo há bastante tempo desde o meu retorno, seja avesso aos nossos planos de casamento, até pelo amor extremo que sei que nutre pela filha! Assim, pai... está tomada minha decisão... uma vez que não compreendi, nem aceitei, que possa existir algo no que me expôs antes que justifique sua interferência arbitrária e destituída de razões plausíveis nos meus planos com essa jovem, a quem amo, bem o senhor já sabe, desde os anos mais recuados de nossa infância!

Mediram-se em silêncio durante breves momentos. E perpassou, pelo rosto sempre altivo do barão britânico, embora fugidiamente, leve sombra de amargura, em ouvindo do filho aquelas determinações que ele queria, de caso pensado, taxativas.

Lord William avançou um pouco pela saleta e convidou o rapaz, agora visivelmente inquieto e preocupado, a sentar-se.

– Stephan, acalme-se! E acomode-se para conversarmos com frieza e maturidade, como dois homens e dois adultos! A questão não é tão simples e romântica como a encara! Se fosse, esteja certo, eu seria o primeiro a endossar suas decisões! Mas não posso e não o farei! – frisou. – E hei de lhe explicar por quê... e você haverá de me acatar as determinações para esse caso!

– Determinações? – Stephan devolveu, já contrariado. – Com todo o respeito que lhe devo, meu pai, penso que, nesta questão, a mim competem as determinações! Não sou mais um menor de idade! E cabe-me a decisão de quem escolho para consórcio esponsalício!

– Sim, caberia! Em casos corriqueiros, que não envolvessem dramas familiares sérios que desconhece! O que está em jogo aqui, Stephan, não são somente seus sentimentos e os dessa moça, por mais que haja neles valor e sinceridade! – rebateu William, com energia até certo ponto intimidativa.

– Pare de falar por enigmas! E diga, por Cristo, o que significa isso! – falou o violinista, agora verdadeiramente impaciente, quando afinal sentou-se diante do pai, medindo-o, em estado de confessa indignação.

William revestiu-se, a despeito de tudo, de extrema cautela para dosar o que, aos poucos, se veria na necessidade de expor ao filho a respeito daquela situação crítica. Porque era bastante claro que, conhecendo-o, como somente um pai conhece seu primogênito, antevia que ele não mudaria com facilidade as decisões tenazes que antecipadamente já adotara para o caso. Então, haveria de convencê-lo, a qualquer custo. Para tanto, só lhe restava uma alternativa extrema: colocá-lo a par pelo menos do necessário sobre a história envolvendo o passado de Paul Ashley.

Só não sabia, ainda, até que ponto, e mantendo o cuidado extremo de preservar-se, lhe franquearia acesso ao teor verdadeiro do problema. Aquilo, somente o desenvolvimento gradativo e melindroso daquele diálogo difícil lhe sinalizaria com acerto.

– Stephan... Ouça! Rachel não é filha adotiva de Paul e Gladys Ashley, como você e ela julgam! Rachel é uma filha bastarda de um antigo caso que lord Paul manteve com mrs. Evelyn, esposa do também há muitos anos finado Arnold Farrow!

O filho tomou um choque súbito, empalidecendo drasticamente, recuando e levantando-se, num impulso.

– Cristo! Pai... que infâmia profere?! Acaso desvaira ao me dizer essas coisas inadmissíveis? – devolveu de pronto, amargurado, como primeira e quase alucinada reação.

William, todavia, mais frio e centrado, puxou-o de volta ao assento, advertindo com severidade:

– Stephan, cobra brio, porque o que lhe exponho é muito sério! Não desejaria ter de fazê-lo, porque também estimo Rachel e relutei até onde pude! Mas a situação chegou a um ponto no qual, agora, vi-me enfim compelido a isso! E é preciso que o convença de algumas coisas, para que reflita, compreenda, e aja de acordo, e não como um desatinado! É um homem feito! – aludiu, altaneiro. – Portanto, contenha seus impulsos desgovernados e escute!

E como agora Stephan o medisse refletindo no rosto uma mistura sofrida de angústia com inconformação, prosseguiu, valendo-se daquela pausa de desnorteamento nas ideias do rapaz.

– Num caso assim jamais prevaleceriam somente os ideais imaturos e românticos que nutre por essa moça, movidos por devaneios da época de infância que, necessariamente, deve abandonar agora, para dar peso e prioridade a outras considerações de ordem prática, indispensáveis para os rumos tranquilos de sua profissão e seu ambiente familiar! – O pai meneou, com austeridade explícita, impondo-se com energia sobre algum argumento que o jovem já precipitava, de maneira impensada, pois durante um momento ele se viu destituído de equilíbrio íntimo para contrapor de maneira lógica e eficiente.

Stephan, agora, torturava-se intimamente, ponderando, em grande estado de perturbação, se deveria, ali e naquele impasse difícil, revelar ao pai sobre a gravidez da jovem – uma situação especial e delicada, que queria preservar o mais que as suas iniciativas e capacidade o permitissem.

Todavia, vacilava, talvez aquilo representasse uma chance de convencimento irrecusável ao pai; mas, de outro lado, não poderia se precipitar com certezas prematuras sobre o resultado, pois conhecia a feição despótica de William na hora de não desistir de suas decisões sobre crises sérias de quaisquer procedências.

– Deve encarar a vida tal qual é e se apresenta, Stephan, e não segundo o que quer que seja! Existe um escândalo de ordem familiar envolvendo o nascimento dessa jovem! E isso, de modo algum, nos convém: nem ao seu futuro como músico de profissão, nem ao convívio familiar com os Ashley, nem mesmo aos meus negócios mais corriqueiros! – reforçou ainda o barão, analisando, embora intimamente condoído, o embate caótico se espelhando com clareza nas reações do rapaz, conforme ia ouvindo o que lhe dizia.

– Como tomou conhecimento dessas coisas? – Stephan, instintivamente, impôs-se maior frieza e cobrou do pai, mais na intenção de ganhar tempo para pensar com o mínimo de lucidez que lhe permitisse agir da forma mais desejável e favorável ao seu intuito, que era, em primeiro lugar, resguardar a qualquer preço, tanto Rachel quanto a manutenção do seu envolvimento amoroso com ela.

Diante da pergunta, lord Klyde começou a revelar, embora parcimoniosamente, parte dos últimos acontecimentos.

– Mrs. Gladys, preocupada com o rumo sério que vem tomando seu relacionamento com Rachel, há pouco me confidenciou os detalhes desse drama, do qual é vítima silenciosa de tempos a esta parte, em virtude de ter entrado no conhecimento do mesmo, por um acaso fortuito, ao ter flagrado diálogo duvidoso entre duas damas, durante um evento festivo! – declarou William, embora escolhendo cada palavra, de modo a não deixar entrever nada do restante do novelo obscuro escondido por detrás do que lhe contava: na verdade, o franco começo do seu envolvimento espúrio com a dama. O que se poderia definir, já, como um pacto de conveniências mútuas estabelecido entre ambos; e, o principal, e que era a liga pérfida e intransponível daquele acerto entre ele e a esposa de lord Ashley, e que, em última instância, provocava-lhe intimamente imensa amargura e constrangimento ao brio ferido: a realidade de que se tratava, bem ele, daquele que compartilhava com Paul há muitos anos, e em regime confidencial de cumplicidade, das particularidades daquela tragédia, envolvendo um crime passional, e oculta pelas pás de cinza apostas pelo decorrer do tempo. E que fora ele quem havia cometido depois, de maneira impensada, indiscrições críticas, que deixaram vazar para a sociedade alguns pormenores daqueles acontecimentos sombrios, em eventos nos quais a bebida abundante lhe afrouxara, de modo desastrado, as cordas da sensatez, sem que amigo barão suspeitasse.

Todavia, nada embora a sucessão ininterrupta de choques experimentada interiormente a cada palavra do pai, o jovem Stephan, fiel ao sentimento que o orientava naquele momento difícil de entendimento, não queria se deixar demover com tanta facilidade, por mais grave que reconhecesse o teor do problema em curso.

– Diálogo duvidoso?! – ele retrucou, pondo-se novamente de pé e andando, indócil, pelo ambiente silencioso da saleta, com as mãos cruzadas ansiosamente atrás das costas. – Pai! Espanta-me que justo você tenha adotado, para justificativa das suas iniciativas, esse ardil, passível de grandes dúvidas e questionamentos! Que mrs. Gladys tenha se impressionado com isso, não nos diz respeito... Mas quer, desse modo, que também eu proceda assim?! Qual a credibilidade de um diálogo duvidoso acessado por mrs. Gladys, cujas participantes você nem mesmo sabe ao certo quem tenham sido, pai?! – O músico, afinal, cobrou, irremovível da sua indignação, estacando diante dele.

Ouvindo-o, todavia, William também se levantou, nivelando-se-lhe ao olhar decidido.

Conhecia, de outra forma, o temperamento e a retidão de consciência daquele filho dileto, sabendo, por antecipação, que difícil seria o argumento de molde a demovê-lo do que o coração lhe confiava como sendo o mais honesto e acertado para aquele caso. Assim, reconhecia a necessidade de usar de uma vez de um argumento duro e decisivo, a fim de não permitir que o diálogo o molestasse demais, desgastando-lhes, por outro lado, a qualidade da relação entre pai e filho.

– Meu filho! Ouça e pondere antes de falar impensadamente! Reconheço que para você é uma decisão difícil, uma vez que contraria seus planos e, sobretudo, o sentimento profundo que nutre pela moça! Todavia, Stephan, e isso ouvi de viva voz de mrs. Gladys, confidencialmente, e em estado de grande angústia, ela, absolutamente, não quer o casamento entre vocês! E, creia-me, conheço lord Paul Ashley de muitos anos de amizade familiar, e sei que ele não vai contrariar a esposa nesse sentido, ao saber dos melindres ocultos e irascíveis da baronesa, quando ela, enfim, encurralá-lo, expondo seus pareceres, sua vontade e as razões justas que se escondem por detrás deles! Mrs. Gladys não permitirá que uma filha bastarda usufrua de privilégios que considera injustos sobre a sua primogênita! Você é de uma família de estirpe, e nós e os Ashley compartilhamos negócios! Entende, Stephan?

Mas o rapaz, àquela altura da palestra, mostrava-se lívido como mármore.

"O que faria?", torturava-se interiormente.

Obcecava-o, sobre tudo o que ouvia, o estado especial e delicado da jovem a quem sabia amar acima de todas aquelas revelações rudes, duras de se suportar mantendo a fleuma.

Então, como procederia? Investindo o melhor de todas as suas iniciativas para preservá-la, e, juntos, resolverem de algum modo aquele impasse impossível, mesmo sabendo que não contariam com ajuda? Ou cedendo à tentação arriscada de expor tudo ao pai, ali, naquele momento, como tentativa de dobrar-lhe as determinações inarredáveis em favor da união com a moça? Afinal, o seu íntimo entendia e via todas as situações a partir do prisma dos seus princípios de hombridade. Pensava, atormentado, se William Klyde seria capaz de agir obedecendo a esses mesmos princípios.

– Agora entendo tantas coisas... A razão do desprezo com que era tratada e do qual Rachel tantas vezes reclamou, ao referir-se a mrs. Gladys... – ele respirou fundo. Tentou revestir-se de frieza, de fôlego, rogando aos céus a devida inspiração, e continuou: – Não posso deixar Rachel, pai! – murmurou, por fim, claramente desorientado. E, apelando para o sentido moral do que, naquele instante, estava em jogo, replicou, encarando-o, quase súplice: – Como pode admitir que agir assim seja algo cristão?!

– O reverendo Schumann haveria de nos perdoar, se conhecesse todas as implicações! – devolveu William, para a surpresa de Stephan, sem se deixar impressionar muito por aquela ótica da questão que, num assomo de desamparo, evocava ao diálogo.

Mediram-se. E, pondo a mão no ombro do filho, esboçando na fisionomia um paternalismo zeloso, que não era necessariamente falso, o barão explicou, querendo arrematar o assunto:

– Stephan! O fato é que não tem escolha! Precisa de articulações sociais que arrematem sua ascensão profissional, e o melhor caminho que se apresenta é o que já foi alinhavado com os conhecimentos dos Ashley! Não dispõe, ainda, de autossuficiência financeira, o que de qualquer modo, se insistisse nesse envolvimento malsinado com uma jovem marcada por tal estigma de vergonha familiar, iria se interpor entre vocês de maneira definitiva! Casando-se compulsoriamente com ela, por outro lado, desencadeará um escândalo de proporções e consequências inimagináveis na família Ashley, com grande repercussão na sociedade londrina! Seria responsabilizado por isso, e vocês dois seriam execrados, sem a mínima condição de se encaminharem socialmente em condições minimamente satisfatórias, meu filho! Portanto, esfrie seu ânimo! Reflita! – cobrou Klyde. – E concluirá, por si mesmo, que, por mais que seja dolorosa essa decisão, é a que mais convém, tanto ao seu sossego futuro, quanto ao de Rachel! Porque há uma chance de mrs. Gladys calar familiarmente os seus desgostos, caso as coisas se encaminhem assim!

Stephan, sem responder, voltou a andar a esmo pela sala banhada pelas sombras da noite esbatidas pelos lampadários esparsos aqui e ali, nos ângulos das paredes.

Tudo em volta, de fato, se fizera silencioso, e aparentava ser muito sombrio naquele minuto. Mas quem o observasse detidamente, repararia, agora, que tinha lágrimas francas escorrendo de seus olhos expressivos pelo rosto altivo e brioso, mas, de forma inevitável, dominado por dolorosa angústia.

XVIII
AS RAZÕES DO CORAÇÃO

Após aquela entrevista difícil com William, Stephan desabafou com Patsy na primeira oportunidade que lhe surgiu, e, diante da solidária e acentuada indignação da irmã mais nova, combinaram coisas importantes para os dias posteriores.

Nos primeiros momentos de revolta diante da oposição férrea e inarredável do pai, o rapaz conservou-se firme nos seus propósitos iniciais, preferindo ignorar convenientemente pormenores importantes daquele impasse, mencionados por William, e relacionados à questão de sua autossuficiência financeira, que poderiam vir a ser uma fonte de dor de cabeça e um escolho intransponível às suas melhores intenções.

Afinal, dependia, de fato e ainda, economicamente dos pais. Longe estava de se estabelecer satisfatoriamente na carreira profissional como músico, de modo a nem sequer poder pensar, com alguma objetividade, em consolidar matrimônio e constituir família.

No entanto, o que parecia motivar decisivamente o jovem violinista era a situação peculiar envolvendo o estado delicado de Rachel, a par do amor enternecido e verdadeiro que lhe nutria.

O caso se apresentava fora dos padrões corriqueiros. Incluía preocupações sérias com as novidades que haviam se antecipado à ordem natural das coisas. O que acontecia, forçoso era reconhecer, e Stephan o sabia por antecipação, principalmente por sua responsabilidade, no momento em que se deixou arrebatar pelos impulsos indômitos de paixão pela moça, envolvendo-a e arrastando-a àquelas consequências imprevistas.

Assim pensando, portanto, não quis incluir em suas considerações nada do que as imposições praticamente peremptórias do barão lhe exigiam, ao encurralá-lo durante aquele diálogo crítico.

Num primeiro momento, sua decisão de permanecer ao lado de Rachel era inabalável. E foi com esse espírito que, em comum acordo com a irmã, combinou com ela um encontro propício com a aluna e namorada, criando situação adequada fora da residência dos Ashley sob as aparências inocentes de um passeio de lazer. Seria nessas circunstâncias favoráveis, contando com o apoio de Patsy, a quem de há bastante tempo Rachel considerava com grande estima e amizade, que abordariam o assunto difícil, combinando uma estratégia de ação que lhes atendesse convenientemente para saírem daquele apuro a contento.

Feliz com a oportunidade de rever aquela a quem já reputava como cunhada, num primeiro momento Rachel somente se alegrou e aguardou com expectativa a hora do encontro com Stephan e sua jovem irmã, acertado para a manhã de um sábado e contra o qual ninguém em sua casa opôs nenhuma ressalva.

Não imaginaria, a moça, que a ocasião a surpreenderia com bem mais do que um inocente intervalo de lazer a passeio com o namorado pelos bosques da cidade de Londres.

Assim, arrumada com esmero, em vestes delicadas e airosas para passeio, foi radiante que Rachel enfim surgiu à entrada dos jardins da moradia, o rostinho sadio e suavemente maquiado protegido do brando calor solar daquele começo de manhã por sob uma sombrinha branca e leve, e um chapéu também claro, de tecido fino rendilhado, e abas largas.

Dirigiu-se, sorridente, ao encontro do casal de irmãos parados à sua espera sob uma árvore florida e frondosa, e entretidos, até ali, em palestra discreta que - a jovem teve a leve impressão – lhes imprimia às fisionomias nuances de uma seriedade que lhe causou fugidia estranheza.

Todavia, tão logo a avistaram, interromperam-se. E Patsy, a seu turno, pôde perceber a transformação radical operando-se de imediato no semblante embevecido do irmão mais velho, dirigindo a Rachel ostensivo e irresistível olhar apaixonado, tão logo deu com sua figura graciosa avançando a passos apressados para encontrá-los.

Alcançando-os, as duas jovens se cumprimentaram carinhosamente. E Rachel e Stephan se abraçaram, enternecidos, beijando-se demoradamente.

Agora Rachel experimentava a sensação de que o rapaz a estreitava com uma intensidade forte, prolongada, especial, na qual julgou entrever, para além das saudades do costume, talvez uma ansiedade que adivinhava quase sofrida.

– Como você está, meu amor? – Ele logo indagou, cuidadoso, erguendo-lhe, gentil, o rostinho para olhá-lo. – Passa bem?

Todavia, ainda bem-disposta e desanuviada, sem poder adivinhar os desdobramentos daquele encontro inicialmente planejado para um passeio tranquilo durante a manhã, a moça, a princípio, sorriu do que considerou um excesso de preocupação da parte dele.

Jamais imaginaria o volume imenso de angústias que ele sentia, e que ela passaria também a experimentar, dali a poucos minutos.

– Sim, sim, meu professor preocupado! Embora entenda seus zelo, passo bem de saúde!

Stephan entreolhou-se com a irmã e devolveu à curiosa Rachel um sorriso algo distraído, entrelaçando-lhe, com carinho, a mão delicada vestida em luvas leves, e beijando-a.

– Então, vamos!

Entretanto, naturalmente intuitiva, principalmente para tudo o que se relacionava com o professor de música, e, observando-o mais detidamente agora, o sorriso da sua aluna e namorada esmaeceu ligeiramente; e a jovem Ashley voltou-se para Patsy, que caminhava lentamente a seu lado para o exterior da residência, aparentando também estar pensativa.

– Patsy, está tudo bem? Estou enganada ao reparar na expressão fisionômica de meu querido noivo um ar qualquer de ansiedade, para além do normal, motivado por coisas que nem posso imaginar quais sejam?

Patsy relanceou novo olhar no irmão agora silencioso, àquela altura trocando com ela uma expressão significativa.

Estava na hora de começar a introduzir com Rachel o assunto melindroso que haveriam de tratar naquela oportunidade.

– Bem, querida... estamos bem. Mas conversaremos hoje sobre um assunto sério, sobre o qual haveremos de combinar acertos bem definidos, tendo em vista a felicidade futura de vocês dois!

Olhando a amiga e o violinista, que caminhava a seu lado a dirigir-lhe, ainda silencioso, o olhar cheio de carinho, e ostensivamente zeloso do seu estado, a moça parou. E arriscou, temerosa, um comentário:

– Oh! Será que se refere ao que penso, Patsy? – E, consultando Stephan com os olhos agora brilhosos, falou: – Pôs sua irmã a par do que nos está acontecendo atualmente, meu amor? – E, a um meneio de confirmação do outro, denotando certo desamparo misturado a claro constrangimento nos modos, Rachel deteve um pouco os passos, encarando-a, com um trejeito de cabeça perdido: – Patsy... ao que percebo nos seus modos, também revela-se preocupada com nossa situação! E adivinho que posso contar com sua compreensão e solidariedade nesse nosso caso difícil! Não é mesmo?

– Mais do que isso! – devolveu a moça, agora que Rachel lhe abrira o precedente do assunto. – Já a considero minha cunhada, um membro de nossa família, Rachel! É por essa razão, aliás, que combinamos, eu e meu irmão, este encontro! Porque vou lhe oferecer mais do que solidariedade, um tipo de auxílio e amparo necessários, relacionados a um aspecto complicado dessa situação que ainda desconhece; mas que haveremos de expor-lhe com calma agora, para que combinemos o que de melhor se há para fazer!

Stephan esquadrinhou os arredores, prevenido, fazendo um gesto à irmã.

– Antes, Patsy, vamos para o parque! Estamos próximos demais da residência dos Ashley; e devemos nos precaver de indiscrições!

Na mesma hora, a irmã concordou com a alusão oportuna. E tornaram a se pôr a caminho, a passeio, embora, entreolhando-se de maneira preocupada com o músico. Rachel, então, experimentou inexplicável opressão íntima, como se adivinhando que começaria, ali, a partir daquele diálogo importante com o rapaz e sua irmã, o desenrolar de todas as suas piores aflições.

Caminharam, portanto, cerca de vinte minutos, desviando-se um pouco do que era então, naturalmente, o centro da preocupação comum. E, enfim, Stephan indicou local oportuno, no interior do parque amplo e extensamente arborizado no qual, havia algumas semanas, Gladys principiara com lord Klyde um tipo perigoso de pacto familiar e afetivo.

Todavia, ainda ignorando esse pormenor, as preocupações maiores dos jovens ali reunidos naquele momento giravam em torno de razões mais idôneas e mais justificáveis.

O professor de música, dessa forma, conduziu a irmã e a namorada a um assento propício, localizado em setor recolhido e agradável do aprazível parque, àquela hora da manhã refrescado pelas brisas perfumadas daquela estação do ano londrina. E se sentaram no banco convidativo, longe da fraca movimentação existente no lugar naquele momento.

Então, Rachel, enfim, desviando-se dos assuntos tratados com puerilidade até ali, no intuito de evitar indiscrições imprevistas nas ruas pelas quais passaram, dirigiu-se aos dois irmãos, com a sinceridade que lhe era característica ao modo de ser, refletindo-se, ostensiva, no brilho ansioso de seus olhos e na fisionomia algo empalidecida.

– Bem, agora que já nos achamos em local apropriado para conversar... por favor, meu amor, conte-me! O que está acontecendo? O tom com que Patsy se referiu ainda há pouco a coisas das quais mal posso suspeitar deixou-me alarmada!

Mal saberia a moça, infelizmente, que o assunto de que tomaria conhecimento não representava nem a metade dos problemas que teria de enfrentar nos tempos vindouros.

Assim, Stephan começou, carinhoso e com grande cautela, sabedor que era daquelas particularidades que, por ora, seriam veladas intencionalmente do conhecimento da jovem, na intenção de poupá-la o mais possível de desgostos muito extremos, até que ele e a irmã talvez atinassem com uma solução mais adequada que os livrasse satisfatoriamente dos piores desdobramentos daquele problema, envolvendo Lane e tudo o mais.

– Rachel! Eu... conversei com meu pai durante o decorrer da última semana sobre nossos planos.

– Sim? – A jovem de imediato mostrou-se surpreendida, o olhar acendendo-se com inevitável ansiedade. – Contou, então, a ele sobre seus planos e as razões imperiosas que agora nos levam a antecipá-los? – E, detendo-se, de imediato pressentindo que, talvez naquele pormenor delicado, residisse a causa do que Patsy se referira antes, exclamou: – Oh, Stephan! Seu pai encolerizou-se contra nós por conta do que está acontecendo?

O rapaz, gentil, sustou-lhe a sucessão de suposições incontidas com um gesto amável, tocando-lhe os lábios com ternura, e beijando-os.

– Shh... Ouça um pouco, Rachel! Não, não se trata disso! – E, entreolhando-se com a irmã, que lhe sugeriu, com a expressão decidida que se espelhava em seu rosto, que prosseguisse sem esmorecimentos, explicou: – Por boas razões, que mais tarde entenderá melhor, preferi ocultar, por enquanto, esse detalhe do nosso entendimento familiar! – arquejou um pouco, empertigando-se no banco onde se sentava muito próximo à moça. E a atraiu mais para si, passeando o olhar meio perdido pelos arredores, sem conseguir esconder todo o grau de nervosismo que o incomodava intimamente naquele começo de diálogo melindroso. – Conheço as reações de meu pai, e principalmente as de minha mãe, para quem resvalaria o conhecimento de toda essa história, com repercussões imprevisíveis e talvez que indesejáveis para nós dois! – E encarou-a de novo, significativamente. Agora, ela o fixava sem esconder que também se angustiava com os prenúncios das implicações do que ouvia. – Ela e a sua mãe, Gladys, costumam se entender bem...

– Sim, Stephan, mas por Deus! O que aconteceu? O que deu tão errado? E o que, afinal, foi tratado com seu pai a nosso respeito?

– Tratei sobre aqueles meus planos de antecipar à sua família o meu pedido de casamento, marcando, a partir disso, a data do noivado! Mas... para a minha surpresa, ele se mostrou francamente resistente à possibilidade, Rachel... alegando razões de ordem profissional a meu respeito! O que nem deveria me admirar! – concluiu o músico, com ar perdido e sem poder sustentar por muito tempo o olhar franco e desvelado com que, agora aflita, a jovem escutava aquele relato. – Meu pai sempre foi homem pragmático e objetivo! Como pude supor que, na conjuntura, não abordaria logo, e em primeiro lugar, este aspecto da questão? – gesticulou, com certo desamparo.

Fez-se um silêncio tenso, com Rachel detendo-se a divagar com os olhos úmidos e perdidos nas cercanias frescas e perfumadas do parque.

Enquanto isso, analisando-a, preocupados, os irmãos adivinhavam a sarabanda agoniada que principiava a atormentar, com razão, as emoções da filha caçula dos Ashley.

Diante da inércia momentânea do irmão, Patsy tomou a frente das explicações em seu auxílio.

– Pareceu-nos que papai se preocupa com o aspecto financeiro da situação atual de Stephan, Rachel, porque ele ainda não se consolidou em sociedade na sua carreira de músico e não possui autossuficiência financeira satisfatória para constituir família!

– Pela reação que ofereceu logo no começo de nosso entendimento, como é de seu estilo, aliás... – o rapaz se revestiu de força interior para continuar, cobrando brio. Afinal, sabia que aquela jovem, que amava com desvelada sinceridade desde a fase mais recuada da infância, achava-se, naquela situação, inteiramente entregue aos seus veredictos, menor de idade como ainda era. E que contava somente com ele mesmo, com o aconselhamento e poder de intervenção limitado de Noreen, e com a amizade e solidariedade de Patsy, que, em última instância, não seria de muita ajuda nos momentos decisivos – Percebi que o melhor seria não agravar sua contrariedade com o assunto, expondo logo o que está nos acontecendo! Preferi ganhar tempo, meu amor, para atinar com alguma saída melhor, que nos livre de conflitos familiares desnecessários que só fariam exasperá-la no estado especial em que está!

Estreitou-a contra si, diante do ar compadecido da irmã, olhando a outra, que estava com o rostinho delicado agora francamente desfigurado pelo choque emotivo convulsionando suas emoções.

– Oh, Stephan... – a voz enfraqueceu ligeiramente na garganta, e era visível o modo como empalidecera de chofre, abatida pela emoção ingrata e inesperada, quando contava, ingenuamente, com notícias positivas quanto àqueles anseios já de há tantos dias recalcados em seu íntimo. – Mas, como haverá de ser isso? Como "ganhar tempo"? – Ela se desprendeu um pouco dele, encarando-o, aflita. – Sabe que não dispomos de tanto tempo assim até que a situação se revele por si só! E reputo pouco, este tempo disponível, para que você, de fato, encontre solução que nos atenda em tantos detalhes de ordem prática! Sem dúvida, o ideal seria o aval de nossa família! E não duvido de que meu pai, pelo menos, não haverá de se opor, porque sempre o estimou! Não acha que seria o caso de encontrarmos coragem para apelarmos para seu auxílio?

Quanto mais ela falava daquele jeito, todavia, mais Stephan se deprimia!

Como expor à Rachel todo o cerne crítico da situação? Como explicar-lhe, à queima-roupa, um contexto de segredos familiares graves envolvendo aquele mesmo pai, a quem ela aludia agora com tantas esperanças e convicções das suas prováveis reações àquele impasse em seu favor?

O violinista, sentindo-se perdido, entreolhava-se novamente com Patsy, angustiado.

Como contaria à Rachel sobre ter sabido, também de inopino, que ela não era, como até então acreditava, somente filha adotiva dos Ashley – mas sim filha natural, de fato, de lord Paul Ashley, e fruto de um caso amoroso espúrio de seu passado? E que justo este detalhe melindroso haveria de arruinar-lhes justamente aquela possibilidade, aludida, ali, pela moça esperançosa, caso se arriscassem a expor a situação a seu pai, precipitando um entendimento entre os dois barões sobre aquele impasse?!

Destarte, mesmo Stephan e a irmã mais nova não supunham, ainda ali, que não estavam no controle de tudo, e que os desdobramentos daquela história não se achavam de todo de posse do seu conhecimento – e que justo estes desdobramentos críticos do passado, aliados às novidades desfavoráveis do presente, qual o envolvimento espúrio entre Gladys e lord Klyde, viriam a ser o maior impeditivo de qualquer possibilidade de que se saíssem bem-sucedidos daquela empreitada, em prol de uma causa tão idealista como o amor sincero entre os dois jovens – certamente reputado pelas famílias como coisa ingênua, diante da gravidade das implicações e repercussões de todos os fatores envolvidos!

Stephan beijou-lhe, amoroso, os cabelos, atraindo-a de volta para si.

– Temos de pensar, Rachel, com calma. Entendo o que quer dizer. Mas não creio que expor tão já a lord Ashley o que está acontecendo seja sensato! Porque ele e meu pai compartilham muitos pareceres comuns sobre os acontecimentos, percebendo as questões sob outra ótica!

– Precisamos refletir com calma para resolvermos o que de mais conveniente aos nossos propósitos pode ser decidido! – reforçou Patsy, em auxílio às conjecturas íntimas do irmão, que adivinhava, ao ouvir-lhe as ponderações, e apondo, carinhosa, a mão no ombro da amiga.

Ela lia com clareza na expressão consternada do rapaz que ele mesmo reconhecia, necessariamente e de antemão, insuficiente e ineficaz qualquer explicação oferecida à justa ânsia de Rachel naquele instante delicado. Porque, acompanhando-o naquela palestra difícil, Patsy observava que as peculiaridades mais graves do impasse iam sendo forçosamente colocadas de lado no decorrer das explicações cheias de cuidados e senões que ele ia desfiando, com extrema cautela, à jovem que tinha acolhida nos braços, enquanto ela o esquadrinhava doloridamente, a cada palavra que pronunciava.

Assim, além dos detalhes melindrosos relacionados à dura verdade a respeito da história desconhecida de sua real paternidade, Stephan não conseguiu se furtar, ao menos naquele primeiro momento, de omitir da moça o detalhe triste, e, de todos, o mais profundamente infeliz para o contexto do seu envolvimento amoroso: o de que, não bastasse aquela restrição de ordem prática, relacionada a pormenores financeiros de sua vida, ainda William lhe exigira atender aos caprichos de mrs. Gladys, no tocante a satisfazer seu desejo de consorciá-lo maritalmente, não com a filha adotiva, com quem ele se via genuinamente unido por laços legítimos de amor, mas à filha primogênita, Caroline, por alegadas razões de tradição familiar da época, e por quem o músico não conseguia alimentar nada além da mais solene indiferença afetiva, que beirava mesmo a aversão!

Aquele primeiro encontro planejado entre os jovens, portanto, que objetivava um começo de estratégia que lhes valesse no dilema difícil, tanto para Rachel quanto para o aflito Stephan, não alcançou nada de produtivo no sentido de aliviá-los de suas angústias, e ainda provocou um agravamento de preocupações em Rachel ao inteirar-se do detalhe obscuro da rejeição incompreensível e inesperada de lord Klyde à sua união com o jovem professor de música. E, neste último, por outro lado, o diálogo melindroso apenas propiciou o aumento inevitável dos conflitos íntimos que enfrentaria doravante, para tentar atinar, em tempo hábil, com alguma saída para ambos – uma saída nem tão dramática que lhes desencadeasse alguma espécie de tragédia familiar, quanto também que não fosse destituída de coragem suficiente a que enfrentasse tudo com o valor necessário a honrar a promessa que, desde o começo de seu envolvimento com Rachel, fizera, tanto a ela quanto a si mesmo, no sentido de garantir-lhe a felicidade a seu lado!

Inegável que o denodado Stephan era, de índole e de caráter, dotado dos melhores valores morais, e motivado sempre por intenções inegavelmente honestas. No entanto, o fator desfavorável da pouca idade, mesmo para o homem jovem da Inglaterra daqueles tempos, culturalmente condicionado a princípios de educação e de iniciativas precoces de autossuficiência como requisito de honra familiar, contribuiria, de maneira lastimável, para que se visse em sérios apuros diante do desafio de contrapor o coração à razão; e de impor, com sucesso, estes mesmos princípios valorosos aos elementos impeditivos que confrontaria, comuns aos filhos das famílias mais abastadas da época, para os quais colocar-se social e financeiramente representava também, de outro lado, adestrar-se desde cedo nos investimentos de interesse em jogos sociais de dinheiro e de poder, normalmente frios, calculistas e movidos pelos mais rudes preconceitos.

XIX
ANTE O IMPASSE

– Quem sabe o melhor não fosse, meu irmão, embora não seja tão honesto para com o que sente por Rachel, que, de caso pensado, você provocasse nela alguma decepção rude? Porque os dias estão se passando e noto que está cada vez mais deprimido diante do dilema que, temos de reconhecer, é de difícil solução!

O rapaz estacou e encarou a jovem irmã com confessa incredulidade no que ouvia.

– O que quer dizer com isso, Patsy? Enlouqueceu? Quer que eu mate Rachel de sofrimento?

A jovem meneou a cabeça com tristeza, enquanto o acompanhava, a passeio, até a saída da residência, quando ele se dirigia para mais um compromisso de aulas de música, justamente para Caroline.

– Sofrer, Stephan, ela haverá de sofrer, de qualquer modo! E não há como negar essa realidade! Seu estado haverá de evidenciar-se, mais dia menos dia, e tremo só de imaginar as repercussões que estão por vir! Achei que, talvez, se começasse a atender aos desígnios de nosso pai em relação a Lane... – E, interrompendo-se, frente à pronta repulsa evidenciada no semblante do rapaz pelo que ouvia, apressou-se em esclarecer, segurando-o, carinhosa, por um braço: – ...Apenas visando a um desencanto natural de Rachel para contigo, querido, porque talvez isso a preservasse de se mortificar demasiadamente com a versão pior da história, que haverá de ter de defrontar em breve: a de não poder consolidar a união com o homem que a ama, e a quem também ama desde a infância, apenas em razão de motivos de ordem familiar tão destituídos de consistência lógica para o que seria o justo ao seu consórcio matrimonial! Seria um sacrifício de ordem pessoal terrível para você, Stephan; mas, pelo menos, a se verem apartados cruelmente por uma interferência externa de ordem tão arbitrária, penso que mais suave seria ela desiludir-se a seu respeito por uma circunstância forjada, e desfazer-se do sentimento que nutre por você, a ter de sofrer, frustrar-se e alimentar esse amor sem satisfazê-lo pelo resto da vida!

Mas o irmão deteve o passo, estacando e fixando-a, revoltado; e a moça, em notando no rubor das faces dele o volume de sua indignação, calou-se.

Talvez tivesse pronunciado, de fato, alguma impropriedade crítica. Afinal, também se reconhecia desnorteada com a situação complicada que havia dias roubava de Stephan a jovialidade desanuviada de antes, bem como suas horas de sono.

– Enlouqueceste de fato! – atacou o irmão. Tinha o rosto belo então vincado pelo desgosto, e desconfigurado por uma confusão devastadora de emoções refletindo-se, claras, no seu olhar magnético e profundo. – E só lhe dou um desconto pelo que diz porque levo em conta a inexperiência da sua pouca idade, a sua intenção de ajudar, e sua solidariedade honesta, Patsy! Mas se esqueceu de que Rachel espera um filho meu? Como, por Deus, quer que eu desencadeie na vida dela uma tragédia dessa monta, nessa conjuntura? Eu amo Rachel, Patsy! E se ela se acha nesse estado, é principalmente por minha responsabilidade! – frisou.

Depois meneou a cabeça, num estado de quase desnorteamento, e saiu, deixando-a parada no amplo portão de entrada da moradia, pensativa, depois de lhe afirmar por último, em entonação quase transtornada, que causou na irmã mais nova funda impressão:

– Não sei ainda de que modo resolverei esse horrendo pesadelo! Mas hei de fazê-lo! E, por Deus, nem nosso pai, nem qualquer circunstância crítica possível haverá de arrancar de mim a minha noção de honra e o meu amor por Rachel, Patsy!

O que Stephan não percebeu nem previu, contudo, era que, depois do encontro importante havido entre ele, Rachel e a irmã no parque, a namorada e aluna de música imergiu, inevitavelmente, num estado deplorável de ansiedade e angústia.

Desencantada nas suas expectativas de que o rapaz lhe traria notícias favoráveis sobre a aquiescência dos Klyde para a antecipação do consórcio matrimonial deles, confidenciou-se, primeiro, com Noreen, no auge de uma agitação quase doentia. E, a partir dali, e sob a discordância tanto de Stephan quanto da opinião bem mais amadurecida de sua confidente e dama de companhia, passou, em segredo, e cada dia mais, a considerar com seriedade a possibilidade de valer-se do aconselhamento e apoio daquele único em quem, dentro do ambiente familiar, confiava incondicionalmente à guisa de esteio e, além de pai adotivo, como o melhor amigo de quem poderia se valer com eficácia na conjuntura complicada: Paul.

Uma conversa delicada se dava justamente naquela tarde, entre a ama e a jovem senhoria, agora dominada por forte comoção, com lágrimas incontidas nos olhos melancólicos, em sabendo da presença de Stephan na casa, naquele momento, ministrando aulas para Lane – outro fator agravante de sua insegurança!

Sem ter muito mais a comentar de útil ante a consumação de fatos que torceu, até o último momento, para que se tratassem de meras suspeitas infundadas, Noreen, compadecida, valeu-se de um intervalo nas suas atividades do dia, naquele instante de calmaria dentro da casa, para ouvir, amparar e apoiar a jovem em estado lamentável de abatimento.

De mãos dadas, conversaram sentadas no leito confortável do quarto da jovem.

– Ao menos, Rachel, tem o imenso consolo de saber da autenticidade dos sentimentos de Stephan, que não a desamparou neste momento difícil! Era, este, o meu maior temor! – a dama comentou.

Intimamente, porém, era consciente da intenção otimista propositai naquela anotação. Porque aquilo dizia respeito a um temor que, de um jeito intuitivo, e sem que soubesse explicar a si mesma o motivo, ainda existia nas suas considerações mais íntimas do assunto.

Não saberia dizer a razão – mas associava aquele receio, sem enganos, à contingência de se achar o músico vez por outra, como naquele mesmo minuto, na companhia periódica da insinuante Caroline, durante as aulas de música.

Noreen conhecia que todo aquele drama estava apenas começando. Mas não queria alarmar Rachel com considerações desastradas, que lhe viessem agravar o estado já fragilizado naquele começo de gravidez.

Rachel, no entanto, prosseguiu nos seus raciocínios desencontrados, dentre os quais se fixava especialmente num, que lhe comparecia, recorrente, como a melhor solução a se adotar.

– Só enxergo uma medida apropriada para me tranquilizar diante do que Stephan e Patsy me confiaram durante o nosso encontro, Noreen! Preciso me valer da intercessão de papai nesse dilema! Ele e lord William são amigos de longos anos; as famílias se respeitam e sempre nos estimaram, indistintamente! – Perdida e desorientada, a moça comentou com aflição: – Logo a situação haverá de se denunciar por si! – Acariciava de leve, temerosa, o ventre de compleição ainda íntegra por sob o vestido de seda gracioso. – Não posso entender o que dita a postura do pai de Stephan! É justa a proposta de nos casarmos! Lord Klyde conhece a história de nossa ligação afetiva desde a infância!

Também incerta quanto ao que dizer, Noreen disse:

– Mas... você comentou que Stephan também se coloca contra essa iniciativa! Vai contrariá-lo se fizer isso! Por que será que ele se posiciona assim?

– Porque acha que papai concordará com a opinião de lord William! – E continuou confusa: – O que acha, Noreen? Pode ser que eu esteja, de fato, me precipitando no meu julgamento! Pode ser que esteja avaliando de forma errada a perspectiva em relação às atitudes prováveis de meu pai! – fixou-a, súplice. – O que faço?

Examinando-a, a dama percebeu a seriedade daquele momento, e, principalmente, o peso da responsabilidade que lhe cabia naquele minuto, ao ser chamada pela jovem senhoria a aconselhamento para um impasse tão delicado!

Destarte, e embora mais velha e mais amadurecida, não sabia, ali, de imediato, como se colocar em relação a um problema que, no fim das contas, se relacionava a um drama que era, essencialmente, de ordem familiar. Forçoso confessar para si mesma que se sentia deslocada. Não conseguia se livrar da sensação de que seus pareceres de mera dama de companhia eram impróprios para ser externados, por mais que estimasse Rachel a conta de irmã querida, ansiando para, de algum modo, auxiliá-la de maneira eficiente naquele período crítico de sofrimento. Sabia que mesmo sua mãe, servidora antiga da casa, compartilharia de sua opinião diante do caso difícil, assim que se inteirasse dos acontecimentos.

– Oh, miss Rachel... – começou cautelosa. – Difícil dizer! É arriscado aconselhá-la a agir ouvindo o coração, nesta conjuntura, pois não podemos nos assegurar quanto às reações das demais pessoas que, fatalmente, serão envolvidas neste problema! – E, vacilando, pensativa, continuou: – Quem sabe se esperar mais, a passagem dos dias não lhe revele, por intervenção de Cristo, a melhor saída e a atitude mais correta a ser adotada? Tente não se precipitar! E, por enquanto, apenas observe, porque às vezes o tempo nos auxilia com espontaneidade a resolver desafios que, a princípio, nos comparecem como casos perdidos ou de difícil solução!

Entreolharam-se, dividindo, solidárias, as mesmas e aguçadas preocupações.

Não imaginavam que, na saleta do andar térreo da moradia, Stephan aparentava refletir, como um eco, o estado de espírito conturbado de que ambas davam mostras.

Excepcionalmente dispersivo, aéreo, distanciado do contexto do seu horário de aulas de música para Caroline, sem que conseguisse evitar, e sob os olhares intrigados da sempre impaciente primogênita dos Ashley, de repente, para surpresa da moça, ele interrompeu de abrupto uma sequência de acordes novos que explicava, dedilhando o cravo, para passar, estranhamente suarento, as mãos pelo rosto um tanto empalidecido.

Acima de tudo, era um professor responsável e cônscio de seus compromissos, e amava sua atividade profissional. Doía-lhe, insuportavelmente, ver-se refém daquelas contingências de sua vida particular, que vinham roubando-lhe o tino até mesmo naquela área de sua vida, até então conduzida de forma satisfatória, íntegra e isenta de contratempos!

No entanto, Lane era hábil para se utilizar de todas as situações em seu proveito, mesmo que colhida sem sobreaviso, como acontecia ali.

Tocou no braço do rapaz, espelhando uma admiração inocente. E, interessada, indagou:

– Oh! Sente-se bem, professor Klyde? Noto seu rosto um tanto desfigurado, descomposto!

A atitude claramente premeditada à argúcia sensível do músico, contudo, provocou-lhe, antes da simpatia pretendida pela jovem ardilosa, forte repulsa, convulsionado que estava o seu íntimo pelas preocupações agudas do momento que atravessava.

Ele gesticulou, desvencilhando-se, altivo; e se levantou um pouco, sem olhar para ela, caminhando um pouco pela sala.

– Nem sempre nos achamos no melhor de nossa disposição, miss Lane! Perdoe-me! Na verdade, e se me permite comentar, aqui compareci, hoje, apenas honrando meu compromisso com suas aulas de música, pois desde cedo, realmente, sinto-me indisposto! – E acrescentou: – A música é matéria que exige integridade completa, de corpo e alma; do contrário, não há como realizá-la a contento!

Lane também se colocou de pé, agora sinceramente sem ação, constrangida.

– Bem... longe de mim querer que se sacrifique por minha causa... Se de fato é assim, penso que já basta; e dispenso-o, certa de que papai também compreenderá! Afinal, nosso horário praticamente se avizinha do término!

Para sua surpresa, contudo, dado que não pensou que o sempre denodado Stephan acataria de primeira a sugestão, ele, de imediato, o fez.

– Sendo assim, miss Lane, e apresentando a minha mais franca escusa, valho-me do seu oferecimento com as minhas despedidas! Comprometo-me, no entanto, a repor a falta do seu horário no nosso próximo compromisso. Com sua licença! – disse, com um gesto visivelmente ansioso.

Inclinou-se de leve diante da moça. E ela, agora francamente intrigada, somente o mediu, consentindo, a princípio em silêncio.

– Estimo melhoras, professor Klyde! – acrescentou antes que o rapaz, sem esconder seu grande alívio, pudesse atravessar a porta de saída da saleta, desaparecendo pelo corredor a passos rápidos.

Antes que deixasse a casa, contudo, foi arrastado pela necessidade imperiosa de providenciar o encontro habitual com Rachel, como era de hábito ao término das aulas de Caroline, embora sua vontade maior, naquele instante, no qual de fato se sentia indisposto de corpo e de espírito, fosse a de correr para casa para isolar-se em necessário silêncio que lhe devolvesse, ao menos, algo do prumo.

Furtivo, e percorrendo em torno o olhar arguto, ele subiu correndo, a passadas largas e cautelosas, os degraus, aproveitando-se do aspecto deserto daquele setor da residência naquele horário do dia. Apressou-se ao longo do corredor e, ansioso, após rápida hesitação, bateu de leve à porta do quarto de Rachel, onde pôde entreouvir que ela ainda se demorava na palestra confidencial com Noreen.

– Rachel! – cochichou, consultando os arredores, arisco e quase impaciente. – Está aí, meu amor?! Abra, por favor! Preciso ter com você antes de ir embora!

Dentro do cômodo, a princípio houve silêncio; mas Rachel, surpreendida, empalideceu drasticamente.

Estranhando de pronto que a aula com a irmã houvesse findado mais cedo do que o esperado, contudo, sem pensar, ela saltou do leito e correu até a porta, descerrando-a, num ímpeto ansioso.

Ela e o músico se entreolharam, as expressões fisionômicas dominadas pela ardorosa paixão habitual. E, ato contínuo, sem pensar, lançaram-se nos braços um do outro, beijando-se com fervor, enquanto Noreen, agora atarantada com a novidade imprevista, antecipava a providência urgente de sair, empurrando-os para dentro, cerrando a porta e colocando-se vigilante nas cercanias para avisá-los no caso de qualquer eventualidade.

De tão nervosa, Rachel mal notou os movimentos da dama.

Ofegante, esquadrinhava, dominada por aguda preocupação, o semblante agora lívido de Stephan, afagando-o desassossegada.

– Meu amor! O que você tem? Está pálido e febril!

O músico meneou a cabeça e a beijou de novo, repetidamente, sentindo-se aturdido, e, num primeiro momento, sem querer falar.

– Oh, Rachel! – disse, por fim, com a respiração presa. – Não me sinto bem hoje. Tive de interromper a aula com sua irmã mais cedo por conta da indisposição! Mas tinha de vir vê-la! – E, espalmando-lhe, carinhoso, as mãos no rosto delicado e tomado por evidente aflição, quis saber: – Como você está, meu amor?! – Beijou-a de novo. – Sente-se bem? Fiquei preocupado depois do nosso passeio com Patsy! Notei seu grande descontentamento com as novidades que lhe transmitimos; mas devemos, por ora, ter paciência, Rachel! Tudo haverá de se arranjar!

Num primeiro momento, a jovem apenas concordou. Puxou--o pelas mãos. Sentaram-se no leito próximo, e, querendo aproveitar a oportunidade de dividir com ele seus dilemas íntimos, ela declarou, pregando-lhe novo sobressalto, que o empalideceu ainda mais:

– Stephan! Não posso prolongar mais esse impasse. É preciso que me entenda! Tem de me apoiar, meu amor! Vou contar o nosso problema para papai! E ele, certamente, haverá de nos ajudar!

– Por Deus, Rachel!! Não!! – O rapaz exclamou de pronto, assertivo, sem pensar. Segurou-a de abrupto pelos braços, com firmeza, e, com esse gesto impulsivo, acabou por assustar a jovem Ashley, que de imediato o esquadrinhou, também empalidecida.

– Stephan! O que é isso? – ela o fixou, perplexa. – Por que reagiu assim, com todo esse transtorno? Sabe que papai sempre o estimou e foi o que mais compreendeu e incentivou nossa ligação!

– Meu amor! – exclamou o músico, alarmado e fixando-a com tamanha persuasão, que terminou por emudecer, irresistivelmente, o seu princípio de desabafo. Ela, entre atarantada e confusa, calou-se, apenas sustentando o olhar abrasivo com que ele a continha. – Vai me prometer, Rachel, que não fará isso! Já havíamos discutido a respeito antes, e expus as razões pelas quais não devemos, pelo menos por enquanto, apelar para esse expediente! – E firmou-a ainda mais pelos braços, entre carinhoso e enfático, o olhar brilhoso e aquilino mergulhado, quase súplice, nas pupilas amendoadas dos olhos infantis assustadiços e agora úmidos de Rachel, intimando-a: – Você deve confiar em mim, Rachel! E devemos decidir, apenas em comum acordo, todos os passos e as providências a serem adotados na duração desse dilema!

A moça sentia-se quase tontear. Levou-lhe, em desamparo, as mãos delicadas aos ombros, em busca de apoio e reconforto. E comentou, com perturbação visível a refletir-se na expressão fisionômica também desfeita:

– Eu... – Ela percorreu o olhar perdido nos arredores do quarto silencioso onde confidenciavam e continuou: – Oh, Stephan! Eu... não sei mais o que pensar! – confessou, por fim, e um soluço subiu-lhe, irresistível, aos lábios, arqueando-lhe os ombros frágeis, trêmulos e frios; o que fez o rapaz, condoído, atraí-la de pronto a si.

Ele a estreitou e afagou-lhe, ansioso, os longos cabelos espalhados adoravelmente pelas espáduas sedosas à mostra por sob o vestido delicado de rendas rosadas.

– Logo a situação sairá do nosso controle. Dispomos de muito pouco tempo para atinar com alguma saída para nós, meu amor! – ela concluiu o confuso conflito íntimo, com o prognóstico agoniado.

– Hei de pensar em alguma coisa, Rachel! Por favor! Confie em mim! – repetiu o músico, persuasivo, no auge da inquietação interior cuja intensidade, todavia, não queria deixar transparecer à percepção sensível da moça. Impunha-se, assim, até onde conseguia, transmitir-lhe segurança e amparo que lhe aliviassem os justos temores que, bem o sabia, vinham roubando, também da jovem, o seu sossego e as suas horas de sono, embora ele mesmo admitisse estar desnorteado. – Não se precipite, expor impulsivamente a situação a qualquer outra pessoa, sem medirmos friamente as possíveis consequências, em vez de ajudar-nos pode agravar nossos problemas de forma talvez imprevista!

Rachel olhou-o, momentaneamente sentindo-se desfalecida. Stephan novamente a atraiu, envolvendo-a. E beijaram-se, intensa e apaixonadamente.

Mas ela, de algum modo, antevia de si mesma que, quando outra vez sozinha, acabaria não conseguindo resistir à pressão da ansiedade dolorida, se o jovem Klyde não encontrasse, em breve, uma solução que lhes revelasse uma redenção ao dilema mútuo, e, ao mesmo tempo, lhes assegurasse a tão ansiada felicidade, libertando-a, em definitivo, daquele intenso e extemporâneo drama íntimo.

XX
A REVELAÇÃO

Decorreram alguns dias sem modificações dignas de nota na vida de nossos personagens, para crescente desassossego do jovem par de namorados, e, sobretudo, de Rachel, que, na ausência indefinida do cumprimento das promessas que Stephan lhe fizera, sentia-se a cada dia mais encurralada contra o impulso de ceder ao desespero íntimo que a empurrava a apelar para o socorro, a seu ver providencial, do pai, no auge do impasse em que se debatiam.

Na residência dos Ashley, durante um princípio de manhã, mais uma vez a família se reuniu à mesa para o desjejum diário; e Paul, à parte de prosseguir se ressentindo, embora ainda em silêncio, das modificações inexplicáveis de conduta da esposa, sutis, mas inegáveis, agora também principiava a se dar conta de alguma nota em falso nos aspectos da rotina da filha caçula e dileta.

Noreen e mrs. Madge, a postos nas proximidades como de hábito, depois de servir à mesa, para o caso de qualquer necessidade a mais do senhorio, mantiveram-se silenciosas. Nada embora, principalmente na governanta mais moça, se notasse, diluída, alguma nota disfarçada de preocupação minando-lhe os pensamentos.

Paul, como se estivesse vendo alguma anormalidade no ar, percorreu com o olhar velado a mesa e os filhos à espera da prece matinal que precedia o desjejum. Depois, causou involuntário susto na dama de companhia da filha mais nova, cobrando:

– Miss Noreen! O que é feito de Rachel?! Não desceu para o desjejum? Não começaremos sem ela! – E alongou o olhar para mrs. Madge. Ela denotou, de alguma forma, também estar constrangida, e apenas trocou com a outra um olhar significativo. – De Gladys, não pergunto mais, já que de tempos a esta parte tomou-se desta reclusão enigmática para com as reuniões familiares mais corriqueiras! Mas Rachel também está repetindo esse comportamento e, dela, quero saber as razões! – Olhou a dama diretamente, parando e voltando-se. E cobrou, quase taxativo: – Por que não desceu ainda?

Visivelmente nervosa, Noreen tentou explicar em poucas palavras, para não comprometer-se no esclarecimento:

– Oh, lord Ashley... Rachel, ultimamente, anda debilitada de ânimo. Talvez uma leve gripe ou indisposição!

Nem terminou de falar e Paul, decidido, levantou-se, sem que as duas mulheres, agora consternadas, e trocando olhares aflitivos entre si, pudessem improvisar qualquer pretexto para conter o senhorio, já que Rachel, de fato, via-se dominada pelos picos de indisposição do começo da gravidez, tendo-lhes recomendado transmitir à família um pretexto qualquer, para que não a incomodassem.

Angustiava-as, sobretudo, que os males físicos se fizessem acompanhados e agravados pela aguda ansiedade do espírito, e não estavam certas de que, uma vez pressionada, ao ser flagrada nesse estado pelo pai, conseguiria se esquivar com eficiência das perguntas irrespondíveis que na certa viriam.

Também provocou imediato zelo em Noreen a pronta e aguçada curiosidade estampada no semblante arguto de Lane. Bem o notava, já há bastante tempo a moça andava atenta às nuances inusitadas que, perceptiva, reparava no comportamento, tanto de Rachel, quanto do professor de música.

Assim, lord Ashley se encaminhou a passos largos para a escada, anunciando aos dois filhos, acomodados à mesa a encará-los, com expressões um tanto perdidas:

– Isso está se repetindo sempre e exige esclarecimentos! Comecem sem mim! Há problemas óbvios merecendo minha atenção, e, particularmente, meu ambiente familiar não me inspira, hoje, à prece habitual!

Alarmada, Noreen se denunciou estática, sem atinar de imediato com a atitude apropriada; mas a mãe, naturalmente voluntariosa, tratou de colocar arremate à situação, no interesse de conter na refeição a sempre irrequieta Lane, talvez predisposta a ceder à sua habitual ousadia e sair no encalço do pai para saciar a curiosidade indiscreta do costume.

– Vamos, meninos... Sirvo-lhes o desjejum! Atendam a seu pai! É evidente que não principia o dia de bom humor, e não convém que o desrespeitem com novidades desagradáveis!

Lane não refutou, enquanto Noreen cuidava da refeição do pequeno. Mas não pôde se furtar aos comentários maliciosos que lhe eram recorrentes.

– Sabe o que está amofinando Rachel ultimamente, não sabe, Noreen? Na certa, ciúmes doentios das minhas aulas com o professor Stephan! Vai ver brigaram e agora ela, enfurnada na alcova, não se aguenta de remorso por ter atormentado o pobre namorado com seus faniquitos!

– Miss Lane... – Mrs. Madge, contudo, intercedeu com madureza, no lugar da sempre circunspecta filha. – Se me permite a ousadia de um comentário, deve cuidar do que diz! Não é justa com sua irmã mais nova quando expressa tais pareceres destituídos de base!

– Ora... sirva-me, Madge, não nasci ontem! – Foi a tirada imediata com que a jovem voluntariosa respondeu, sem pestanejar. – E não presuma tanto a respeito do professor Klyde! – completou com um risinho enigmático.

Essa anotação final acendeu, sobretudo em Noreen, uma luz de alerta, indefinida e angustiante.

Mais ainda se preocupariam mãe e filha ali presentes a servi-los, se pudessem atinar com a extensão já avantajada das suspeitas com que a primogênita examinava, pacientemente, o curso dos acontecimentos, no que se relacionava ao drama oculto da irmã.

° ° °

Agora mais zeloso do que propriamente contrariado, dada a preocupação acentuada com a jovem filha, Paul bateu de leve na porta do quarto, após atentar durante alguns segundos no silêncio sepulcral vindo do lado de dentro.

Temeu acordá-la. Todavia, a resposta imediata se fez ouvir, em tom de voz baixo, mas audível.

– Quem é? Noreen?

– Rachel... – respondeu Ashley, gentilmente. – Sou eu. Posso entrar?

Breve pausa se fez, até que a própria Rachel alcançasse a porta e se ouvisse o ruído leve da tranca se abrindo.

A porta foi aberta lentamente, com certa relutância. E quando enfim a avistou, Paul não pôde ocultar na expressão fisionômica a pronta surpresa de que se viu dominado!

Em trajes leves matinais, por sob um robe delicado, Rachel lembrava um anjo alvo, excessivamente empalidecido, os longos cabelos acobreados espalhados pelos ombros, em desalinho e os belos olhos infantis rodeados por halos escuros que lhe conferiam ao semblante iniludível aspecto de abatimento e fragilidade.

– Entre, papai! – E ela antecipou as explicações e o pedido de desculpas, embora em tom de voz dúbio, estranho, que ao experiente Paul revelou, na mesma hora, existir, para o seu pesar, um mal qualquer de ordem íntima agravando a possível indisposição física flagrante de que ela dava mostras. – Não desci para o desjejum por me achar indisposta... Desculpe. Sei que deveria tê-lo explicado antes, mas julguei que, enviando recado por Noreen e mrs. Madge, talvez não ficasse aborrecido!

Paul entrou, entre respeitoso e afável. Mediram-se durante um minuto, e ele, enfim, compadecido, atraiu com carinho a filha para si.

– Não estou aborrecido! Antes, preocupado com você. Por esse motivo subi! Está abatida nos últimos tempos, Rachel, e isso me causa inquietação! Precisamos chamar o dr. Phillip, sem mais demora, para que ele verifique o que está lhe acontecendo! – E, distanciando-a um pouco, completou, com um sorriso, tentando ser otimista e imprimir leveza ao assunto, apesar do desassossego quase intuitivo que lhe agitava os pensamentos: – Pode ser apenas um caso que exija o uso temporário de um tônico! Na sua idade, são comuns essas instabilidades, querida!

Rachel encarava-o, sem saber o que dizer e fazer num primeiro momento. Depois, seus olhos banharam-se de lágrimas incontidas, fazendo o pai medi-la com maior grau de preocupação. Mas, ainda ali, ela não disse nada. E Paul, agora francamente dominado pela angústia, tomou-a pelas mãos e atraiu-a até o leito. Postou-se ao seu lado, segurando-lhe, carinhoso, a mãozinha delicada, fria e quase transparente entre as suas.

Examinou-lhe os modos inquietos mais um pouco, afagando-lhe o rosto. E começou a falar, com o sincero carinho que sempre reservava àquela filha que, de forma oculta, era a preferida dos seus sentimentos de pai.

– Rachel... Sinto que, mais que indisposta de corpo, está indisposta de alma! Não consigo sequer imaginar a razão! Será que não necessita abrir-se sobre algo que a angustia? – E como a moça apenas chorava, fitando-o, com os olhos dizendo-lhe claramente o que os lábios ainda não se encorajavam para confessar, ele insistiu: – Filha querida, sabe que sou um homem excessivamente ocupado! Mas nem por isso me descuido dos meus, menos ainda de você! Sabe que possuímos uma afinidade natural, e isso, às vezes, segreda-me, sem que me fale, e embora em muitas vezes eu não comente, nuances de sua vida e do seu cotidiano que reserva apenas à sua privacidade! Foi assim, por exemplo, no início do seu envolvimento amoroso com o professor Klyde, Rachel!

Encaravam-se, e agora Rachel, quase alarmada, temeu adivinhar no discurso carinhoso do pai um modo cordato de talvez querer lhe revelar que já sabia o que se escondia por detrás daquele renitente abatimento orgânico, e, em decorrência, a raiz de todo o drama que vivia!

No entanto, não se tratava bem disso. Paul, de fato, antecipava com exatidão algo de fundo emocional minando na jovem, já havia dias, as boas cores do rosto e a plenitude do bem-estar físico. Mas não imaginava a extensão real do problema, e, por enquanto, supunha naquilo somente algum mal derivado, provavelmente, de alguma diatribe da dissimulada Lane, por exemplo, atormentando, às ocultas, os dias da irmã. Porque Rachel não costumava falar mal da irmã mais velha para ele, menos ainda para Gladys, reclamando das já incontáveis maquinações e implicâncias de que já fora vítima no decorrer dos anos.

Paul, contudo, as adivinhava, e punia a todas! E era justo isso o que enlouquecia a caprichosa Caroline de irritação e despeito. Não compreendia, na imaturidade egoísta de filha mais velha, o que poderia existir naquela jovem, sobretudo na posição de filha postiça, que dominava e cativava o pai daquele jeito quase hipnótico! E esse pormenor só lhe ficara claro ao, enfim, Gladys confidenciar-lhe, tempos antes, o enredo surpreendente do passado de Paul, que descobrira por acaso, no já distanciado baile de máscaras a que compareceram.

Desde então, tanto quanto a aversão pelo passado e pelas atitudes traiçoeiras do pai para com Gladys, o ódio de Lane se duplicou para com a irmã que, agora, conhecia ser consanguínea – embora, naqueles tempos, e nesse contexto, depreciativamente fosse definida como bastarda, cuja paternidade era razão de desonra e escândalo, principalmente para as famílias mais relevantes da sociedade europeia.

Mas não se tratava mesmo, ali, de um caso assim, de ataque premeditado e à sorrelfa daquela irmã despeitada e, de resto, dominada por ciúmes então exacerbados do elo amoroso entre Rachel e Stephan, por quem, por puro coquetismo, de tempos àquela parte passou a nutrir uma obsessão quase doentia!

O caso era outro, e mais grave. E a jovem Ashley, por fim, acabou fraquejando, nos extremos de fragilidade emocional agravados pelo distanciamento momentânco de Stephan, que era sua recorrente usina de encorajamento e força íntima, e pelas incertezas enlouquecedoras que nutria sobre os desdobramentos da sua situação delicada, já que o rapaz adiava, reticente, um desfecho satisfatório para as origens de suas maiores angústias.

Para arremate da sua rendição, o carinho espontâneo com que Paul lhe falou, repleto do sentimento amoroso paterno do qual sempre lhe patenteava sobejas mostras, terminou cegando-a para outras considerações, que não a convicção de que somente alguém como ele – o pai que a amava com grande abnegação e em condições de decidir e intervir com acerto a seu favor! – iria beneficiá-la com o desafogo desesperado do qual se ressentia.

Desconhecendo o passado de Paul, não havia como lhe ocorrer acerca das razões fortuitas que, a par da disposição sempre estoica do barão para demover céus e terra a seu favor, o compeliriam, talvez, a adotar atitudes contrárias ao seu modo de pensar, sentir e agir naquele sentido, e no caso crítico em questão. E era exatamente aquele impasse a mais, e provavelmente fatídico para ambos, que Stephan tentara ao máximo evitar, ao ter lhe implorado anteriormente para que não chegasse àquele ponto, desvendando prematuramente a situação dramática que viviam, e, sem que pudesse evitar a partir disso, envolvendo pessoas cuja intervenção no caso representaria a mais absoluta derrocada nos seus propósitos de união a qualquer custo!

Paul não precisou, portanto, sondá-la muito além do que fizera até ali!

Ao arrematar aquela abordagem inicial, fitando-a com o olhar e a fisionomia carinhosa do hábito, sempre desvelada, à espera de uma resposta, após breve pausa tensa em que ambos se entreolharam, a moça rebentou em soluços! E lançou-se nos braços do agora alarmado barão, que de pronto a acolheu estreitamente, compadecido.

– Pai!! Por Cristo, pai!! Não aguento mais! Preciso que me ajude! E que, por favor, nos compreenda e não nos condene! – exclamou mergulhada em choro convulso e em franco desespero.

Houve uma pausa. Ashley sentiu-se perplexo e teve dificuldade de compreender. Tentou atinar com as possíveis causas daquela súplica encharcada de sofrimento, que lhe era dirigida pela filha ainda tão jovem! Mas intuiu algo ainda mais grave, e, na ausência de entendimento sobre o que poderia estar motivando aquilo, não soube o que dizer num primeiro momento, e apenas indagou, aflito:

– Rachel! Cristo! À que se refere, minha filha?! Condenar quem? E a pretexto de quê? – questionou-a. Afagava-lhe o rosto febril e ansioso. Mas Rachel apenas conseguiu soluçar, de início, e ele esperou até ela se recobrar do desafogo desesperado de que se via possuída.

Os olhos do barão umedeceram, malgrado sua fibra habitualmente fria de homem de negócios. O que poderia estar atormentando a moça àquele ponto? "Evidentemente", considerou, aflitivo, "tratava-se de drama prolongado, que atingira, ali, o seu limite de suportação no mundo interior da jovem".

– Rachel! – ele insistiu, abrandando ainda mais a voz, dominado pelo desgosto. – Seu rosto rescalda em minhas mãos! Conte-me! Confie em mim, porque não hei de condená-la por qualquer coisa que seja! Logo você?! – E agora ele sorria-lhe, incrédulo, tentando apaziguar-lhe ao menos um pouco o caldeirão esfervilhante que lhe rescaldava as emoções caóticas. – A melhor das filhas possíveis?! O que poderia ter feito para merecer minha condenação, Rachel? Sabe do meu amor por você, e também de que sei do seu estado de carência; da sua necessidade de compreensão, e de alguém que a ouça nos seus dilemas, na ausência da mãe consanguínea que lhe valeria com perfeição como confidente! Coloquei-me, voluntariamente, nessa posição desde a sua infância, e quero honrá-la, Rachel! – reafirmou, convicto. – Abra-se comigo, portanto, com destemor! E haverá de contar com o melhor dos seus amigos! Verá que, talvez, esteja dando a algum pequeno impasse uma dimensão desmesurada!

Rachel agora apenas o escutava, aninhada em seus braços. Sentia-se perdida, absolutamente desorientada, porque, ao passo em que confiava incondicionalmente no que o pai lhe afiançava, lembrava-se, também, do pedido reiterado de Stephan para que não apelasse para o que estava em via de fazer, antes que ambos, quanto àquilo, se vissem de acordo. Amava-o! E não queria enraivecê-lo, decepcioná-lo, desatendendo-o! "Mas, talvez, também naquele impasse, Paul viesse a auxiliá-los!", considerou, "quando, enfim, intercedesse por eles e fizesse ver ao assustadiço violinista que não havia razão para temer a sua intervenção!"

Aquele pensamento dominou-lhe, por fim, todas as certezas. E, sob a expectativa agora silenciosa e cheia de zelo do pai, a afagar-

-lhe os cabelos como os de uma criança desorientada, recolhida em seu colo, ela, afinal, sussurrou, quase sem coragem para encará-lo, a voz quebradiça, trêmula e intermitente:

– Pai... Eu e Stephan queremos nos casar... – e como Paul, talvez aliviado, ao supor que o problema maior se resumisse naquilo, ensaiasse leve sorriso no rosto, ela, então, soltou todo o resto de vez, de supetão, fazendo-o empalidecer ligeiramente. – Porque... porque nós nos amamos, pai... mas... também porque estou grávida! Espero um filho de Stephan!

Não pôde arrematar a confissão. E, num primeiro momento, e agora ante o quase estarrecimento de Ashley, a jovem, empalidecida, lívida, mergulhou durante largos instantes noutra crise nervosa, soluçando convulsivamente...

XXI

ENTENDIMENTOS DIFÍCEIS

Qual seria a razão para a atitude ininteligível de lord William Klyde? Eis o que, para Paul Ashley, permanecia como o maior impasse, rodeado de obscuridade ao seu entendimento num primeiro momento, durante a hora difícil em que ouviu a filha caçula mergulhada em desatino, recorrendo à toda sua capacidade íntima para lidar com o caso com tirocínio e sensatez.

Preliminarmente, compreendeu, sem muito esforço, e de forma intuitiva, que o caso requereria ser mantido em situação de sigilo familiar, pelo menos ao que se referia aos demais habitantes da casa, dadas as implicações delicadas da situação.

Mas, de pronto, avultou às suas considerações, dominadas por aguçada angústia, a necessidade de se entender, sem mais demora, com o outro barão, a fim de sanar as dúvidas caóticas que lhe perturbavam o raciocínio, sem pronto entendimento.

Malgrado essa certeza, alguma coisa lhe segredava ao íntimo que havia mais coisas naquela conjuntura, obscuras e passíveis de transformar os dias futuros num rosário de desafios conflituosos e de difícil solução!

Todavia, o que se pedia para o primeiro momento era acabar de ouvir Rachel, aconselhá-la e acalmá-la. E, também, atender-lhe o mais rápido possível ao pedido doloroso de se dirigir a Stephan, convocando-o a entendimento íntimo ao qual só compareceriam eles três, para apaziguar as aflições mais desesperadas da filha.

Admirava, de longa data, o filho de lord Klyde, e, até então, prezava, apesar de tudo, a expectativa de recebê-lo na família como genro.

Assim, durante longo intervalo, ele consolou Rachel, acalmando-lhe o angustiado acesso emocional. Acarinhou-a e enxugou-lhe as lágrimas, com beijos e afagos, em princípio silencioso, porque, em verdade, sentia-se verdadeiramente perplexo diante da situação inesperada com que não contava deparar, ao buscar a filha em seu cômodo esperando apenas, talvez, a necessidade de se providenciar um médico para tratamento dos males do corpo mais comuns naquela faixa etária.

Jamais imaginaria ser cobrado de improviso para decisões e orientações à Rachel quanto a um impasse tão delicado! Todavia, só de perceber que o pai não a recriminava, nem a repelia, nem a censurava, como temeu a princípio, a jovem sentiu-se mais reconfortada, para nutrir esperanças de que ele, de algum modo, interviria no caso com acerto, favorecendo a única saída que entendia como correta para o seu drama: a sua união definitiva com Stephan, o jovem músico a quem amava de todo o coração e acima de si mesma!

Dessa forma, depois de alguns minutos, Paul se lhe dirigiu pedindo maiores pormenores. Soube dos detalhes do encontro entre a moça, Stephan e Patsy dias antes e das alegações a respeito dos pareceres de lord William. E também dos receios do professor de música para com a atitude que ela adotava naquele momento, ante a chance do envolvimento de mais pessoas geradoras de problemas; também se inteirou das promessas íntegras do rapaz, no que se relacionava a achar para a situação a saída mais rápida e apropriada.

Ouvindo Rachel, contudo, o experiente Paul sabia que, embora as pretensões honestas do músico, aquela perspectiva não se fazia tão fácil, na medida em que ainda não se firmara profissionalmente na carreira melindrosa que escolhera, em área artística, que dependia quase que integralmente de favores de pessoas bem posicionadas e articuladas em sociedade para reconhecer-lhe, devidamente, o talento; para projetá-lo e auxiliá-lo a colocar-se em situação estável, nalgum possível posto de compositor oficial dos patamares nobres londrinos e associados, preferencialmente às hierarquias da Corte.

Paul conhecia de antemão que aquele contexto demandava troca intensa de interesses e favores, e que, nada embora o astuto William se conduzisse com desenvoltura em vários setores da sociedade, na medida em que a conjuntura se prendia à boa vontade de terceiros, nada poderia se contar como assegurado. E, principalmente, demandava tempo! Coisa de que, definitivamente, a filha não dispunha para resolver a contento o impasse de que se via refém!

E era exatamente por saber também que William Klyde dominava todas essas particularidades que não compreendia, aturdido, a que se devia sua postura inexplicável diante do caso!

Remoía repetidamente essas considerações, quando ouviu a voz chorosa da filha, ainda recolhida em seus braços, o rostinho desfigurado e lavado pelo pranto anterior.

– Pai! – ela voltou a suplicar. – Por favor, não repreenda ou moleste Stephan por conta dessas coisas, ou ele haverá de me deplorar! Tudo aconteceu porque nos amamos com sinceridade! Mas ele teme grandemente o seu envolvimento nessa situação, e está tentando achar alguma saída!

O pai a fitou, entre consciencioso e terno, beijando-lhe a fronte.

– Rachel, apesar de tudo, gosto da perspectiva de receber Stephan, a quem conheço e estimo desde menino, em nossa família! Não vou repreendê-lo com severidade, como teme; mas haverei, naturalmente, de encontrá-lo para um entendimento maduro entre homens! Disso, deverá advir alguma solução para o impasse que vivem; todavia, quero que, de agora em diante, confie inteiramente na minha providência e não se torture tanto assim, já que conta com o meu apoio e auxílio! Ainda porque seu estado requer tranquilidade, Rachel! Promete?

E como a jovem assentisse, sem restrições, ele começou a elaborar um plano de ação incluindo, sobretudo, para início, e em comum acordo com a filha, a manutenção dos demais componentes da família na ignorância do problema, durante o tempo que fosse necessário.

Depois, prometeu-lhe procurar Stephan para entendimento, já na próxima ocasião das aulas de música semanais que ele ministrava. Combinaria um encontro a três para discutirem com cuidado a questão, com a devida brevidade, e em lugar e situação apropriados.

Não contaria que, ao adotar a providência, já dali a dois dias, depararia com argumentos inesperados da parte do rapaz, para os quais se via absolutamente despreparado para lidar com a devida presença de espírito.

Sem enganos, seria a partir desse entendimento com o violinista que passaria a ter uma noção mais acertada, tanto quanto alarmante, da devida dimensão do drama envolvendo, como pano de fundo, a situação dos dois jovens.

◦ ◦ ◦

– Professor Klyde! Quando terminar a aula, gostaria de ter contigo em meu escritório... – comunicou Paul ao jovem, assim que ele entrou na residência para as aulas semanais de música oferecidas ao pequeno Marshall. E, na intenção de desviar do rapaz qualquer estranheza quanto ao aviso enigmático, explicou, com entonação entre cordial e intimista, acercando-se dele no salão de entrada, vazio de circunstantes àquelas horas: – o aniversário de Rachel se aproxima; gostaria de combinar algumas surpresas para a ocasião, tendo em vista o envolvimento entre vocês!

Paul notou que, ouvindo-o, o semblante antes algo tenso de Stephan se desanuviou visivelmente. E ele se aproximou, com um sorriso amistoso, assentindo, ao passo que lhe devolvia o aperto de mão dado à guisa de cumprimento.

Malgrado isso, era visível para Ashley, agora que possuía o conhecimento pleno do drama vivido pelo professor de música com a filha caçula, o pano de fundo um tanto melancólico a se refletir no brilho do olhar dele, então consideravelmente apagado, quando antes sempre fora dotado de um magnetismo vívido e fora do comum.

Via-se que alguma preocupação mórbida dominava-lhe o estado de espírito, empanando seus modos sempre altaneiros e voluntariosos.

– Oh, lord Ashley! Com prazer! É mesmo uma excelente ideia. Poderemos trocar pareceres sobre isso! Participarei com entusiasmo do que queira planejar a respeito!

– Então, encontre-me no local da casa que já conhece... – avisou Paul, indicando, com um meneio desanuviado, um dos corredores próximos – ...tão logo se veja desobrigado das aulas ao meu filho! – E, com um sorriso algo malicioso, que contribuiu ainda mais para despistar, da percepção do músico, alguma possível desconfiança. – E adie sua ansiedade para ter com Rachel para apenas uma ou duas horas mais tarde, meu jovem! Ela está à sua espera e não fugirá! Preveni-a de que palestraria com você brevemente, alegando outros pretextos relacionados a avisos para seu pai!

Stephan devolveu-lhe a boa disposição fisionômica, um tanto desconcertado, mas de bom humor. Despediu-se, prometendo procurá-lo como acertado; e afastou-se para a saleta onde Marshall o aguardava para as aulas semanais.

Cerca de mais de uma hora depois, em tendo os dois se reunido a portas fechadas no escritório de Ashley, o barão lhe ofereceu um drinque e o convidou para se sentar, sem fazer rodeios para principiar o diálogo, ainda passeando ao acaso pela sala bem decorada antes de, enfim, acomodar-se diante dele:

– Diga-me, Stephan... Apreciaria, para começo de entendimento, suas sugestões. O que opinaria para o aniversário da minha Rachel? Estou certo de que, dado o sentimento que os vincula, teria excelentes ideias!

Sem esperar que Paul começasse o entendimento daquela forma objetiva e direta, todavia, o jovem embatucou um pouco, desprovido de iniciativas. Sabia que teria a resposta pronta para a proposta de Paul se a situação do seu envolvimento com ela fosse corriqueira, dando-se dentro das condições normais. Aproveitaria, certamente, a ocasião, como pretendera antes, para propor noivado à família da sua aluna e namorada.

Todavia, e para o seu profundo abatimento, naquele minuto decisivo, via-se involuntariamente travado na concretização de suas melhores intenções. E tolhido, para seu maior desgosto, em expor ao barão, parado à sua frente em atitude amistosa, as razões disso.

A pergunta de Paul, no entanto, visava exatamente a esse direcionamento do assunto; porque, homem vivido, conhecia o que, num momento assim, ocorreria ao violinista, de antemão, sabedor que era da intensidade do sentimento que o vinculava à sua filha desde a infância.

Quisera, portanto, e de propósito, suscitar o começo do diálogo que mantinham daquele modo intencional, para que pudesse também orientar o assunto para o ponto que mais lhes interessava. Assim, depois de observar por instantes a estranha hesitação do rapaz, arriscou um comentário direto, que notou surpreender Stephan de forma indisfarçada.

– Seu semblante, rapaz, me sugere, talvez, algum propósito feliz relacionado ao seu namoro com Rachel! Leio isso em seus olhos! Então, fale com franqueza e sem receio, pois bem sabe que estimo a amizade entre as nossas famílias e prezo, particularmente, a perspectiva de tê-lo como parente próximo! – E, dando uma pausa, ao notá-lo um tanto empalidecido, bebeu com tranquilidade um pouco do seu drinque, medindo-o com ar percuciente. – Ou será que ainda não vivi o suficiente e errei no meu prognóstico do que os seus modos me sugerem?

– De jeito nenhum, lord Ashley! Adivinhou-me as intenções! Mas... – sentenciou Stephan, levantando-se visivelmente agitado.

Contudo, deteve-se, demonstrando nítida perturbação. E caminhou alguns passos a esmo, sendo observado atentamente pelo pai da aluna e namorada.

– Meu Deus... – Paul julgou ainda ouvir-lhe a espécie de desabafo sussurrado, largado em surdina e de modo incontido, enquanto ele vagava ao acaso no escritório, aparentemente um tanto suarento. Viu quando ele sacou do bolso, discretamente, um lenço limpo, passando-o com discrição nas têmporas úmidas.

Analisando-o, atento, e agora preocupado com os modos aflitos que o violinista exibia de forma mal disfarçada, Paul se lhe acercou uns passos e indagou, com interesse sincero:

– Stephan... dirijo-lhe essa pergunta como seu segundo pai, não guarde dúvida: noto que algo o molesta! E gostaria de entender as razões para, se possível, auxiliá-lo; então, fale com destemor, há alguma coisa oculta nesse início de diálogo que o incomoda ou seu desassossego se prende a outro motivo, alheio a este nosso momento?

– S... são outras coisas... – o rapaz vacilou, inseguro, ainda passeando por ali, com as mãos cruzadas atrás das costas e sem coragem para encará-lo. – Em verdade, não estou muito bem de saúde, lord Ashley! Mas, desculpe... – Ele tentou recobrar a frieza e o rumo da conversa: – Por favor, passemos ao que o senhor pretendia tratar comigo ao me chamar aqui! – pediu.

Dominou-se o suficiente, a custo, e, altivo, pegando a taça com um gesto estudado, enfim colocou-se diante do barão, tentando ignorar a maneira como este ainda o examinava, com o mesmo e disfarçado ar analítico.

Paul suspirou. Com um gesto amigável, convidou-o a sentar-se novamente, ao que ele atendeu de imediato.

Voltaram a se acomodar nos assentos dispostos de forma convidativa ao diálogo, num ângulo bem iluminado do escritório decorado com o refinamento clássico de gostos de Ashley, que continuou a estudá-lo cuidadosamente. Assim, tomou fôlego para retomar o assunto, sem atender ao anseio dispersivo que Stephan não conseguia disfarçar em suas intenções.

Desta vez, a entonação de Paul era francamente intimista, embora cordial, enquanto procurava envolver o rapaz numa atmosfera acolhedora de familiaridade que lhe desanuviasse, pelo menos um pouco, o nervosismo óbvio que agora mal conseguia encobrir em suas nuances fisionômicas.

– Jovem Klyde... preste atenção! – continuou, decidindo, enfim, revelar, sem meias palavras, a que se prendia aquele entendimento. – De fato, o aniversário próximo de minha filha é o móbil maior de minhas atenções para os próximos dias; mas, se o chamo a entendimento aqui, neste momento, não apenas este assunto merece nossa consideração! Porque, a bem da verdade, para que esta data corra para Rachel com a tranquilidade que ela merece, Stephan, bem o sabe que precisamos resolver outras tantas coisas de séria importância! – insinuou.

Stephan não modificou a expressão fisionômica, embora agora sentisse a garganta seca, porque pressentia, para breve, instantes difíceis naquele encontro que, a princípio, não maliciou quando atendeu à convocação do barão. Com um meneio leve, assentiu; mas, ainda assim, recorreu a subterfúgios.

– A que se refere exatamente, lord Ashley?

– Refiro-me às particularidades do envolvimento amoroso entre vocês, lord Klyde! Há pouco, não tive como não notar que não conseguiu encobrir alguma tensão evidente quando mencionei a probabilidade de acontecimentos felizes em relação a vocês dois, que, obedecendo à ordem natural das coisas, haveriam de se dar por ocasião da celebração dos dezessete anos de Rachel. Todavia, você se esquivou, alegando que seu desassossego se prende a outros fatores! Não ouso invadir sua privacidade com maiores sondagens, no entanto, meu caro, penso que posso interrogá-lo a respeito do que julgo ter entendido das suas palavras pouco claras! Se adivinhei suas intenções em relação ao que pretende para com a minha filha, por que, por outro lado, reparo que faz por onde desviar o assunto, atrapalhando-se no momento em que, no melhor clima de cordialidade possível, e durante este nosso entendimento particular, lhe ofereço o ensejo para que exponha, com destemor, o que lhe vai no íntimo?

– Mas não quero me desviar o assunto, lord Ashley! Ora... imagine! – Stephan disse, desviando o olhar obscurecido pelo franco entrechoque emocional que lhe provocava panes involuntárias à firmeza de tom com que tentava se expressar.

Ensaiou levantar-se de novo, mas, ante o olhar firme de Paul, acomodado à sua frente a cobrar-lhe posicionamento, desistiu, vendo-se forçado a dar prosseguimento aos seus argumentos confusos.

– Creio que... Bem, é que se trata de um passo importante a ser dado, e...

– Ainda não está certo do que quer? Refere-se a isso? – sugeriu Paul, procurando acentuar o timbre paternal no que falava. – Não se sente seguro do que nutre por Rachel?

– Não, lord Ashley, pelo contrário! – protestou Stephan, na mesma hora, sem pensar. – Eu a amo! – frisou.

Paul fez um gesto desanuviado, brandindo a taça que tinha na mão.

– Bem, era o que esperava ouvir, dada a seriedade óbvia que adivinho do grau de envolvimento que se evidencia entre vocês! – comentou em entonação sugestiva, o que fez o violinista se deter, empalidecendo mais e olhando-o, preso de certa indecisão sobre como interpretar o que ouvia.

– Então... – Paul arrepanhou o assunto, sem deixar que esfriasse ou que fosse, de algum modo, desviado pelo jeito claramente escorregadio com que o rapaz se posicionava diante do impasse. – O que o tolhe por essa forma óbvia, filho? O que está acontecendo?

– Nada! – Stephan respondeu, abanando a cabeça, incisivo, e largando um riso seco e algo ansioso; mas Paul estava resolvido a não deixar que o assunto fosse desvirtuado. Assim, declarou:

– Stephan, deixe que lhe diga que bem sei que o modo como o estou abordando neste encontro o está confundindo! Sei que se pergunta, agora, o que pode ter a ver o aniversário de Rachel com a direção que estou tentando imprimir, à força, à nossa conversa; mas, meu rapaz, você sabe à que me refiro ao questioná-lo! Estou apenas tentando induzi-lo a confiar em mim o suficiente para se abrir de própria iniciativa, porque quero que se sinta assegurado, antes de tudo, do principal: de que pode confiar em mim, jovem Klyde! Então, por favor, fale!

– M... mas... Lord Ashley... Não posso imaginar a que se refere exatamente... – Stephan, nervoso, ainda tentou se esquivar; todavia, Paul deixou sobre a mesinha de mogno postada adiante a taça já vazia para, recostando-se de volta no espaldar alto de seu assento senhorial, revelar, com serenidade:

– Filho... Rachel, num momento de extrema desorientação, fragilidade e desespero, e em certa hora do dia em que passava mal e fui cobrar-lhe acerca das causas do seu estado, não suportou a carga de angústia e me confessou todo o drama que vocês vêm vivendo, rogando por socorro! Então, jovem, peço-lhe, antes de mais nada, que não a condene por não ter atendido à sua proibição de valer-se da minha intercessão, receoso como se achava de que isso desencadeasse contra vocês algum mal irremediável! Ela é apenas uma menina assustada – bem o sabe, lord Klyde! – O barão enfatizou, agora fixando o músico com alguma austeridade. – E o entendimento que mantemos aqui, neste momento, também o sabe, dá-se entre homens!

Paul parou um pouco. Stephan Klyde fizera-se lívido! E, colocando-se de pé num único impulso, voltou a passar o lenço pela fronte agora de fato perolada de um suor frio, pondo-se a andar de um lado para o outro da saleta silenciosa, naquelas primeiras horas do crepúsculo, sob a observação surpreendida do seu interlocutor, à espera.

– Cristo, lord Ashley! É evidente que a compreendo! Mas... nem mesmo ela conhece a razão verdadeira de eu ter lhe imposto essa proibição! – exclamou, de supetão, embora quase em surdina, como se, de dentro do seu desnorteamento extremo, houvesse se esquecido da presença desassombrada de Paul no escritório.

Ashley, por sua vez, levantou-se com o cenho franzido ao ouvir aquelas palavras destituídas de sentido lógico ao seu entendimento inicial.

– O que diz, Stephan? O que quer dizer com isso? A que razão verdadeira se refere? Assim como, agora que enfim tudo se faz às claras entre nós, filho, gostaria também que me esclarecesse o motivo da postura indefinível de William em relação a esse impasse!

Porque nada compreendi do que me disse Rachel a respeito deste pormenor obscuro durante seu desabafo!

Passaram-se alguns segundos tensos, até que o músico, afinal, se encorajou a recolocar-se de frente para ele.

Mas, depois do primeiro susto, o fez, tentando equilibrar-se, de cima de sua rígida noção de hombridade.

– Lord Ashley! Precisamos conversar com seriedade! Confesso, tentei evitar ao máximo este momento! Queria resolver a questão de outra maneira, mas, infelizmente, até hoje não me ocorreu nenhuma saída condigna! Agora, porém, tudo muda de feição! O senhor não compreende, ainda, as graves razões pelas quais agi assim; nem porque eu pedi, de fato, que Rachel mantivesse sigilo sobre a nossa delicada situação!

– Pois que fale, filho! Sou todo ouvidos! – consentiu Paul, sério e interessado.

– As razões se prendem exatamente ao motivo pelo qual meu pai se revelou contrário à nossa união precipitada, lord Ashley... E, se me permite... – vacilou, agora um tanto constrangido. – Não sei de que modo mais adequado explico-me ao senhor quanto a esse pormenor, grandemente embaraçoso. O único jeito é falar de uma vez! Meu pai receia pela minha união com Rachel, lord Ashley, por causa de um episódio difícil vivido pelo senhor no passado, envolvendo a real paternidade dela! Mas, nem mesmo Rachel sabe disso, esteja tranquilo, porque não lhe revelei nada! – adiantou o rapaz, notando o modo como agora Ashley era quem empalidecia. – Meu pai alegou pruridos familiares para com a nossa união, mas veja, barão, ela espera um filho meu! Eu a amo! Não consigo atinar com uma saída satisfatória para esse dilema, que não seja, talvez, evadir-me com ela, compulsoriamente, e à revelia de ambas as famílias, para algum paradeiro distante, onde arriscaríamos nossa sorte, com todos os reveses talvez insuperáveis com que, na certa, depararíamos!

Agora Stephan detinha-se, admirado. Reparou que, de tão transido, trêmulo, Ashley descaiu involuntariamente de volta ao assento onde antes se acomodava e de onde havia se levantado. Seu olhar um tanto perdido divagava, desfocado, pelos arredores.

– William lhe contou tudo? – quis saber, quando enfim conseguiu falar.

Um tanto compadecido, Stephan aproximou-se, agora atento às reações do barão, e falou:

– Contou-me que Rachel é fruto do seu envolvimento com a esposa do falecido lord Arnold Farrow! – Deteve-se, hesitante, mas acabou concluindo, embora dentro de grande aturdimento: – Perdoe-me, lord Ashley, mas agora sinto que tudo deve ser explicado! Disse, também, que mrs. Gladys é conhecedora desse drama... e que não lhe apraz, em decorrência, a união de Rachel comigo, uma vez que pretende encaminhar para esse consórcio matrimonial sua primogênita! Acho que já houve antecipadamente entre ela e meus pais algum entendimento a respeito. Mas... lord Ashley... – Ele acrescentou, mencando: – Meu pai não sabe, ainda, do detalhe do filho que Rachel espera! Não tive coragem de expor o problema, intimidado diante da gravidade do que me revelou, envolvendo a privacidade de sua família! Temi agravar nosso caso particular, quanto também precipitar um confronto entre os nossos familiares, de consequências, talvez, insanáveis! Fiquei sem saber como agir, deparando com todos estes fatores desconcertantes!

– Gladys é conhecedora, lord Klyde?! Mas... De quê?! – Agora, para surpresa de Stephan, era Paul quem se revelava inteiramente desnorteado.

Sem entender de pronto, o jovem deu de ombros.

– Do drama envolvendo o nascimento de Rachel, naturalmente, barão! Mas... permita-me, de meu lado, perguntar: não sabe dessa história? Existia, quanto a esses acontecimentos, algum sigilo, na sua intimidade familiar? Porque se assim era, agora entendo menos ainda do verdadeiro pano de fundo de toda a situação!

Paul perturbou-se ante o questionamento desassombrado do rapaz. E, desta vez, era ele a valer-se de subterfúgios, desviando-se para os arredores.

– N... não, Stephan! Não exatamente! Perdoe-me! É que também me vejo momentaneamente perdido quanto ao que afirma! – gesticulou, tentando espantar para outro momento oportuno a perplexidade ante a descoberta assustadora de que Gladys estava de posse do enredo sombrio envolvendo seu passado. Agora, enfim, faziam-se claras as causas reais da conduta ininteligível da esposa nos últimos tempos. – Não consigo imaginar o móbil de Gladys tentando impor esse consórcio descabido entre você e Caroline! Nunca aludiu a nada semelhante durante todo esse tempo, e eu julgava que reputava com bom ânimo seu envolvimento com Rachel!

– Certamente são as causas mencionadas por meu pai, a razão maior desse acordo familiar! Sua família me tem favorecido profissionalmente. E meu pai argumenta que meu casamento com Rachel, tendo em conta o histórico, por assim dizer, espúrio de seu nascimento, atrapalharia o andamento destes acertos com vistas à minha estabilidade futura como músico!

Deu-se uma pausa fortuita no entendimento difícil.

Então, Ashley relanceou o olhar velado no jovem, parado em expectativa a alguns passos, com as mãos cruzadas atrás das costas em visível estado de ansiedade.

– Filho... – recomeçou, cauteloso – precisamos chegar a um entendimento sério e definitivo aqui, hoje, neste momento! Tudo se faz mais grave do que supus ao convocá-lo a esta sala, e dependerá desta nossa entrevista o encaminhamento menos sofrido de todo esse impasse para quem, no caso, mais nos preocupa: Rachel! Se é que preza, de fato, minha filha caçula, professor Klyde, haverá de se conduzir de maneira sensata de agora em diante, conforme o que hoje acertarmos em comum, para benefício dela! – E, detendo-se de novo diante dele, os olhos agora umedecidos, para grande admiração do violinista, fixou-o com firmeza, e com uma determinação claramente angustiada, disse: – Ambos necessitaremos de apoio mútuo, Stephan!

Examinando-lhe os modos, e tendo então a mente vazia, destituído de outros argumentos ou iniciativas imediatas, Klyde só pôde, momentaneamente, fazer que sim, com um meneio de rosto breve, mas sincero.

Nunca antes se sentira tão perdido!

XXII
UM PASSADO INSEPULTO

– Como vão indo suas aulas de música com o professor Klyde, Caroline?

A pergunta de Gladys era capciosa. Não a interessavam tanto as aulas de música em si, mas outros aspectos da convivência entre a filha e o jovem Klyde, de molde a lhe consolidar seus projetos de futuro em mais de um sentido.

Lane, por sua vez, conhecedora, de tempos àquela parte, daqueles móbeis inconfessáveis da mãe, e compartilhando inteiramente com ela, em decorrência, seus interesses e ressentimentos, esboçou um sorriso melífluo, anotando, enquanto se media atentamente no espelho de seu toucador, onde se remirava, vaidosa, escovando meticulosamente seus longos cabelos ruivos.

– As aulas vão como deveriam, mamãe. Mas o tratamento que Stephan vem me dispensando ultimamente contribui para tanto, pois se conduz com mais gentileza e carinho para comigo, e isso favorece o meu desempenho durante as aulas!

Gladys devolveu-lhe sorriso semelhante.

– Folgo em saber, pois vinha mesmo notando o seu estado de ânimo mais animado...

Todavia, a moça caprichosa largou a escova, virando-se na banqueta, com um trejeito apesar de tudo depreciativo, e sem olhar muito para a mãe que, curiosa, agora se sentara perto dela para ouvi-la, afirmou:

– Não se entusiasme tanto! Sei o que orienta suas preocupações nesta questão, e, apesar das aparências mais favoráveis, o fato inegável é que lord Klyde continua obcecado por Rachel! – E, com um suspiro quase irritadiço, a jovem franziu as sobrancelhas, denotando fundo desagrado aparentemente originado em lembranças que lhe ocupavam à revelia a mente. – Parece simplesmente respirar minha irmã bastarda e insossa! Qualquer alteração na vida de Rachel o desnorteia completamente de maneira indisfarçável!

Gladys atalhou, levantando-se e se aproximando da filha para acabar de arrumar-lhe os laços do vestido.

– Já lhe disse que certas coisas vêm com o tempo, e isso é trabalho de paciência! Se nota Stephan mais atencioso e cortês, acredite, já é sinal significativo de avanço, pois preciso é manter o senso de realidade para reconhecer que nunca lhe guardou muita empatia! Lembre-se do que já lhe preveni: esse jovem possui a mesma veia aventureira e volúvel do pai, e é por essa porta que conseguirá acessar devidamente o coração dele! – E, comentando mais para si mesma, contendo a impaciência surda que, apesar de tudo, aquela questão lhe provocava, continuou: – Não sossegarei enquanto não vê-la trocando alianças esponsalícias com ele, Lane; e isso há de se dar, em tempo não tão distante, se fizer tudo com cuidado, do modo como recomendo!

Mas a moça, agora pensativa, como se profundamente absorvida por considerações íntimas que a consumiam, meneou a cabeça, apoiando o cotovelo na cômoda atulhada de perfumes e itens de uso feminino.

– Não sei... Há alguma coisa no ar, mamãe...

– O que quer dizer? – Gladys teve logo a curiosidade atiçada diante do comentário significativo da outra.

– A impressão que tenho há vários dias é que está acontecendo alguma coisa com Rachel que rouba com autêntica obsessão a atenção de Stephan! Já comentei isso com você há algum tempo; venho notando agora, a menos que muito me engane, até mesmo papai dominado por um tipo qualquer de zelo para com ela cujas causas não consigo atinar!

Gladys parou um pouco, meditativa, para depois comentar, tentando afugentar preocupações porventura desnecessárias, mas, de outro lado, apurando a intuição para extrair conclusões úteis sobre o que ouvia.

– Ora, Rachel tem andado com as emoções enervadas desde o retorno do jovem Klyde e o consequente envolvimento entre ambos! Eis aí, talvez, a razão de tudo...

Mas, a isso, a astuta Lane fez que não.

– Duvido, mamãe... Noreen tem se demorado muito tempo aos cochichos com ela, em instantes nos quais se julgam despercebidas, mas que não me escapam como pensam!

Interrompeu-se, abandonando-se a conjecturas sobre o assunto, ao passo que a mãe reservou opiniões mais objetivas para depois que ela mesma avaliasse melhor a situação exposta por Lane, de próprio crivo.

Assim principiou aquela manhã aparentemente comum na ampla residência dos Ashley, dias depois do encontro importante havido entre Paul e o jovem violinista, com os empregados movimentando-se diligentemente nos seus afazeres.

O pequeno Marshall fora encaminhado cedo pelo pai aos seus estudos diários, e Rachel estava reclusa em seu quarto, como habitualmente acontecia em várias manhãs nas quais, por razões desconhecidas, abria mão do seu passeio matinal pelos jardins e avenidas próximas na companhia de sua confidente habitual, Noreen.

Esta, de seu lado, e enquanto Gladys e Lane se demoravam naquele diálogo confidencial no cômodo da jovem, recebera discretamente de lord Ashley algumas recomendações pertinentes ao bem-estar de Rachel, consentindo e afastando-se para bem cumpri-las. E o barão, de seu lado, encaminhou-se ao compromisso importante que alinhavara com William Klyde, depois de enviar recado por Stephan no fim do entendimento importante de dias antes para que o esperasse na tabacaria habitual de Londres, onde costumavam se encontrar eventualmente para tratar de assuntos ligados a interesses mútuos.

Stephan, findo o diálogo difícil com Paul, ao fim daquela tarde, tivera com Rachel um encontro emocionante e delicado, no qual fez por onde tranquilizar a moça quanto aos seus temores de tê-lo enraivecido por ela ter confidenciado ao pai todo o dilema sério que viviam, e contra o qual se viam encurralados. Reafirmou-lhe o seu amor e sua compreensão, como sempre compelido pelo mais honesto dos sentimentos e pelo brio de que naturalmente era dotado, determinando que sobrepusesse, a outros fatores graves e ainda desconhecidos pela jovem, a sua noção de compromisso e de honradez para com ela.

Combinaram, assim, mais aliviados, aguardarem pelo curso dos acontecimentos, a partir das atitudes de Paul Ashley para auxiliá-los, e, com a jovem, enfim, mais tranquila nas suas inquietações, renovaram as juras de amor, carinhosamente, e se despediram.

Paul prometera a Stephan contatá-lo assim que conseguisse se entender com William para cientificá-lo dos resultados da entrevista importante em perspectiva, mas recomendou ao rapaz, por outro lado, extremos cuidados ao compartilhar com a filha o andamento daquelas providências. Sem rodeios, lembrou-lhe as graves responsabilidades no impasse em curso, e determinou-lhe, de cima da autoridade inquestionável do pai zeloso, entretê-la com momentos agradáveis que a desanuviassem da sobrecarga de angústia que a flagelara até então.

Cobrando prumo e a necessária dignidade, o professor concordou com tudo. E, chegada a manhã decisiva, então, Ashley se encaminhou ao encontro importante com o outro barão, do qual, todavia, contava extrair os melhores resultados para a resolução a contento do dilema que atormentava os dias da jovem filha.

Haveria, no entanto, de se desiludir acremente quanto a estas expectativas. Porque o diálogo entre ele e William haveria de se dar de forma mais tensa do que jamais imaginaria, por ignorar outros componentes do caso se dando nos bastidores com o seu mais absoluto desconhecimento.

De início, ambos os barões se cumprimentaram com os gestos de cordialidade amigáveis habituais, acomodando-se na mesa do costume para dividir drinques e fumo da melhor qualidade. Mas William, sempre objetivo, não perdeu tempo com muitos floreios verbais para indagar do outro que possível assunto tão importante o levara a marcar aquela entrevista por intermédio do convite enviado pelo filho sem o menor esclarecimento adicional sobre o que o determinava.

– Stephan pareceu-me nervoso ao comunicar-me a urgência desta nossa entrevista, Paul, e confesso que ansiei por ela com verdadeira obsessão até aqui, a fim de entender, enfim, o que está acontecendo!

Sério, compenetrado de uma forma que admirava o interlocutor indisfarçavelmente, Ashley também não quis se demorar com meias palavras, uma vez que o dia apenas começava e urgia que resolvessem o impasse sem demora, tendo em conta o restante dos compromissos que ainda o aguardava nas horas seguintes.

– O assunto envolve seu filho, William! Chamei-o a entendimento amigável esta semana, pretextando o aniversário próximo de Rachel para que trocássemos ideias a respeito dos detalhes da celebração; e, em decorrência, colheu-me de surpresa a revelação de um impasse complicado que Stephan vem vivenciando com minha filha, cujas causas penso que já conhece! É este panorama ininteligível, portanto, que queria ver devidamente elucidado por suas explicações diretas! – E, acrescentou, intimativamente, com certa astúcia: – Sei que, dado nosso grau de cordialidade nos negócios, tanto quanto no âmbito familiar como em vários outros aspectos que nos interessam, não sairei daqui sem um entendimento satisfatório!

Paul terminou de falar e notou uma sombra clara perpassando o semblante do outro. E Klyde demorou-se um pouco mais o medindo com ar percuciente, como se calculando com cuidado o que diria, porque se fazia evidente que já adivinhara o teor delicado do assunto que ocuparia o tempo daquele diálogo.

– Prefiro que aluda de uma vez ao ponto do problema, Paul! Que impasse é este que Stephan está vivendo com sua filha?

– Ora, Klyde, é evidente seu desejo de propor consórcio matrimonial e noivado, por ocasião da data natalícia de Rachel! O rapaz está francamente desassossegado, e, debaixo de grande estado de constrangimento, expôs-me, para minha autêntica surpresa, sua resistência em acatar seus desejos... por razões que me deixaram ainda mais chocado! – E, neste ponto, Paul suspirou. William viu com nitidez o tanto que ele se via martirizado por aquelas revelações. – Perdoe-me, William, e não tome este entendimento aqui, agora, a conta de qualquer desafio ante sua autoridade de pai, que não questiono; mas, dado o grau de intimidade entre nossas famílias, e a realidade do sentimento que toda gente sabe ter sempre existido entre os nossos filhos desde a mais recuada meninice, gostaria que me expusesse as explicações de coisas para as quais até agora venho relutando a aceitar! O que, afinal, existe de verídico no que Stephan me expôs, grandemente perturbado, sobre não consentir com o casamento entre ele e Rachel, alegando aqueles fatos recuados e sigilosos sobre o nascimento dela? E... o que verdadeiramente me espantou foi Gladys já ter ciência destas coisas, planejando inclusive, nos bastidores, a união entre seu filho e minha primogênita... com a tua anuência!

William recostou-se no assento, deixando a bebida sobre a mesa, e surpreendendo, com esta atitude, seu interlocutor.

– Deus! Por que Stephan tinha de entrar nesses pormenores com você? – Ele aparentemente desviou seus pensamentos para um dissimulado aborrecimento com o filho, para fugir um pouco do teor difícil do que teria a tratar em seguida. E passou uma das mãos pelo rosto algo rubro, olhando, sem ver, para o movimento da tabacaria ao redor.

Mas Paul não perdeu o fio dos argumentos.

– Porque praticamente encostei na garganta dele uma faca, simbolicamente falando, William! Por razões que depois entenderá melhor! O tema inicial era uma celebração de aniversário, mas a conversa naturalmente se encaminhou para um ponto no qual não houve como eu não exigir dele explicações satisfatórias sobre as razões pelas quais está se tolhendo desse jeito! Peço-lhe, não o moleste! – Meneou, com ênfase, o outro barão. – Desde há tempos adivinhava nos modos de Stephan as suas intenções, aliás dignas, como se esperaria, de honrar o seu vínculo amoroso com Rachel com um noivado... o que, aliás, reputo urgente e bem necessário, dado o crescendo com que vai esse envolvimento adquirindo seriedade! – Ele aproveitou para insinuar, significativamente. – Combinando os detalhes da ocasião, na qual, com a ajuda dele, pretendo promover um grande evento musical, tornou-se ainda mais evidente nas intenções do seu filho esse impulso muito natural e compreensível! Só que não pude entender o que o estava tolhendo por aquela forma estranha; então, tive de cobrar, com certa firmeza, explicações mais dignas! E ele, como era de se esperar de sua conduta sempre correta, não teve como negar por mais tempo, já que isso também o está martirizando interiormente, por um tempo que temo já extenso demais! – E, medindo William direta e inquisitivamente, falou: – Acaso não tem, você, o pai dele, conhecimento do que está acontecendo na vida amorosa do seu filho, lord Klyde?

– Claro que tenho conhecimento do que acontece, não apenas com Stephan, que me ocupa as preocupações de modo especial por já ser um homem, necessitado de orientação profissional decisiva, Paul, mas com meus outros dois filhos também! No entanto, deixe que lhe explique de uma vez, e com prioridade, a segunda parte do seu questionamento, antes que elabore ideias equivocadas da minha participação nessa conjuntura, que reconheço delicada! – Apressou-se William nos esclarecimentos que mais o interessavam de perto, antes de passar às considerações envolvendo o caso entre seu filho e Rachel. – Admira-me, de meu lado também, que você está, até o presente momento, na ignorância das coisas que se passam no íntimo de sua esposa a respeito do episódio complicado de seu passado que gostaria que permanecesse sepulto!

– *Nós quereríamos*, mais apropriadamente, não, William? – corrigiu Paul, apesar de tudo denotando certo desagrado com o modo esquivo como o outro principiava a abordar aquele tema crítico.

– Sim, sem dúvida! Sou conivente com você nessa questão! – Klyde condescendeu logo para não suscitar, sobre uma, outra polêmica difícil. – O caso, todavia, se faz ainda mais melindroso, lord Ashley... porque somente devido a um acaso fortuito acontecido naquele já distante baile de máscaras ao qual comparecemos, Gladys entreouviu mexericos de duas convivas e entrou no conhecimento desses fatos, que desejaríamos resguardados! Justo ela – sua esposa! E, zelosa como já era do andamento sério do envolvimento entre Stephan e Rachel, que considera inadequado da ótica dos interesses familiares compartilhados em comum por ambas as famílias, foi, a ciência daquele drama antigo, a gota-d'água para que ela, diretamente, e de própria iniciativa, me expusesse certa vez, com franqueza, sua intenção de se assegurar do meu consentimento para o consórcio esponsalício entre Stephan e Caroline – sua primogênita! Tomando em conta, e por excelente pretexto, inclusive, o que já havia alinhavado em favor da carreira profissional de meu filho, valendo-se dos contatos importantes da privacidade dela em negócios com indivíduos bem estabelecidos socialmente, de molde a assegurar a Stephan um cargo estável nas rodas de compositores e mestres de música oficiais dos patamares mais favorecidos da sociedade londrina! – E, medindo o agora estupefato Ashley com dissimulada interrogação, continuou: – Mas... espanta-me, em primeiro lugar, que não tenha, até agora, conhecimento desses planos de cunho familiar elaborados por sua mulher, Paul, pois quando ela, de viva voz, procurou-me para entendimentos, durante um dos eventos sociais recentes aos quais comparecemos, julguei que o fazia de comum acordo com você!

– De jeito nenhum, William! – enfatizou Paul, sem querer esconder sua contrariedade e profunda estranheza pelo que ouvia. – E já havia lhe enfatizado isso antes, quando me acenou com essas possibilidades há algum tempo, superficialmente! Prezo o compromisso amoroso, aliás, bem sério a esta altura, existente entre a minha Rachel e seu filho, de quem francamente venho admirando sobremaneira a atitude proba e digna ao ansiar consolidar nossos vínculos familiares com um pedido oficial de casamento, na ocasião próxima de seu aniversário! Se, portanto, Gladys assim o fez, agiu de maneira incorreta, e de má-fé... uma vez que de modo algum concordo com sua percepção do assunto relacionado a Caroline, em respeito aos sentimentos tanto de seu filho quanto de Rachel. E, menos ainda, com o pano de fundo que usa como pretexto para ter engendrado esse acerto com você sem antes entrar em entendimento sério do caso comigo! Sabe, William! – Exclamou Paul, agora sério e categórico: – A que tipo desastroso de convivência conjugal costuma conduzir essa modalidade de união matrimonial, arranjada sob o guante de tais interesses fundamentados nas velhas e questionáveis tradições e conveniências familiares! Não estamos mais na Idade Média... e o meu caso particular mesmo, ao qual você testemunhou desde o começo até o desfecho, é prova cabal disso!

– E como espera, de outra forma, resolver esse impasse a contento com sua esposa? – questionou William, sempre prático e objetivo em relação a tudo. – Preciso ser sincero, mesmo pelo respeito que lhe devo já de há muito, Paul! De um lado fala alto o futuro de Stephan, que priorizo acima de qualquer outra conveniência; e, quanto a isso, não me sinto obrigado a lhe dar mais explicações, porque conhece que da dignidade de um homem, nos dias de hoje, se deduz tudo sobre ele! E essa dignidade, necessariamente, é definida pelo seu status social e sua posição financeira! E de outro, lord Ashley, impõe-se observar com vagar que, por mais que a minha família preze sua filha caçula, tem de admitir que a contingência do seu nascimento encurrala-o contra uma situação familiar definitivamente delicada e agravada, inclusive, pelo desconhecimento da moça, até hoje, para com as origens de sua paternidade real! Então, Ashley... a situação se resume a este impasse: como espera resolver com Gladys o dilema sério que se impõe, envolvendo seu passado, se decidir confrontá-la nessa série de problemas? Porque, de algo tenha certeza: ela se acha seriamente indisposta quanto a essas coisas, e não sei como, até hoje, não entrou em confronto definitivo com você, expondo-lhe tudo às claras e criando uma encruzilhada da qual mal consigo imaginar como vai se desvencilhar!

Paul meneou, preocupado, com outras considerações sérias requeimando-lhe a mente.

"Mal sabe William", ele ponderava, no auge da preocupação, "que a questão toda se faz mais grave em decorrência da gravidez de Rachel, e que, desse impasse, também ele e o próprio Stephan não têm como se desvencilhar, senão assumindo honradamente as responsabilidades!"

– Precisamos resolver isso, William... E creio não haver outro caminho que não confrontando Gladys, o que ficará a meu encargo. Mas é preciso que entenda, desde já, que não estou sozinho neste impasse! – E, fixando-o significativamente, concluiu: – Você sabe, lord Klyde, e devo preveni-lo de que há mais coisas que precisará conhecer também, no momento certo, para entender claramente que a situação envolvendo Rachel e seu filho não é tão simples; e não será impondo a Stephan uma união matrimonial desrespeitosa para com os seus reais sentimentos que solucionará, do melhor modo, as particularidades envolvendo sua carreira profissional!

E William bem o sabia, acerca da primeira parte da questão envolvendo Gladys. E se perguntava, na conjuntura, como se desenrolariam os fatos entre ele mesmo e miss Ashley, à revelia do conhecimento do barão e seu mais antigo amigo.

Quanto à segunda parte do que lhe revelava Ashley, de maneira velada, naquele minuto tenso de entendimento, manteve-se dentro da prudência usual, embora se questionasse, verdadeiramente preocupado, sobre o que mais poderia haver de grave naquele caso aparentemente inocente envolvendo o namoro de seu filho mais velho com a jovem Rachel Ashley, até aquele dia ignorando ingenuamente até que ponto se via no centro de divergências e de questões sérias envolvendo os interesses e o passado das duas famílias.

XXIII

O COMEÇO DAS AFLIÇÕES

Depois de algum tempo de reflexão solitária sobre o conteúdo da entrevista melindrosa mantida com William Klyde dias antes, não restaram mais dúvidas ao perplexo Paul sobre as razões obscuras que predominaram no espírito do outro barão, para acatar, sem nenhuma resistência, as determinações taxativas de Gladys relacionadas ao compromisso esponsalício de Stephan com Caroline.

Ashley detinha, agora, a certeza angustiante de que não foram apenas e exatamente as promessas de auxílio da esposa, no tocante ao futuro profissional do jovem professor de música, o que o compelia, unicamente; mas, sim, e, sobretudo, o temor de que, contrariando-a, e quando tudo afinal viesse à tona – como estava prestes a acontecer naquele momento em que se dirigia a entendimento sério e sigiloso com a mulher – também, a reboque, emergisse sua cumplicidade mútua naquele episódio criminoso do passado. Nenhuma incerteza lhe restava mais no espírito sobre aquela possibilidade!

Conhecia de que matéria era feita a têmpera daquele amigo de tantos anos. Embora pífio o ardil, a seu ver, uma vez que não dependia tanto das benesses de Gladys a seu respeito quanto a revelação extemporânea de fatos sombrios, torcia para que permanecessem enterrados e tentava captar uma aliada, enredando-a com o artifício forte de um elo consanguíneo de peso, por meio do casamento dos dois jovens, a fim de ver aliviada sua situação perante as duas famílias, no caso de nada mais dar certo. Afinal, negócios e respeitabilidade diante da sociedade, embora não parecesse tanto à primeira vista, estavam reféns, no seu bom desenvolvimento, do melhor desfecho possível para o caso da emersão súbita daqueles fatos já quase apagados pelo passar dos anos.

Paul se aproveitaria, durante aquela tarde, portanto, do horário extenso da aula de música de Rachel, para chamar Gladys a entendimento sério e definitivo sobre vários assuntos incômodos. E o principal deles seria o grande dilema a lhe atormentar o íntimo, desde o seu encontro com lord Klyde na tabacaria londrina.

Determinara, assim, a Lane, que se incumbisse dos cuidados ao pequeno Marshall, com o intuito de mantê-la convenientemente ocupada, e alegando a necessidade de tratar com a esposa assuntos sérios relacionados a interesses familiares.

Destarte, mesmo após longa tentativa de se preparar devidamente para aquele momento decisivo na sua vida conjugal, não sabia, ainda ali, de que modo abordaria as questões graves a serem debatidas; nem fazia a mínima ideia de como seria o desenrolar nem o desfecho daquela entrevista! Preocupava-o, sobretudo, preservar Rachel o mais possível das sequelas do que pudesse vir a acontecer – nada além disso, para início.

Rachel, àquela hora da tarde, achava-se já arrumada à espera de Stephan, conversando reservadamente com Noreen no ambiente da saleta onde tomava as aulas de música; e, supondo que a irmã estava entregue aos cuidados do irmão mais novo, segundo as determinações do pai, não imaginaria andar ela pelas cercanias, querendo, de caso pensado, encontrar com o jovem Klyde. Assim, não se cuidou devidamente da hipótese da proximidade da irmã nos arredores de onde estava.

Haveria de amargar bastante aquela imprudência para com as atitudes astutas de Caroline nos momentos seguintes do decorrer daquela tarde.

– Ajustou devidamente os cordões do vestido, Noreen? Guardo a impressão de que já se avoluma o meu ventre! Tenho reparado alguns vestidos mais apertados, quando anteriormente folgavam na cintura!

– Shh! – advertiu Noreen, todavia, sempre avisada. – Cuide do que fala aqui embaixo, pelo amor de Deus, *milady*! – E, avançando até a jovem senhora, para atendê-la na sua preocupação, falou: – Não deve se preocupar tanto agora. Seu pai acha-se fechado com mrs. Gladys no escritório e Lane deve estar às voltas com seu irmão! Ninguém haverá de reparar na sua silhueta durante esse período do dia, todavia, ao que se refere ao que conversamos, devemos sempre nos lembrar de que as paredes têm ouvidos!

Entrementes, Stephan enfim entrava na sala de recepção do palacete, um tanto apressado, por ter saído de casa julgando-se atrasado para a aula e o encontro habitual com Rachel, sempre ansiado até à impaciência.

Estava agitado havia vários dias, desde a palestra de teor delicado mantida antes com lord Ashley. Porque, apesar de tudo o que já acontecia, William atendeu ao pedido reiterado de Paul para que mantivesse em suspenso informações ao rapaz sobre o que trataram naquela tarde, pretextando não exasperá-lo para além das aflições que já nutria na situação tensa que se delineara. O que Paul pretendia, na verdade, era se manter como informante privilegiado do rapaz naquela conjuntura crítica, para subtraí-lo das pressões angustiantes do pai.

Assim, e apesar da sua sondagem reiterada por dentro de casa, e óbvia inquietação nos modos, William fez por onde se esquivar de diálogos mais demorados com o filho, alegando excesso de negócios e de afazeres que o estavam ocupando sempre que o violinista se lhe acercava ensejando algum assunto de caráter confidencial.

Por conseguinte, e como também Paul não o tivesse mais procurado para inteirá-lo do andamento da situação, como havia prometido ao fim do diálogo difícil mantido anteriormente, dava entrada, agora, na casa, dominado por um estado de desassossego que dificilmente conseguiria disfarçar; e não exatamente disposto a dissimular qualquer coisa diante da astuta Lane, que o aguardava por ali com Marshall, querendo dar ares de casualidade ao encontro.

– Lord Klyde! Como está, querido! – perguntou, assim que o viu, apressando-se para recebê-lo com insidiosa e carinhosa familiaridade na entonação, e também com um brilho claramente embevecido faiscando em seus olhos claros e excessivamente maquiados para aquele horário do dia.

Para sua surpresa e contrariedade, porém, Stephan não reagiu ao seu coquetismo da forma receptiva que esperava, como relutante e progressivamente vinha fazendo, compelido pelas determinações férreas do pai, e instigando, com isso, para o seu mais profundo e autêntico desgosto, as esperanças alvissareiras da irmã mais velha de Rachel.

– Miss Lane, perdoe-me, mas não posso lhe dar maior atenção agora! Estou atrasado para a aula, e Rachel já deve estar impaciente me esperando!

– Ora! – ela atalhou, meio contrariada e insistente, já que a aborrecia ser a sua ansiedade retribuída pelo professor, bem como o modo cuidadoso como se aprestou para recebê-lo, com aquela postura gélida nas palavras. – Nem tão atrasado assim! E, além disso, sempre se demora com ela para além do tempo contratado de aula... o que, por outra, nunca faz quando chega minha vez! – Ela insinuou, quase declaradamente melindrada; e, sem poder se conter, levou-lhe, ousada, as mãos aos ombros, coisa que o jovem deplorava grandemente, mas em relação a que, naquele minuto, se maldizia, porque sabia que se Caroline já tomava com ele toda aquela entrada era porque, em outras ocasiões, e em momentos em que se demoravam nas aulas de música, ela já o fizera, sem reação visível de sua parte.

Todavia, francamente indisposto, o que denunciava indisfarçavelmente na fisionomia, Klyde afastou com gentileza algo firme as mãos da moça e reafirmou, enfático, enquanto se desviava e avançava sala adentro, sem dar a ela maiores chances de insistir no assunto aborrecido.

– Desculpe-me, miss Caroline, mas não posso me deter por mais tempo! Com sua licença!

"Infame!", Lane rilhou os dentes para si, àquela altura completamente distraída do que fazia Marshall nas proximidades, entretido com a leitura de um livro. "Como ousa me tratar assim?", vociferou em surdina, crispando as mãos.

E, como sempre impulsiva, voltou a atenção durante um minuto ao pequeno, certificando-se que, de fato, ele se distraía com a leitura, para depois afastar-se, sorrateira, na direção da saleta de música, pretendendo espionar, como era de seu hábito, metade despeitada, metade devido a intuir já de há vários dias algo de diferente agitando o ambiente da família.

Na saleta, Stephan invadiu o cômodo, abrindo a porta subitamente; e, como de hábito, ele e Rachel se lançaram nos braços um do outro, sob a observação entre preocupada e atenta de Noreen.

– Meu amor! Como está? Desculpe ter demorado e tê-la feito esperar! – Ele foi logo se dirigindo a ela em tom de escusa, beijando-a prolongadamente nos lábios. E, atraindo-a até o assento mais próximo, acomodou-se, entrelaçando-lhe ansiosamente a mãozinha agora úmida. – Mas... por que suas mãos rescaldam desse jeito, Rachel?

E, em questionando-a, relanceou em Noreen os olhos tomados por evidente preocupação, em busca de esclarecimentos.

– O curso da gravidez começa a provocar os primeiros incômodos, lord Klyde! – explicou a ama dedicada, aos cochichos, não sem antes relancear o olhar arguto em volta; mas, para sua infelicidade, não se cuidou tanto quanto deveria no que dizia, ante a sequência de perguntas ansiosas do professor de música. O que terminou suscitando que suas palavras finais fossem colhidas pela indiscrição transida de quem se encolheu por detrás da porta ainda entreaberta, que ninguém cuidou de cerrar devidamente após a entrada do rapaz. – Rachel está flagelada por enjoos e agora mesmo reclamava de perceber, talvez, já algumas mudanças na sua compleição física!

Mas ele, intentando sossegar a jovem, que o esquadrinhava, entre pálida e reconfortada com sua presença, comentou:

– Está linda, como sempre, minha Rachel! – sorriu-lhe. – Talvez seja impressão sua, motivada pela preocupação excessiva, pois se acha, ainda, nas primeiras semanas de gestação! Meu amor... – Entre penalizado e lutando para não denunciar nas feições o auge de inquietação na qual se via mergulhado constantemente, o jovem a atraiu estreitamente para si, replicando: – Rachel, está linda! – Trocou um olhar velado por grandes receios com Noreen, que não desejava transparecer à moça. – E, repito, depois da entrevista com seu pai, confio que haveremos de resolver tudo da melhor forma para nós! – Fitou-a, amorosamente. – Sossegue, Rachel!

– Que Cristo ouça seus vaticínios, *milord*, porque não aguento mais o estado supremo de tensão no qual Rachel se consome já há várias semanas! Isso é péssimo para o estado especial em que está!

Do outro lado da porta, estupefata, branca da cor do vestido que usava, Lane não aguentou mais ouvir.

Rescendia ódio e frustração contra Stephan e contra si mesma; sobretudo, contra aquela irmã postiça, cuja presença sempre tolerara com dificuldade na rotina de sua família.

Agora, tudo se fazia claro! Tinha razão ao supor algo espúrio se dando nos bastidores da vida da irmã caçula! E agora julgava entender também, ouvindo os dizeres de Stephan, qual a provável razão do diálogo sigiloso acontecendo entre seus pais naquele minuto, num dos escritórios reservados da residência! – considerava para si, trêmula, o olhar dilatado fixo nalgum ponto indefinível do corredor onde se encolhia, oculta pelas sombras da tarde.

Manteve-se assim, sem ação, destituída de iniciativas adequadas nos primeiros momentos; e só o que, de súbito, compeliu-a a correr dali de volta à sala, arfante, arisca, atarantada, foi o ruído dos passos de Noreen para deixar o local das aulas de música, a fim de retomar seus afazeres domésticos.

∘ ∘ ∘

Noutro escritório espaçoso da moradia, entregue a um silêncio algo lúgubre, Paul Ashley se acomodou no assento diante daquele que sua mulher ocupava, olhando-o com expressão indefinível, semelhante à de uma esfinge.

Todavia, não se demoraria muito tempo naquela pausa de suspense, durante a qual iam se dizendo várias coisas apenas com as expressões fisionômicas cheias de interrogações e exclamações mútuas. A vida inteira Gladys fora de compleição psicológica de molde a atacar, sobretudo problemas, de maneira direta – nem que, a princípio, somente arquitetando meticulosamente seu foco de ação, como vinha fazendo.

Foi assim que, com um suspiro algo enfadado, ela enfim comentou:

– Paul, devo dizer que estranhei a hora do dia para a qual me convocou para essa misteriosa entrevista de caráter ininteligível, uma vez que sabe da movimentação doméstica intensa que exige minha supervisão da governanta e das arrumadeiras! E quanto a você, pergunto-me que bom motivo o retém aqui neste momento, uma vez que costuma habitualmente, neste horário, estar ausente de casa, tratando de seus negócios!

– Não há dúvidas de que somente uma boa razão me reteria aqui, em entrevista com você, contrariando minha rotina diária, cuja importância conhece bem, tanto quanto eu mesmo, Gladys! Tem toda razão nas suas primeiras impressões, então, tentarei satisfazer rapidamente seus anseios em entender, uma vez que também não desmereço suas ocupações na administração do nosso lar!

Gladys levantou ligeiramente o rosto tomado de uma solenidade algo gélida, colocando-se na expectativa; e, a isso, como observasse que, cautelosa, nada mais dissesse, o marido continuou:

– Há um assunto que desejo tratar em primeiro lugar, dado que também se fazem importantes esclarecimentos sobre o que está acontecendo no contexto enigmático de nossa vida conjugal. – Começou ele, fixando-a, apesar de tudo, e do teor melindroso da entrevista em perspectiva, com tranquilidade. – No entanto, sempre situo acima de meus próprios interesses os que dizem respeito aos acontecimentos na vida de meus filhos, Gladys... Então, desejo entender coisas inexplicáveis que me chegaram ao conhecimento há pouco, quando tentei entrar em entendimentos com lord Stephan Klyde sobre os pormenores do aniversário de Rachel, que se aproxima!

– Deveras?! Reputa prioritários todos os assuntos atinentes aos seus filhos? Todos eles, Paul? – Gladys cortou-o inesperadamente, e a entonação algo zombeteira em sua voz acendeu no outro certo mal-estar desagradável, pelas possíveis implicações do que ouviria.

– Evidente que sim, e você bem o sabe! – Devolveu, contudo, sem se deixar arredar do rumo que desejava imprimir ao diálogo, acima de apartes a respeito dos quais não compreendia bem a significação. – É por essa razão que deixei meus afazeres em segundo plano para buscar a compreensão de suas atitudes para com o compromisso amoroso que você bem sabe sério, entre o jovem Stephan e a nossa filha Rachel... – E, desejoso de ir direto ao ponto, já que também se sentia impaciente na demora com rodeios verbais que para nada o auxiliariam, revestiu-se de coragem para expor suas maiores perplexidades, sem mais adiamentos: – Com o que, Gladys, e sem entrar em entendimento obrigatório comigo, alinhava com a família Klyde um absurdo consórcio matrimonial entre Caroline e Stephan, já que bem sabe do envolvimento dele com Rachel, sedimentado pela legitimidade amorosa existente desde os anos mais recuados da infância de ambos... Alegando motivos dos quais mal consigo alcançar com exatidão o móbil?

– Motivos bem simples, os quais me admira que um homem de estirpe e conhecedor das etiquetas familiares rígidas das quais devemos dar testemunho na sociedade, desconheça! – Cortou Gladys, em tom acre, na mesma hora, e já neste ponto, surpreendido, Paul preparou-se intimamente para o momento mais delicado daquela palestra difícil, pois antecipava, intuitivamente, o que ouviria em seguida. – Possuímos vínculos de mais de uma geração com os Klyde! Interesses comuns de vulto, Ashley! E mandam as tradições e os bons costumes familiares que, na conjuntura que se apresenta, a filha primogênita desfrute dos privilégios matrimoniais ligados aos interesses de ambas as famílias... pois que isso lhe cabe, de direito, sobre as filhas mais novas... sobretudo, porém, sobre quem possui as peculiaridades que bem conhece a respeito de Rachel... as de uma filha bastarda! Não adotiva, como tolamente, acreditei durante anos e até pouco tempo atrás! – A esposa o atacou duramente. Paul notava-lhe, àquela altura, as feições alteradas por ligeiro tremor nervoso que, a despeito de normalmente calculista, ela não conseguia controlar a contento naquele minuto tenso.

– E é em decorrência desta realidade óbvia que me causa suprema estranheza seu questionamento, já que asseverou, de início, que coloca em relevância, sobre tudo o mais, os interesses dos seus filhos! Porque quer me parecer, Paul, que por razões bem espúrias de seu passado, enfim se fazem claras as causas que determinaram, durante todos esses anos, a primazia constante que impuseste em favor do que diz respeito a Rachel, sobre seus filhos legítimos!

Tendo se preparado longamente para aquela hora crítica, porém, Paul, de seu lado, não denunciou senão ligeira palidez que revelava o estado convulsionado no qual se achavam suas emoções, em ouvindo dela, enfim, aquela menção clara, embora reveladora não mais que de uma parcela do montante total do drama que principiava a se desencadear na sua intimidade familiar.

Todavia, dotado do amor supremo por aquela filha inocente que, sem o saber, aos poucos se convertia no estopim ingênuo de tudo, Paul estava disposto a tudo envidar para preservá-la das retaliações injustas que já entrevia no modo de falar da mulher quase convulsa de indignação à sua frente.

Assim, um leve e quase imperceptível arquejo foi a única reação visível antes que se revestisse de força interior para prosseguir com a devida firmeza de intenções no diálogo dramático.

– Gladys, por Cristo! Podemos e devemos conversar longamente sobre toda essa intrincada rede de intrigas, todavia, desde já lhe rogo que não confunda as coisas e não queira desforrar sobre essa jovem inocente os frutos impiedosos da sua ira e inconformação!

– Não se ache em posição de me rogar nada, Ashley! – Atacou a esposa, agora verdadeiramente trêmula de indignação. – Como ousa, em tais circunstâncias, pedir-me qualquer coisa a conta de favor?

– É adulta! – Devolveu Paul, energicamente. – E entende que podemos entrar em explicações e decidir tudo de modo sensato, que não lance nossa família num escândalo cujas proporções e consequências certamente sairão de nosso controle, nem Rachel a um estado imerecido de indigência familiar por algo de que sequer tem culpa!

Gladys, então, perdeu toda a fleuma, finalmente fora de si, colocando-se de pé diante dele e dizendo:

– Como quer, então, que eu me comporte ao ter conhecimento dessas infâmias do pior modo possível: por meio de mexericos de salão que, ouvidos ao acaso, fizeram-me entender que, desgraçadamente, há anos a sociedade menciona o meu nome, ou com escárnio, ou com piedade do triste papel conjugal que desempenho ao seu lado desde aqueles tempos? Pior! – atacou. – Ao que pude depreender, para acréscimo, sob o risco de estar casada com o assassino frio de lord Arnold Farrow, morto da forma mais vil, sem que o responsável, até hoje a salvo das autoridades, tenha pago pela duplicidade criminosa de que deu mostras, acoitado aqui, em nossa residência, sob as aparências de um aristocrata honrado e bem-sucedido?!!

– Gladys, baixe o tom de voz! Está descontrolada, e nossa casa esfervilha de atividades a esta hora!! O próprio professor Klyde está presente na saleta, ministrando aulas de música para Rachel!

– Você terá de assegurar o casamento de Caroline com Stephan, Paul, se não quiser que eu faça chegar rápido aos ouvidos da sua preservada filha uma história interessante sobre seu nascimento! Você nos deve isso, Ashley! Por pundonor, e para resgatar algo da sua dignidade enlameada perante a sua família! Porque tem um filho homem, se é que ainda se lembra, diante do qual deve exemplos de honradez e conduta! – exclamou a esposa, taxativa e avançando, em atitude ameaçadora, alguns passos em sua direção, fixando-o com o olhar sombrio rescaldando em brasas. – E também porque todos, sem exceção nesta casa, haverão de sofrer com as consequências inevitáveis desta realidade dura! E não haverá de ser Rachel, o estopim de tudo, a única a se isentar do rescaldo do enredo podre do seu passado!! Quero que me assegure disso! Agora!

– Rachel não é o estopim de nada, por Deus, Gladys! É, talvez, a maior vítima de tudo! Não se permita tropeçar deste jeito em seus ímpetos vingativos para descarregar atitudes cruéis sobre o alvo errado! Reserve-os para mim, se assim lhe aprouver! Mas deixe Rachel em paz! – Paul Ashley, de seu lado, perdeu algo de sua fleuma, mantida de maneira estoica até então, e crescendo uns passos para ela, rubro.

Deu-se dolorida pausa no debate transtornado entre ambos. Mas, antes que pudessem dar continuidade ao entendimento difícil, para o maior estupor dele, de repente alguém descerrou de abrupto, e de par em par, os amplos portais de madeira do escritório, que se escancararam, com um estrépito, dando passagem a uma lívida Lane.

Paul e Gladys, atônitos, sem nada entender, esquadrinharam-na; todavia, antes que Paul, de dentro do supremo estado de irritação do momento, pudesse admoestá-la pela sua invasão inamistosa no diálogo de caráter privado que mantinham, a moça correu e, entre lágrimas amargas, lançou-se nos braços da agora transida Gladys, exclamando, aos soluços:

– Mamãe, acabo de descobrir algo terrível! Rachel está grávida! Rachel está grávida de Stephan!

Àquilo, a fisionomia de Paul Ashley se revestiu por inteiro de uma palidez marmórea.

Gladys apenas o fulminou com o olhar num primeiro momento, recolhendo a soluçante Lane ao colo, enquanto se abatia de volta ao assento.

E Paul compreendeu de pronto, fixando-lhe o semblante convulso de ódio, que a partir daquele momento a paz de seu lar haveria de desmoronar definitivamente; e talvez com desdobramentos trágicos.

XXIV
PAUSA NO MUNDO ESPIRITUAL

Despertando daquele demorado quanto intenso fluxo de recordações pungentes, que durante largo intervalo da madrugada silenciosa povoou-lhe os pensamentos das imagens vívidas da trajetória material difícil de tempos antes, vivenciada na companhia de seu atual tutelado naquela região acolhedora das paragens espirituais, Rachel ergueu de leve o rosto das almofadas confortáveis do leito onde se abandonara àquele peculiar dormitar regressivo.

O dia ainda não clareara por completo. E parecia-lhe que influências benéficas das regiões mais depuradas da vida a induziam àquele espontâneo retrocesso de memórias, para que depois, mais lúcida, apaziguada, refeita das emoções fortes do reencontro recente com aquela alma de tanto tempo amada pelo seu coração, pudesse se conduzir com mais segurança diante das situações de convivência que certamente se apresentariam, cobrando-lhe conduta sábia, tanto em prol da própria felicidade, quanto também do recém-vindo dos ríspidos episódios da existência corpórea.

Observando as claridades tênues nos céus, para além do cortinado leve e gracioso oscilando nas janelas e dando passagem ao perfume das aragens noturnas, Rachel reparou, surpresa, que já amanhecia. E compreendeu, algo admirada, que não dormira propriamente durante aquela noite; mas, antes, volitara, hesitante, entre sensações importantes do seu presente e daquelas recordações fortes de um passado que ainda lhe palpitava, vívido, no íntimo. E levantou-se, experimentando invencível necessidade de visitar Stephan e verificar seu estado.

Decidiu-se a fazê-lo, antecipando-se ao despertar do paciente e ao começo franco das atividades naquela bela colônia das estâncias invisíveis. E, assim, arrumou-se e colocou-se a caminho.

Contava, com razão, que àquelas horas, na fraca atividade do arremate da madrugada, o movimento ainda seria pouco junto aos pacientes e hóspedes da vasta instituição de acolhimento aos recém-chegados da vida física, situada em ajardinado extenso e bucólico de um vale verdejante encravado entre várias colinas e montanhas.

Em lá chegando, de passagem por um dos corredores claros, limpos e bem ornamentados com flores, após trocar cumprimentos com alguns conhecidos em atividade de plantão de assistência na Casa, viu Evelyn, em palestra agradável com Josh, justo quem lhe interessava encontrar primeiramente por se tratar de um dos responsáveis diretos pelos cuidados a Stephan no período noturno.

Vendo-a, o trabalhador de imediato se lhe acercou, com um sorriso de boas-vindas.

– Rachel! Então chega com as primeiras claridades do dia?! Não usufruiu como devia de seu período de repouso?

Evelyn, contudo, de bom humor, atalhou, confidencialmente enquanto dirigiam os passos até a moça sorridente.

– Não estou admirada, e não creio que ela tenha usufruído devidamente do descanso! Não sei como não adequou a situação de modo a alojar-se aqui mesmo, conosco...

Ela e Josh trocaram um olhar cordial de entendimento, e os três amigos de longo tempo, deste modo, se reuniram no *hall* amplo da recepção da Casa do Retorno.

– Bom dia! – Cumprimentou-os Rachel, carinhosa e respondendo à pergunta atenciosa do outro: – Não seria justo dizer que não usufruí do descanso! Mas vejo nos olhos de mamãe que ela bem sabe o que se passa comigo, sem necessidade de explicações! – explicou, sem subterfúgios. – Estou, de fato, preocupada com o estado de Stephan! Acordei muito cedo e me senti disposta a vir logo para saber de mais novidades antes que encerre seu plantão noturno, Josh!

– Bem, se é assim, passemos aos informes! – O cuidador de pronto atendeu aos anseios da jovem em expectativa. – Stephan está melhorando, e agora dorme um bem-vindo sono reparador! Esteve muito agitado enquanto desperto, Rachel! – comentou, expondo a situação com a devida franqueza, para que ela se inteirasse do quadro exato do paciente. – Não parava de indagar sobre seu paradeiro e de chamar pelo seu nome durante o período em que lord Klyde esteve ao seu lado! Mas imagino que queira vê-lo... – ofereceu, com um gesto solícito. – Aproveitando o momento em que dorme mais profundamente, porque não haverá de acordar tão cedo, e poderá, assim, avaliar melhor o seu estado!

Rachel e Evelyn se entreolharam, com a segunda entendendo inteiramente o que ia ao íntimo daquela filha dos tempos terrenos mais recentes. Assim, deram-se os braços e, acompanhando Josh pelos corredores bem iluminados pelas primeiras claridades solares se infiltrando sedativamente pelas vidraças cristalinas, puseram-se a caminho.

– Aceita uma opinião de quem a ama? – questionou Evelyn.

– Claro, mamãe!

– Devia, paralelamente às suas atuais ocupações, cuidar também de si mesma, Rachel! Permitir-se um pouco de lazer e de culto ao espírito! Por que não ocupa parte do seu tempo com as atividades artísticas às quais se dedica nos parques? Há poucos dias, Elizabeth comentou que o grupo musical do qual participava nos fins de semana vem se ressentindo de sua ausência durante as apresentações matinais dos domingos!

A isso, porém, Rachel exibiu um sorriso leve, precavido, respondendo com sinceridade para a mãe:

– É preciso inspiração e harmonização íntima plena para tocar e, mais ainda, apresentar-se em público, mamãe! As preocupações, desde a volta de Stephan, bem o sabe, vêm se sobrepondo com prioridade nos meus pensamentos e sentimentos, acima de tudo o mais! Todavia, considerarei suas sugestões, pois venho reconhecendo em mim mesma a necessidade de apaziguar o meu íntimo! Sei que preciso estar bem para ajudar Stephan, seja lá de que modo for, quando a oportunidade surgir! – E, parando um pouco, quando alcançaram a porta que dava entrada ao quarto onde o músico descansava, acrescentou: – Ficaria feliz que fosse você, também, a cuidar de Stephan mais de perto, mamãe... – E sorriu, com um quê travesso na fisionomia que encantou a antiga mãe terrena. – Assim, ficaria mais fácil obter informações sobre o estado dele, enriquecidas com as impressões da sensibilidade de mãe que tudo sabe a respeito do histórico afetivo que desde há tanto tempo nos envolve!

– Sabe que, no meu caso particular, contei com parcela não tão louvável de participação no passado difícil que diz respeito a vocês dois, e não seria apropriada a minha proximidade em situação de privilégio com o rapaz, filha. Mesmo em observação ao contexto familiar de Stephan que, no que me diz respeito, não me favoreceria adequadamente para auxiliá-lo! – Comentou Evelyn, mais séria, querendo recordar à moça a ligação importante existente entre os Klyde e os Ashley, num tempo ainda bem recente.

Ao lado, Josh apenas ouvia aquelas impressões, respeitoso, para então convidá-las a entrar. Descerrou a porta, e, gentilmente, fez um gesto para Rachel adiantar-se.

– Nada tema. Ele dorme profundamente e poderá demorar com ele tanto quanto queira, uma vez que seu pai descansa e também se refaz das emoções intensas vividas desde o seu retorno. Mas será justo informá-la, Rachel – acrescentou o cuidador, oportuno – de que ele receberá a visita de mrs. Catherine, sua mãe na vida material recente, possivelmente no decorrer do dia de hoje, na parte da tarde, quando nossos colegas de plantão a trouxerem da estância à qual se recolheu para refazimento e aprendizado, desde sua volta da materialidade! E lady Lane também haverá de se juntar a nós em breve... Provavelmente, no decorrer da próxima semana, já que o quadro de sua moléstia se agravou muito de tempos a esta parte, conforme nos foi informado! – E, olhando significativamente para a jovem, na qual notou com clareza os olhos umedecendo-se, à sua revelia, em recebendo aquelas notícias que tanto mexiam com o seu mundo interior, anotou, oportuno: – Sabe que a saúde de Caroline, com o passar dos anos, foi se debilitando, justamente pela baixa drástica da imunidade, diante da constante exasperação de caráter de que sempre deu mostras, desde a mais recuada meninice! Em constatando, com o decorrer dos anos, que não atingiu sequer parcela insignificante dos objetivos que acalentou na época em que, enfim, teve outorgada a pulso a sua união com Stephan, a irresignação íntima determinou seu quadro degenerativo de saúde! – Meneou a cabeça a propósito para a agora emocionada Rachel e continuou: – Nada acontece destituído de uma causa sediada nos cenários de nossos espíritos, minha irmã! Que isto sirva para acalentá-la nos seus prováveis receios e inquietações! – Concluiu, dirigindo-lhe um sorriso confraterno, enquanto Evelyn, ao lado da filha, apenas ouvia o discurso sensato do cuidador experiente.

Josh acompanhou, deste modo, as duas mulheres unidas até o leito onde o antigo professor de música se via mergulhado em sono profundo e reparador; e deixou-as, anunciando que, uma vez dado por fim o seu plantão, outra trabalhadora da Casa do Retorno assumiria eficientemente em seu lugar, nas horas seguintes.

Quando o assistente devotado saiu, mais liberta para extravasar suas emoções a custo contidas, Rachel sentou-se ao lado de Stephan. E, sem maiores constrangimentos, diante da observação compreensiva de Evelyn, contemplando-a, condoída, a moça espalmou suavemente a mão delicada na fronte do músico adormecido, afagando-a. E deixou escorrer livremente as lágrimas pelo rosto algo empalidecido.

– Sabe, mamãe – ela comentou baixinho, após depor de leve um beijo terno na fronte do rapaz –, durante toda esta madrugada tive a viva convicção de que fui induzida por amigos das esferas mais elevadas da vida à necessária terapia regressiva. Quase toda a minha última experiência na matéria veio-me espontaneamente às recordações, como um filme nítido, quando estive em estado parcial de desprendimento! – Replicou, com um meneio gracioso de cabeça, ainda olhando irresistivelmente para o violinista adormecido. – Foi como se vivenciasse tudo novamente! Rememorei detalhes já esquecidos, e, de maneira estranha, foi-me dado acessar causas que ficaram alheias ao meu entendimento quando ainda estava no mundo corpóreo! As razões de cada um e o móbil de cada atitude!

Ouvindo-lhe a narrativa surpreendente, Evelyn intuiu algo importante.

– É bom que desfrutou dessa experiência, pois esta haverá de auxiliá-la no entendimento próximo que terá de manter com seu pai, minha querida, uma vez que já se encontrou com Arnold e se reconciliou com ele satisfatoriamente!

A filha olhou para ela. Entendeu, na mesma hora, a quem ela se referia: Paul Ashley, que desde seu retorno ainda não reencontrara para o devido e importante entendimento.

Todavia, diante daquela perspectiva, Rachel salientou:

– Não hei de julgar meu pai quanto a nada do que tenha acontecido, mamãe! Tudo foi demasiadamente doloroso e triste, mas hoje, daqui, e de cima de uma perspectiva mais realista dos acontecimentos, entendo que talvez o pior quinhão daquele drama sofrido tenha lhe cabido, sobre todos os demais! Papai dedicou-se a mim com verdadeira veneração, desde que assumiu para si, a título de redenção dos seus erros, o encargo exclusivo da minha educação e, sobretudo, de suprir devidamente o meu estado de carência afetiva e familiar! Sabe, mamãe... lord Ashley foi, talvez, o meu melhor amigo, e o maior amparador de que dispus na minha última jornada física!

Evelyn assentiu, pensativa.

– Estará em condições de visitá-la em época talvez não tão distanciada, penso. Cumpre etapa importante de adaptação e aprendizado noutro setor das dimensões adjacentes a esta que agora habitamos, para reajuste devido de sentimentos, análise justa e reordenação precisa de planos para o futuro. Sua estada no astral mais próximo à matéria, depois do seu desligamento, foi por demais longa e dolorosa, devido ao estado de perturbação extremo no qual se demorou, até que compreendesse sua nova situação nos palcos da mera continuidade da Vida! – E, vendo que Rachel apenas a ouvia silenciosa, mergulhada em reflexões enquanto contemplava, com expressão entre melancólica e claramente enamorada o paciente adormecido, suspirou, avisando: – Bem, minha querida, tenho ainda alguns compromissos na Casa, com outros recém-chegados de minha estima particular, antes que enfim possa me encaminhar a algum descanso. Deixo-a, então, sozinha com o seu Stephan, porque também sei que necessita de alguns momentos ao lado dele para as suas cismas e conclusões valiosas sobre o que a vocês dois diz respeito! – Inclinou-se, beijando-a, carinhosamente, e despediu-se. – Vejo-a mais tarde, no decorrer do dia!

– Obrigada, mamãe! – a moça apenas agradeceu, com um sorriso. E dirigiu-lhe um último aceno quando ela, enfim, passou pela porta, mandando-lhe de longe um último beijo e desaparecendo no movimento ainda fraco de transeuntes no corredor, do lado de fora.

Rachel, enfim sozinha na companhia daquele que tanto lhe dizia ao coração, voltou-se para ele, perdida em pensamentos e sentimentos que se entrechocavam no seu mundo íntimo.

– Oh, Stephan... Meu querido! Estivemos tão distanciados nos últimos tempos da sua estada na matéria... – ela comentou baixinho, ainda afagando com suavidade, amorosa, a fronte e o rosto dele e cuidando para não despertá-lo, mais como se falasse consigo mesma. – Meus mentores não julgaram saudável a minha proximidade nos momentos decisivos de suas maiores provas com Caroline! E eu mesma não me reconhecia preparada para auxiliá-lo com eficiência, por causa do grande sentimento que sempre nos uniu o coração! E agora, Stephan, não posso deixar de me afligir e indagar de mim mesma sobre com que tipo de reação vinda de você haverei de contar, assim que de fato se restabelecer... Para que mentirei para mim mesma, neste momento, aqui, assim, sozinha com você, depois de todos esses anos?

Todavia, para a sua grande surpresa, como se o espírito do músico de algum modo se visse desperto e sintonizado com aquelas palavras e pensamentos que ela queria e acreditava estarem sendo externados apenas a si mesma naquele instante, de repente, em meio ao seu ressonar profundo, ele sussurrou, movendo-se um pouco no leito, como se envidando algum esforço aflitivo para despertar:

– Rachel... Rachel! – exclamou, virando o rosto de um lado para o outro com a respiração ofegante. – Fique aqui comigo, Rachel!... Não saia!

E a voz esvaiu-se-lhe nos lábios, enquanto, de outra sorte, ele agora comprimia na sua a mão delicada com que a moça o retinha, carinhosamente.

Mas ela, pressurosa, inclinou-se e, aproximando o rosto, pediu-lhe, em adorável entonação:

– Descanse, Stephan! Por favor, descanse! Estou aqui! – confirmou, incisiva, reconfortando-o com outro beijo terno. – Estarei sempre por perto! Mas agora é preciso que durma, meu amor! – completou, emocionada, e quase entre lágrimas que não conseguia conter.

As últimas palavras ressoaram maravilhosamente na ameaça de desassossego que rondava o estado de espírito do violinista; quase que de imediato ele retornou ao sono profundo de antes, relaxando espontaneamente o aperto com que já ameaçava retê-la ansiosamente pela mão.

E, Rachel, a isso, suspirou, muito aliviada. Manteve-se durante apenas um intervalo de tempo a mais ao lado dele, então imerso num sono tranquilo e reparador, e, afinal, levantou-se e deixou o quarto, cautelosa, necessitando de algum tempo de isolamento para apaziguar devidamente as próprias emoções convulsionadas.

XXV

ARREMATANDO REMINISCÊNCIAS

Rachel se dirigiu ao amplo parque ajardinado onde costumava se apresentar com um grupo musical de elevado virtuosismo nas manhãs ensolaradas de domingo daquela estância espiritual situada acima dos cenários materiais do Reino Unido.

Um vasto rio cristalino cortava o extenso relvado, fluindo para destinos desconhecidos. Necessitada de momentânea solidão que lhe propiciasse arrumar os pensamentos em conflito, ela se aproximou dos assentos rupestres situados harmonicamente naquele trecho da paisagem celta, como uma bela pintura etérea. Acomodou-se, e, no profundo silêncio dos arredores perfumados, mergulhada em profundas reflexões, entregou o espírito ao fluxo espontâneo de ideias que, porventura, lhe acorressem em prol do devido reajuste interior, depois de dirigir mentalmente tocante e sentido pedido de auxílio aos mentores daquele setor mais privilegiado da Vida.

Então, a isso, como se fosse resposta pronta aos seus sinceros apelos, passou a desfilar à sua análise, na retina do espírito, o prosseguimento das reminiscências e reflexões interrompidas no princípio daquela manhã com o despertar na bucólica residência que habitava, nem tão distanciada dali.

Stephan retornara, aos quarenta e dois anos de vida, depois de um sofrido e aparentemente longo intervalo de vinte e dois anos, durante os quais sua extemporânea união matrimonial com Lane representou, mais apropriadamente, no contexto de sua curta existência na materialidade, prolongado e doloroso martírio.

As lembranças, portanto, abrangiam esse período, imediatamente posterior à cena dramática da entrada intempestiva de Lane no escritório do pai, na ocasião em que mantinha o entendimento crítico com Gladys sobre a situação delicada na qual se achava sua união amorosa com Stephan.

Este último já havia deixado a residência desde algum tempo e Paul, praticamente atarantado, atônito após o momento crítico dividido com a esposa e a filha mais velha momentos antes, agora entrava de chofre na saleta onde a caçula ainda se demorava em palestra aflitiva com Noreen, embora durante o período em que esteve com o professor de música houvesse reconquistado algo do seu equilíbrio íntimo.

A entrada intempestiva de Ashley, contudo, de algum modo antecipou-lhe que a calmaria de minutos antes não perduraria; e ela, de imediato empalidecida, esquadrinhou o barão, com um golpe gélido acometendo-lhe o estômago.

Colocou-se de pé de um só impulso, com a dama de companhia que também empalidecida, sem nada entender dos modos ininteligíveis do patrão, antevia no coração oprimido a tormenta prestes a se desencadear na vida da família à qual ela e sua mãe há tantos anos serviam.

– Pai? – Rachel exclamou com a voz um tanto trêmula. – O que aconteceu para estar com essa expressão quase desarvorada? Estava em entrevista com mrs. Gladys, mas, ao que vejo, algo o flagela terrivelmente!

Paul não perdeu tempo com subterfúgios para expor o assunto urgente que o fizera invadir intempestivamente a saleta, daquele modo que não lhe era usual.

– Rachel... minha filha! Antes de lhe expor qualquer coisa, devo-lhe um pedido de desculpas por não ter podido ou sabido colocá-la a salvo da última coisa que queria que acontecesse neste episódio difícil que divide com lord Stephan Klyde! – E, avançando para a moça agora lívida, quase estatelada de susto com o que ouvia, trouxe-a para si e a abraçou, emocionadamente. – Perdoe-me, Rachel! Perdoe-me! – implorou, comovido, e dificilmente disfarçando o estado de exaltação do qual se via preso. E como de início, transida, trêmula, a jovem nada conseguisse dizer num primeiro instante, ele tratou de arredar do momento crítico a também paralisada Noreen, liberando-a do constrangimento do que involuntariamente presenciava. – Por ora, você está dispensada, miss Noreen!

– Sim, senhor! – a dama concordou de pronto, obediente, e, condoída do aspecto esvaído de que Rachel já dava mostras, apressou-se a deixar o local, sumindo pela porta que, logo em seguida, Ashley cuidou de trancar, colocando-os a salvo de indiscrições.

Quando ele, afinal, sentou-se diante do estofado no qual Rachel havia baqueado irresistivelmente, esquadrinhando-o à espera, foi logo cobrado pela filha:

– Pai, que Cristo nos valha! Que más notícias me traz para entrar aqui desse modo intempestivo e pouco usual?

Suarento, aflito, Ashley meneou, voltando a tomar-lhe das mãos, zeloso.

– Rachel! Desde que entrei na ciência do drama que está vivenciando com o professor Stephan, não sosseguei enquanto não alinhavei medidas de molde a livrá-la, num prazo o mais curto possível, dos reveses associados a este impasse impossível de ser sustentado por maior tempo do que aquele que já suportou! Assim... – Contou, olhando-a com expressão quase súplice: – E sem mesmo que o rapaz ainda o saiba, uma vez que entrei em entendimento importante com William neste sentido, procurei o barão, em primeiro lugar, para obter dele explicações inteligíveis ao meu entendimento para a postura inesperada que ele está assumindo! Depois, ato contínuo, e como sabe, no decorrer das últimas horas sacrifiquei compromissos importantes de outra ordem para ter com sua mãe, a fim de pedir-lhe explicações acerca da uma iniciativa desarrazoada que adotou, prejudicando o bom andamento do compromisso amoroso entre vocês!

Perdida, atarantada, Rachel meneou a cabeça.

– Mas... a qual iniciativa desastrada alude, papai?! De fato, há tempos Stephan havia me rogado paciência para com a posição do pai no sentido de fazê-lo aguardar ainda um tempo para contrair comigo compromisso matrimonial, alegando sua situação profissional instável! Sofri intensamente com a notícia, porque bem sabe que o meu caso não comporta demasiada demora nas soluções, e Stephan, de seu lado, via-se irresoluto quanto ao que fazer! Daí, ter-lhe colocado a par de todo o nosso dilema, porque não podia mais suportar o adiamento indefinido do desfecho da nossa situação!

Mas, ouvindo-a, condoído, Ashley a interrompeu com um gesto gentil.

– Sim, mas... Acalme-se, Rachel, minha querida! Porque o fato é que está a par de apenas uma face do problema! O caso é mais complicado!

– O que quer dizer? – replicou Rachel, com os belos olhos úmidos, a custo contendo as lágrimas de sofrimento e a angústia provocadas pelo pressentimento infalível do coração acerca da provação rude prestes a se desencadear sobre o seu destino.

– Gladys, sempre atenta com prioridade aos direitos da sua irmã mais velha, Rachel, e ainda levando em consideração a feição de sua legitimidade de filiação que reputa privilegiada sobre seu caso de filha adotiva, requereu dos Klyde, sem o meu conhecimento e consentimento, que Stephan se unisse em consórcio matrimonial, preferencialmente, com Lane! Ao que, atento a interesses outros de ordem prática e familiar, no terreno das etiquetas de tradição, William consentiu de bom grado... Apesar de sinceramente condoído do desgosto que isso representaria ao filho e a você mesma... Contudo, desconhece o detalhe agravante da sua gravidez, como pano de fundo da situação.

A isso, e sobressaltando de imediato o agora aturdido barão, Rachel quase cai, sob o impacto de uma síncope, levando ambas as mãos à boca com um grito lúgubre, e empalidecendo morbidamente.

Descaiu momentaneamente no encosto do assento, e Paul, de pronto, acorreu-lhe de encontro, abraçando-a e estreitando-a de novo a si.

– Rachel! Por Deus, Rachel! Rogo-lhe, tenhamos sangue-frio, minha filha querida! Há de se achar uma solução para esse impasse!

Mas tudo o que Rachel conseguiu fazer num primeiro momento, tomada de desespero franco e doloroso, foi entregar-se ao pranto, exclamando, aos gritos:

– Lord Klyde tem de saber, papai! Rogo-lhe, por minha vez: conte-lhe o que está acontecendo, de fato! – E, em choro convulso, tentou se desprender, vitimada pelo mais absoluto estado de desarvoramento. – Stephan casado com Caroline! Deus! Não hei de suportar! Prefiro morrer!

Como conter a emoção suprema do momento? Lord Ashley não sabia, talvez encurralado no minuto mais difícil de sua vida, e, se fosse ceder ao seu primeiro e natural impulso, choraria com aquela filha amada, que não conseguia, ali, proteger tanto quanto ela merecia das consequências infames de seu passado obscuro, que agora, à sua revelia, atingiam-na em cheio, quando reconhecia, daquilo, a injustiça incabível!

Sabia que urgia atinar com alguma saída que não a prejudicasse daquele jeito para preservá-lo! De bom grado – refletia, com a mente rescaldando em brasas, enquanto, atordoado, recolhia-a nos braços, com sofrido enternecimento – recorreria a qualquer medida sacrificial que pudesse conciliar a situação, de forma a assegurar-lhe a felicidade!

No entanto, a conjuntura, em si, tolhia-o de iniciativas eficientes naquele sentido! Justamente porque qualquer empenho em garantir a realização pessoal da jovem com o pai da criança em seu ventre representaria, de outra sorte, o horror de ser revelado a ela, da pior forma possível, o drama vil que envolvia o seu nascimento – o que traria em sua rasteira, inevitavelmente, o conhecimento do modo tenebroso como perecera-lhe o suposto pai biológico no passado, levando-a, provavelmente, a odiá-lo.

E, Paul, ante a só possibilidade dessas hipóteses tenebrosas, detinha-se, inseguro, sem saber se suportaria opróbrio de tal monta: o repúdio da filha; a mais absoluta derrocada da sua respeitabilidade perante a sociedade e a família. E, para acréscimo, ainda a chance de, tardiamente, ter de responder com julgamento e prisão infamante por seus crimes sepultos na esteira já distanciada dos tempos que haviam lhe oferecido a continuidade, reputada até então assegurada, da segurança e tranquilidade nos enredos do seu cotidiano.

"O que fazer?", questionava-se, entregue a franco desarvoramento interior.

– Rachel! – continuou, revestindo-se de uma força de cujas origens desconhecia a fonte. – Stephan já se ausentou; precisamos, sem mais adiamentos, ter com ele em caráter sigiloso para discutirmos a situação em conjunto! O caso é que Lane, por grande infelicidade, ouviu, há pouco, seu diálogo com ele e com miss

Noreen! E, disso, extraiu, fácil, as conclusões, invadindo intempestivamente a minha entrevista com Gladys, já de si séria, porque tratava com ela justamente sobre os rumos do seu destino, minha filha! E sua irmã revelou de chofre, aos gritos e soluços, o que aqui entreouviu! – E, beijando-lhe, condoído de seus soluços dolorosos, os cabelos sedosos e perfumados, continuou: – Rachel, rogo que seja forte para enfrentarmos tudo isso juntos, lembrando-a, sobretudo, da sua saúde e da criança em seu ventre, que ainda haverá de amar muito no decurso da sua vida! – rogou, emocionado. – Sabe do temperamento difícil de sua irmã! E também de que, por capricho, creio, e movida pelo mesmo impulso competitivo absurdo que sempre alimentou a seu respeito desde a infância, alimenta sentimentos inconfessáveis pelo seu professor de música!

Mas Rachel, ainda entregue a soluços desatinados, somente conseguiu abanar a cabeça, entre assentindo com o que ouvia e espelhando uma súplica muda para dele contar com a providência milagrosa que a retirasse daquele doloroso pesadelo.

– Pai! – ela afinal arrancou de si forças para indagar do barão agora a fixá-la aflitivamente, por entre afagos, com os olhos banhados por lágrimas que não se preocupava mais em disfarçar. – Estou desesperada! E nada consigo entender do que diz! Como pôde lord William consentir com a ideia de mrs. Gladys? Ele sabe do envolvimento amoroso que Stephan mantém comigo! Stephan já havia conversado com ele a respeito... mas não mencionou que o pai exigisse nada além de algum tempo a mais, para que se posicionasse melhor na profissão de músico, a fim de contar com um futuro familiar assegurado, então, o está acontecendo, pai?

Quedou, por fim, com o rosto nos braços de Paul, novamente abandonando-se ao transtornado desalento anterior, mergulhada em soluços dolorosos.

– Filha... o fato é que agora tudo se tornou mais complicado, com Gladys tendo entrado no conhecimento do que lhe acontece!

Ela está fora de si, Rachel! E exigiu, sem apelação, que eu endosse o trato firmado com o barão Klyde... Além de outras medidas mais, que não ouso lhe expor agora, no tocante ao desfecho do seu drama particular! Não se desespere, querida! Eu e Stephan haveremos de protegê-la!

Beijou-a ainda uma vez, silenciando; e ambos gastaram outro largo intervalo perdidos em reflexões pungentes, sob o efeito de algo lúgubre das sombras do cair daquela tarde, que, gradativamente, dominavam a saleta onde, até então, alegravam o ambiente apenas os acordes de cravo soando nas aulas diárias de música do professor Stephan.

XXVI
NASCENTES CÁRMICAS

– Sonsa! Estúpida! Eis aí, mamãe, a serpe dissimulada que tínhamos em casa... a conta de irmã e filha! Essa bastarda, que papai nos arranjou com suas estultícias de sociedade, anos atrás! Como pôde nos enganar por tanto tempo, com aquele ar de falsa santa?! Pois foi assim que quis se assegurar de manter Stephan nas rédeas! Entregando-se-lhe... qual meretriz barata!!

Lane crispava as mãos de ódio e andava de um lado para o outro como leoa enfurecida, sem nada ver em volta, com modos praticamente quais os de uma alucinada; mas a mãe, sentada nas proximidades, agora pensativa, e já tendo, dois dias depois, acalmado um tanto a sua sanha implacável de vingança depois de ter exposto às claras ao marido o seu veredicto, em troca do qual o preservaria de maiores e graves transtornos, fez à filha, metida noutro dos muitos acessos de nervos das últimas horas desde que se inteirara das novidades sobre a irmã, um gesto seco e firme.

– Sossegue, Lane, sua situação já está alinhavada com segurança! E não metas os pés pelas mãos ousando qualquer ataque à Rachel! As coisas se precipitaram talvez cedo demais, uma vez que não conseguiu completar seus esforços de conquistar Stephan. Mas, agora que tudo veio à tona depois dos últimos acontecimentos, deixe que hei de me entender com ela, na hora certa, que não há de ser agora, pois que novamente se acha adoentada! Essas coisas colheram-me de surpresa, já que não supunha a possibilidade de que ocorresse algo assim envolvendo sua irmã; mas devemos medir cada atitude a partir de agora, porque qualquer passo mal calculado pode nos comprometer, encurralando-nos em dificuldades financeiras e num destino triste em sociedade em muito curto prazo!

Gladys demorava-se a pesar a situação, e não ousou responder com qualquer assentimento aos comentários ofensivos que a filha, inflamada pela ira, assacava contra a irmã. Afinal, a justeza de consciência lhe recordava bem em que condições unira o seu destino ao de Paul, muitos anos antes, em decorrência do que só lhe fora preservada a honra, na situação interessante na qual se achava na época do casamento, com poucos meses de gravidez da jovem a vagar indócil à sua frente naquele momento, porque Paul não hesitara em corrigir as circunstâncias atendendo, por sua vez, aos imperativos dos interesses familiares, que lhe impuseram propor-lhe casamento, sem nenhuma ponderação de outra ordem.

De algum modo, porém, Gladys intuía que era justo esse histórico conjugal ingrato, embora conduzido por ambos de forma, apesar de tudo, satisfatória até tempos antes, que contribuía para que ele agora se revoltasse com tanto ímpeto contra o que ela exigia em relação ao futuro esponsalício de Lane. Pois era, ela, Gladys, uma escrava irredimível dos ditames de etiqueta vigentes na sociedade; todavia, não tão hipócrita para deixar de reconhecer, nem que apenas para si mesma, tanto que o que alimentava o coração da filha primogênita naquele episódio jamais ultrapassaria o coquetismo caprichoso e fútil inerente ao seu temperamento, quanto a solene indiferença afetiva que o jovem Klyde lhe devotava, ao contrário do amor enternecido que desde sempre – bem reconhecia! – nutrira por Rachel.

◦ ◦ ◦

Rachel, por sua vez, e não resistindo com a devida robustez emocional à sobrecarga de desgostos dos últimos dias, mostrava-se de novo fragilizada em sua saúde, depois da hora inesquecível em que conhecera a iminência da sua provável desdita amorosa por parte dos informes do pai; e tendo agravada a precariedade de seu ânimo após o encontro providenciado, em caráter emergencial, com o próprio Stephan Klyde.

O rapaz atendera, às pressas, ao chamado expresso enviado por Paul para que comparecesse a endereço próximo de onde residiam, no dia seguinte aos últimos fatos narrados, avisando que o esperaria com Rachel para entendimento importante, o que fez o músico antever que coisas graves começariam a se delinear a partir daquele momento. Pois, na missiva expedida em caráter emergencial, o barão adiantava o assunto a ser tratado; todavia, prevenia-lhe de que os detalhes atinentes ao histórico da paternidade de Rachel não deveriam ser mencionados no encontro, pois se mantinham ainda fora do conhecimento da moça; para tanto, ele deveria compreender de antemão que todas as novidades que lhe iria expor estariam vinculadas ao impasse que enfrentava, ele, Ashley, sozinho, a respeito daquilo, diante de sua família.

Para pungente surpresa, portanto, na manhã fria e nebulosa daquele encontro, o rapaz teve os piores prognósticos confirmados, ao deparar com um Ashley de fisionomia claramente descomposta amparando a filha, excessivamente pálida, e aparentando iniludível fraqueza de ânimo e de forças físicas.

Os três se avistaram em avenida distanciada e encoberta por arvoredos, vazia de circunstantes naquele horário matinal, logo após as primeiras claridades. E, antes mesmo que o violinista os alcançasse na calçada larga, já em lágrimas, Rachel correu e atirou-se em seus braços, enquanto o alarmado Stephan dirigia ao barão o olhar cheio das mais atarantadas interrogações.

– Por Deus, lord Ashley! O que está acontecendo?! Cancelei vários compromissos de aulas de música hoje para atendê-lo com presteza, e vejo que não errei ao adivinhar que somente algo muito sério motivaria o tom urgente do chamado! – ele comentou, enquanto recolhia a moça nos braços, estreitando-a ansiosamente. E beijou-a repetidamente nos lábios e no rostinho branco da cor do vestido que usava, exclamando: – Rachel! Meu amor, o que está acontecendo? Por favor, fique calma para conversarmos!

– Venha conosco, lord Klyde; hei de lhe expor, sem meias palavras, a situação crítica que se apresenta! Porque haveremos de sair daqui hoje com alguma solução que não submeta mais Rachel ao inferno que está vivendo! Toda a situação entre vocês saiu do controle e, por um acaso infeliz de indiscrição anteontem, tudo a respeito veio à tona na minha residência!

Emocionado ao ouvir aquilo, o professor de música logo concordou, e, ainda abraçando a moça com enternecimento, seguiu-o, amparando-a, enquanto se dirigiam a um setor da cidade onde poderiam conferenciar com mais privacidade.

Sentaram-se, assim, em bancos rupestres enfileirados em calçada de avenida ampla e praticamente vazia de transeuntes àquele horário do dia. E Paul, então, recomeçou a falar:

– O fato, lord Klyde... é que, durante o entendimento decisivo que mantinha com Gladys anteontem para definir orientação ao caso de vocês, Lane caiu na infelicidade de cometer uma indiscrição séria, durante o intervalo em que esteve presente na saleta no horário de lições de música! Ouviu algo do que você falava com Rachel e miss Noreen e descobriu sobre a gravidez. Desarvorada, invadiu o escritório, interrompendo uma conversa que já era difícil, porque eu cobrava de Gladys explicações justas para os acertos irregulares que encetara com William sobre seu destino conjugal! Aos gritos, contou o que ouvira na saleta sobre o estado em que Rachel está! Gladys, a partir disso, se já se via fora de si com a discussão complicada que mantínhamos, entrou em autêntica mostra de desvario, de resto tendo robustecidas as razões para as exigências descabidas que pretende impor ao problema! Indignada, com Lane chorando dentro da sala, exigiu ter atendidas suas determinações! Alegou que, dentre outros fatos a serem considerados – e, neste ponto, relanceou sugestivamente o olhar ao jovem, que logo compreendeu as implicações ocultas do que relatava – ...se já era inadequado desatender aos acordos familiares de praxe, objetivando favorecer seu futuro como músico, e ainda as prerrogativas dos privilégios de Caroline nos assuntos de consórcio matrimonial, agora, então, com a situação de implicações duvidosas na qual Rachel está, mais ainda não se justificaria endossar sua união com ela, Stephan!

Acuado, tonto, Stephan ouvia, ainda abraçado estreitamente à esvaída Rachel, comprimindo-a contra si na tentativa instintiva de acalmá-la. De início, ante aquelas novidades desnorteadoras, não atinou bem com o que pensar ou dizer; apenas conseguiu afirmar, alheado da realidade em torno:

– Não posso, lord Ashley, afrontar deste jeito a história do meu envolvimento com Rachel e me casar com Lane! Perdoe-me! – declarou desorientado e com entonação entre franca e desassombrada.

– Não pode, de fato. Compreendo inteiramente, endosso e agradeço-lhe a honradez com que se posiciona nesse caso, filho. Todavia, inquieta-me seriamente que o aspecto prático do desenrolar dos acontecimentos talvez nos afronte as tentativas de sucesso neste sentido!

– O que quer dizer, lord Ashley?

Paul meneou, sem esconder que se achava pesaroso de ânimo, porque conhecia o contexto que reputava intransponível e que existia e se desenrolava fora do conhecimento de Rachel e do próprio Stephan, no tocante ao histórico sombrio da morte de Arnold Farrow, a contrapor-se-lhes, por antecipação, às melhores disposições otimistas.

– Tentaremos atinar com alguma saída menos dolorosa para a situação, Stephan; sobretudo, porém, e para tanto antevendo a possibilidade bem presente de nada funcionar como desejamos, delineando planos de modo a amparar devidamente seu filho! Ouça, portanto, o que penso, devendo, antes, informar-lhe das exigências descabidas de Gladys para o caso!

– Como assim, exigências descabidas?!

– Além de exigir o casamento com Lane em curto prazo, ainda impõe que a criança seja entregue à indigência, porque reputa vergonha familiar para além do que tolera mantê-la sob a nossa custódia, na impossibilidade de consumar o matrimônio entre os pais do pequeno!

A isso, todavia, Stephan levantou-se de um impulso brusco. E desprendeu-se, na sua indignação incontida, da agora espantadiça Rachel, que, esvaindo-se em lágrimas lavando-lhe o rostinho lívido, levou as mãos à boca, abafando um grito.

– Lord Ashley! Não posso crer que endosse um disparate desses!! Não entregarei, por Cristo, nosso filho à indigência, quando ele conta com pais que o amam, e que, sobretudo, se amam! A isso... – declarou veemente, rubro, quase ensandecido de cólera... – haverá o senhor de anuir que me evada com Rachel em busca do nosso destino! Certamente contaremos com sorte melhor do que esta, que sua esposa nos reserva!

Ouvindo-o, todavia, e embora impressionado pelas boas intenções indiscutíveis do músico, Paul, mais experiente e avisado, suspirou, um tanto melancólico.

– De fato, lord Klyde, seria uma alternativa. Todavia, no interesse da felicidade de minha filha é que lhe questiono acerca desta "sorte melhor" que menciona, pois é certo que se me oferece opção mais viável para que sigam em paz, sem dúvida serei o primeiro a endossar seus planos, em virtude do que lhe questiono, em primeiro lugar: como se manteriam? Como asseguraria a meu neto e à minha filha conforto condigno e, acima de tudo, condições mínimas de subsistência?

Stephan calou-se a essa interrogação; e, desta feita, lia-se um quase desespero nos seus olhos profundos e agora umedecidos, contra todo o brio que se cobrava para conservar-se valorosamente naquele entendimento definitivo.

Ele tornou a se sentar ao lado da jovem, que se lhe achegou estreitamente, e voltou a abraçá-la, caindo em si. E, após reflexão franca, honesta, fixou seu interlocutor, externando toda a desorientação íntima de que se via vítima:

– Por favor... Ajude-nos, lord Ashley! Não sei o que fazer! Quero assumir minha responsabilidade casando-me com Rachel, que é a quem verdadeiramente amo! Todavia, é preciso reconhecer, não encontro solução digna e imediata, porque de fato minha situação financeira ainda é demasiadamente instável!

Olhando-os, Paul refletia: como aconselhá-lo com inteireza, se não podia, de seu lado, desfazer-se de considerações mais graves a respeito do caso, que ambos os jovens diante de si desconheciam?

Forçoso admitir que o dilema maior ainda não era o que o casal aflito à sua frente enfrentava – mas o que ele, sozinho, conhecia, com todas as suas implicações!

Assim, e procurando disfarçar para Stephan o seu intenso conflito interior, ele comentou, depois de largo intervalo imerso em reflexões conflituosas.

– Hei de me entender, ainda uma vez e em caráter definitivo, com seu pai a respeito da situação, lord Klyde! E, dessa entrevista, hei de lhe dar um veredicto, que deveremos acatar, visando ao bem de todos... acima de tudo, porém, ao de Rachel e dessa criança, prestes a vir ao mundo em condições tão ingratas! Tentarei, ainda uma vez, impor sensatez às considerações de William para com esse impasse, que compromete não somente o seu futuro, mas o de todos nós!

No decorrer daquele mesmo dia, Paul providenciou o encontro com William Klyde. Sentia-se acossado a não deixar escoar mais um minuto que fosse, empenhado na tentativa de achar para o impasse uma solução que sanasse a situação da filha caçula e do professor de música, em primeiro lugar, mas que também o colocasse a salvo da ameaça séria que o conjunto de fatores inerentes àquele dilema impunha-lhe, pairando sobre a cabeça, como fatídica espada de Dâmocles[1].

Stephan e Rachel, desta feita, e com a retirada de Ashley rumo a essas finalidades com o fim do encontro, ainda se demoraram extensamente em entendimento íntimo, a passeio pelas ruas e arredores de Londres, entregues a momentos carinhosos e a protestos mútuos de renovação amorosa, que pelo menos contribuíram para aplacar em Rachel, parcialmente, o supremo desajuste emocional ao qual se via entregue desde o começo do seu drama doméstico.

1 Dâmocles: alegoria histórica, segundo a qual o rei Dionísio, de Siracusa, ensinou ao velho Dâmocles o caráter dúbio do poder, ao colocá-lo sentado em seu trono com uma espada sobre sua cabeça, pendendo apenas de um único fio da crina de seu cavalo (N.M.).

Efetivamente, ela estava dominada por tanto desalento, que confessou a Stephan não encontrar coragem para retornar ao ambiente do lar.

– Escute, meu amor! – ele ponderou. – O que acha se eu providenciasse novas visitas de minha irmã, para que se encontrem e você conte com mais apoio para reanimá-la? Dói-me que, nessas circunstâncias, e mesmo querendo estar contigo o tempo todo, eu não possa realizar isso por força dos meus compromissos; mas sabe que Patsy nos incentiva, incondicionalmente, e é dotada de temperamento otimista, sempre enxergando saídas e soluções úteis! Trocando ideias com ela, vai se sentir mais alentada quando eu não puder estar contigo!

Para sua tristeza, no entanto, e talvez tendo agravado aquele quadro pela extrema fragilidade emocional decorrente da gravidez em circunstâncias tão difíceis, Rachel se mostrou derrotada pela mais absoluta depressão íntima. Ouvindo-o, com lágrimas nos olhos enquanto passeavam abraçados, depois de se refugiarem no parque próximo onde mantinham suas entrevistas a salvo de maiores indiscrições, ela comentou, detendo os passos:

– Stephan... Não estou conseguindo vencer a impressão dolorosa de que vou perdê-lo em breve! – declarou, com o semblante delicado descomposto, e o belo olhar aveludado preso ao interlocutor, que mal conseguia denotar para ela um mínimo de segurança íntima.

Travou-se-lhe a garganta; em seguida, ao pronunciar este vaticínio sombrio, desandou a soluçar novamente, enquanto o rapaz a atraía outra vez para si, abraçando-a com fervor.

– Rachel... – Ele replicou, emocionado, também se sentindo perdido na situação, por mais que tentasse disfarçar sua insegurança com protestos repetidos de amor. – O meu amor vai lhe pertencer para sempre! – disse, fixando nela o olhar profundamente magnético, e retendo a custo as lágrimas. – Não sou um refém completo dessa situação, e tenho certa liberdade de iniciativa! Vamos confiar que acharemos uma solução que nos beneficie!...

– De há muito aguardo por uma solução, Stephan, mas você mesmo vê que nada nos acontece que nos ofereça qualquer esperança, e a situação só se agrava, então, de meu lado, agora lhe pergunto, e sei que não haverá de mentir. – Rachel distanciou-o um pouco, encarando-o com expressão dolorida, as lágrimas escorrendo-lhe pelo rosto delicado que ele agora, condoído, afagava carinhosamente. – Terá coragem de desposar Lane, se isso, afinal, for-lhe imposto, Stephan?! Por que durante este tempo todo não pôs seu pai a par do que está nos acontecendo? Talvez se inteirando da gravidade do problema ele não se posicionasse do modo como está fazendo!

A pergunta que o encurralava contra si mesmo deu um nó na garganta do violinista. Atendendo à inclinação natural, o coração compelia-o a empenhar a palavra, conforme o que, por antecipação, sabia ser o certo, para assegurar pelo menos um reconforto maior ao mundo íntimo da jovem Ashley. Mas, de outro lado, e a despeito da pouca experiência de vida, já era avisado o suficiente para conhecer que, em momentos críticos, nem sempre prevalecia o mais correto, levando-se em consideração algo tão subjetivo quanto o universo emocional de dois jovens e a conjuntura delicada que viviam como consequência desse sentimento – mas o mais prático! O que atendesse a interesses de outra ordem, normalmente associados à frieza rigorosa das tradições familiares em sociedade e ao aspecto financeiro relacionado a elas.

Confuso, desorientado, e, sobretudo, claramente dominado por insuportável angústia interior, o jovem Klyde meneou a cabeça, ofegante, embora sem libertá-la do abraço protetor com que a retinha a si.

– Rachel, já lhe disse: meu amor haverá de ser seu até o fim dos meus dias, e mesmo depois disso, mas... Deus! Não sei mais o que haverá de acontecer, a partir das iniciativas do seu pai! – E, voltando a olhá-la profundamente nos olhos agora desvelados, e, para sua agonia, tomados de franca dor pelo que entrevia nas suas palavras destituídas de sentido claro, continuou: – Não consigo mais esclarecer a mim mesmo o que haverá de penalizá-la mais, meu amor: se a nossa persistência em assumir as consequências dessa situação, sozinhos, ou alguma outra atitude extrema e difícil que lhe aparente ser demasiadamente dolorosa e cruel... mas que, talvez, a preserve de sofrimentos maiores!

A isto, Rachel recuou de inopino, empurrando-o, em choque. Apesar de tudo, esperaria ouvir tudo para o seu questionamento – menos aquele discurso, que revelava com clareza, no músico, a existência de uma hesitação que jamais denunciara antes, nem por palavras, nem por atitudes.

– Stephan!! – exclamou, quase desnorteada. – Cristo! O que quer dizer com essas palavras incompreensíveis como resposta a uma pergunta tão simples que fiz? – E novo soluço alteou--lhe novamente os ombros frágeis, sufocando-a e banhando-lhe, ainda uma vez, os olhos dominados por aguçado sofrimento de lágrimas abundantes. – Terei compreendido bem o que se esconde por detrás do que diz agora? Sob pressão que julga, enfim, insuportável... haverá de ceder? De deixar-me... E de se casar com Caroline? Sob a justificativa impossível de se compreender de "poupar-me de sofrimentos maiores"? Mas que sofrimento pode vir a ser maior do que este, que estou atravessando, Stephan? Oh! – Ela levou ambas as mãos aos lábios trêmulos, em desespero franco, desviando-se, desnorteada, para os arredores silenciosos do parque. – Meu Deus!

A isso, porém, assustadiço, Stephan avançou para ela, de pronto. Puxou-a de volta, decididamente, quando já ameaçava correr parque afora; tornou a abraçá-la e venceu-lhe a resistência com que, quase horrorizada, ela tentou distanciá-lo de si.

– Rachel, pelo amor de Deus, venha cá! Não faça isso. Não foi isso que eu quis dizer! – E, dominado pelo supremo desarvoramento do drama que dividiam, deixou-se levar, pelo menos naquele minuto doloroso, pela voz dos sentimentos. Atraiu-a para si, firme, forçando-a a encará-lo novamente, e afirmando, com o olhar em fogo: – Escute! Olhe para mim, Rachel! Não vou me casar com Caroline!! Eu a amo e você bem sabe! Tem de confiar em mim e acreditar! Haverei de achar uma saída! Mas, se nada nos favorecer, arranco-a daquela casa comigo e haverei de protegê-la! Sairemos em busca do nosso próprio destino, meu amor! Mas, por favor, não pense mais nisso! Não fique assim!

Um soluço, que conteve a pulso, também contraiu-lhe a garganta enquanto, derrotada, no mais completo estado de desamparo, Rachel, enfim, abandonou-se àquele abraço.

Refugiou-se nele, e no que ouvia do músico naquele momento inesquecível, dito em inegável tom categórico, apegando-se ao que lhe comparecia como a sua última tábua de salvação.

XXVII
O BARÃO CAPITULA

Antes de se dirigir à palestra sigilosa decisiva com William Klyde, Paul invadiu, de repente, o cômodo da casa onde Gladys se ocupava dando ordens à copeira e a chamou em tom imperativo.

– Preciso lhe falar com urgência...

Surpreendida, e intuindo algo sério, Gladys escusou-se à criada e seguiu o marido até um ângulo do peristilo, isento de circunstantes àquelas horas. E ele, antes mesmo que ela detivesse os passos, e depois de inspecionar os arredores atentamente, adiantou, antes que pudesse lhe ser dirigida qualquer pergunta:

– Tenho negócios a tratar. Preciso me ausentar durante algumas horas! Não tivemos mais entendimento condigno após aquela tarde infeliz no escritório, Gladys, todavia – avisou, taxativo –, quero impor, aqui, algumas determinações, e exijo que as atenda! – disse, cravando-lhe o olhar em fogo e a espantando com a atitude intempestiva. – Sob pena de que com mais nada eu me importe caso recalcitre, deixando que conduza o impasse que vivemos do modo desastrado e irrefletido que sempre foi o seu estilo; mas também, com isso, abrindo portas a uma separação, que vai lhe tirar, em caráter permanente, do tipo de vida confortável e cheio de coquetismos que sei que tanto preza! Reflita antes de se entregar a qualquer iniciativa impensada ou ataque calculado à minha filha! E desperta para o resumo de tudo, no que lhe diz respeito: em se tratando da minha ruína familiar e social, isso representará também a sua! – Frisou e meneou, grave e irascível: – Sabe da séria verdade disso! Estamos, ambos, de pés atados em toda essa história, e nas consequências de qualquer que seja o desfecho para ela, então, Gladys, ordeno, entende? Exijo, sem apelação, que o aniversário próximo de Rachel decorra em paz para ela e dentro do planejamento que venho elaborando para esse dia! Porque bem sabe que essa jovem em nada é culpada dos meus desvios do passado, menos ainda dos ressentimentos despóticos com que você, e possivelmente Lane, vêm reagindo contra isso!

Deixou-a ali, arfante, estatelada ante o veredicto duro e inesperado com que ele a encurralou quando menos esperava; e encaminhou-se ao encontro planejado com William Klyde, na residência deste.

Lá, por sua vez, enquanto esperava Paul Ashley, William enfrentava questionamentos delicados da esposa, que intuía, da assiduidade recente de encontros de caráter urgente entre o marido e Ashley, tanto quanto do desassossego visível nos modos do filho mais velho e dos repetidos assuntos sigilosos mantidos entre ele e Patsy, algo anormal acontecendo fora do seu conhecimento.

– Aguarda Paul, William, para conferência de teor inadiável? Ainda esta semana me dei conta de um encontro entre vocês, cujo assunto a ser tratado reputava importante e do qual não me deu mais notícias depois... O que está ocupando sucessivamente sua atenção, de acréscimo às obrigações atinentes aos seus negócios cotidianos, que já são muitos?

Resvalando nela os olhos algo alheios, enquanto andava pelo ambiente da sala de um lado para o outro, pensativo, o robusto barão resolveu responder, expondo apenas meia-verdade:

– Lembra-se da rogativa de mrs. Gladys, algum tempo atrás, da qual a inteirei, e com a qual consentiu sem reservas, relacionada a um acordo matrimonial entre ambos os nossos filhos mais velhos, Catherine, de vez que, da boa vontade das iniciativas dos Ashley, teríamos Stephan favorecido como músico mediante providências de Gladys junto a conhecimentos importantes, e a nosso favor, nesse sentido? – E, como a agora atenta Catherine apenas o ouvisse, entre reflexiva e curiosa, gesticulou: – Bem... Devo ser-lhe franco para dizer que mrs. Gladys, voluntariosa, tal como sempre se mostrou, envidou junto a nós essa iniciativa sem o consentimento do marido, que, de seu lado, como me expôs esta semana, a repudia veementemente, uma vez que tem em grande consideração o envolvimento declarado de Stephan com sua caçula! Pois bem... Eis o cerne de toda a agitação que observa nos últimos dias! Isso, enfim, caiu-lhe no conhecimento, pois conversou com nosso filho esta semana, e, em entendimentos sobre o aniversário próximo da moça, não houve como não entrarem no ponto problemático da questão! Stephan pretendia propor noivado a Rachel, e a entrevista encurralou-o na necessidade de declarar que não podia fazê-lo. Aliás, bastante contrariado em virtude da nossa anuência para com os planos da baronesa!

– O que eu persisto endossando com veemência! – atalhou Catherine, altiva, e demonstrando já franco desagrado pelo que ouvia. – Não quero ver meu filho contrariando normas tradicionais de etiqueta familiar, vigentes há gerações na nossa sociedade, alegando sentimentos fúteis da época de infância! Forçoso reconhecer que nem filha legítima de Paul essa jovem é... o que seria desairoso para a dignidade dos Ashley, conferir a ela, por intermédio de nosso filho, privilégio de tal monta, que deve por força ser reservado a Caroline, como primogênita do casal!...

William parou, encarando-a. E, ouvindo aquela declaração taxativa, pressentiu para os dias posteriores problemas de vulto ainda maior do que o que as preocupações atuais já lhe pressagiavam.

– Por favor, Catherine! Eis que Ashley chegou! Prefiro palestrar com ele com privacidade!

Catherine mediu-o; mas, de dentro da subserviência usual às damas das sociedades daqueles tempos, sem maiores discussões, e conhecendo até onde podia ir com a sua interveniência, retirou-se da sala, rápido, pois também não queria, irritada como se achava, dirigir ao recém-chegado nenhum cumprimento.

Momentos depois, Ashley foi recebido por William, e ambos se dirigiram ao amplo escritório da moradia. Klyde cerrou o maciço portal de madeira, e antes que, como de praxe, pudesse cumprimentar devidamente o amigo e oferecer-lhe a bebida do costume, o visitante precipitou o assunto que se via ansioso para abordar, na esperança de encontrar para o lamentável impasse que lhe colhera a rotina tão intempestivamente alguma solução que satisfizesse os interesses de todos os envolvidos.

– William, mantive com Gladys entendimento grave nas últimas horas a respeito do que está acontecendo com nossos filhos! E, tendo em vista a postura francamente irredutível com que ela reagiu, devo dizer-lhe que só me resta, agora, uma esperança para demovê-la, com a devida autoridade, das ideias insanas que alimenta a respeito de várias questões: a de que você reveja sua posição, concitando também Catherine a isso, a fim de que esse pesadelo se resolva de um jeito conciliador para todos, sem penalizar nossos filhos, e, de outro lado, preservando-nos a salvo de complicações para com determinados acertos que já resguardamos de modo conveniente há vários anos!

Os dois mantinham-se de pé. E Paul, sério, gravemente preocupado, pôs-se de frente para o velho amigo, que até aquele momento limitava-se a ouvir com atenção o que tinha a dizer, para depois tecer as devidas considerações.

– William! – enfatizou. – Bastante desagradável foi o teor da cena havida na intimidade de meu lar, durante a minha conversa com Gladys, por causa da disposição desarvorada que ela sustenta a respeito desse caso! Não consigo demovê-la da obsessão de casar Stephan com Lane, sob a pior das alegações possíveis: ao que percebi, por pura vindita pessoal contra mim, e também contra Rachel, que nenhuma culpa possui pela história triste do seu nascimento e da morte do pai! Gladys ameaçou colocar Rachel a par de tudo, se eu me recusasse a atendê-la nesse capricho absurdo! – revelou, em tom de acre protesto; mas, a isso, Klyde comentou, cauteloso, e dosando meticulosamente as palavras:

– Paul... Não revelei isso a Stephan, mas agora, que tudo chegou a esse limite, é preciso que o alerte para um pormenor ainda mais grave deste drama: Gladys não entreouviu, naquele mexerico acontecido no baile de máscaras, somente sobre a paternidade de Rachel! Ela escutou o bastante, também, para deduzir sobre sua autoria no crime de Arnold Farrow! Pode imaginar o tamanho do estrago, ainda pior, causado em Rachel, se sua esposa desfechar para ela essa revelação lastimável? Não tenha dúvidas, Ashley: será essa a desforra da sua mulher, se você se recusar a atendê-la nisso que, mais que um capricho, adivinho também como uma tentativa extrema de se resguardar na respeitabilidade e segurança familiar que a ampara, e aos filhos, hoje em dia! Porque se tudo vier à tona, com a agravante de Stephan desposar sua filha bastarda, o rescaldo sombrio da derrocada do seu casamento a afetará em cheio, assim como a seus filhos e a Rachel, na esteira de tudo, no fim das contas!

– Entendo aonde queres chegar, William, mas, por favor: deixe que lhe exponha outro lado desse dilema que até agora você desconhece! Gladys também tem agravado o seu ódio por um fato inesperado envolvendo Rachel e Stephan, que Lane descobriu por acaso esta semana, revelando-o à mãe no pior momento possível – durante a conversa difícil que eu mantinha com ela a respeito das coisas que já sabe!

Klyde franziu a testa, afinal, sentando-se e convidando o outro a fazer o mesmo, perguntou:

– A que se refere, por Deus?

– Rachel espera um filho de Stephan, William!

Fez-se uma pausa tensa no diálogo.

– O que, Ashley?

– Isso mesmo! Minha filha está grávida de Stephan, e ele quer honrar a situação como se deve; e nada de mais coerente há na atitude dele, já que se amam e era sua intenção consolidar noivado com Rachel na data próxima de seu aniversário! – Paul ofegou ligeiramente, tamborilando os dedos de leve no braço do assento onde se acomodava, um indício visível de que se via, naquele minuto, tomado de franca ansiedade pelo que o desfecho daquele encontro poderia reservar ao futuro de todos. – Agora, e com base nisso, pergunto, com franqueza, William: como haveremos de resolver esse impasse? Esclareço que me causa espécie sua alegação a respeito dos benefícios com que poderíamos favorecer Stephan profissionalmente para manter essa sua postura incompreensível, uma vez que, desposando Rachel, de qualquer modo empenharia a minha palavra em favorecer o meu genro, o que, por último, invalida este pormenor como pretexto válido para embargar a união entre os dois! Que resta, então, para argumento digno?!

Mas exasperado pelo fato de o filho tê-lo mantido até aquele dia na ignorância daquele detalhe grave, William, extremamente desassossegado, sentiu dificuldade para sustentar o verniz habitualmente empregado para se impor em entendimentos de implicações sérias, como o que naquele instante se desenvolvia. E não se cuidou devidamente dos argumentos, devolvendo, algo rubro, enquanto se levantava e se punha a andar, indócil, de um lado para o outro da saleta.

– Estranho seu questionamento, Ashley! Esquece da ira que sua esposa já alimenta, às ocultas, pelo conhecimento tardio da sua traição conjugal, e por ter sido ela forçada, nestes anos todos, a ajudar a criar, à conta de filha adotiva, o fruto daquela relação espúria entre você e mrs. Evelyn? Alie a tudo isso, com a sua permissão, o fato de suspeitar que eu fui seu protetor naquele episódio, e único conhecedor da verdade sombria a respeito da causa da morte de Arnold!

– Que, diga-se, não soube calar como devia no decorrer destes anos, lançando-me agora, por consequência, neste embaraço, do qual mal me avio para atinar com uma solução satisfatória! – atalhou Paul, aborrecido, adivinhando o que ia ouvir. Contudo, William não se deixou intimidar e respondeu:

– O fato, Ashley, é que preciso pensar em mim e na minha respeitabilidade! Não posso apostar nas reações de mrs. Gladys a partir de agora se ousar desatendê-la em questões menores relacionadas ao contrato casamentício de Stephan com sua primogênita!

– Rachel espera um filho de Stephan, William! – exclamou Paul, levantando-se também, com certa indignação soando na entonação já exaltada com que se exprimia. – Isso não diz respeito a "questões menores de contrato casamentício", como define o drama emocional sério que vem minando a saúde da minha filha caçula! De minha parte, portanto, exijo a reparação que seu filho, honrado como se mostra, pretenderia de pronto providenciar, para maior sossego de todos neste episódio, o que só não fez até agora porque você e Gladys, com essas determinações fora de propósito, estão embargando!

– Mas não compreende que concordar seria abrir a porteira das atitudes descalibradas que sua mulher ameaça adotar, comprometendo fatidicamente o futuro de duas famílias, Paul?! – Devolveu William no mesmo tom, aproximando-se alguns passos. – Com o perdão do comentário: Mrs. Gladys sempre mostrou ser dotada de temperamento forte, gênio turbulento e vontade férrea na hora de querer se ver atendida em todos os seus desejos, por mais insignificantes! Que dirá em um dilema de ordem familiar desta monta?! Que não será, ela, capaz de fazer?! – E, crescendo para ele mais um passo, fixando-o com olhar esbraseado, disse: – Duvida, Paul, de que ela será capaz de metê-lo na cadeia... mesmo ao preço de se lançar, com isto, e aos filhos, numa quase indigência, a título de desforra pelo ódio extremo que experimenta pela situação descoberta recentemente? E julga, também, em sã consciência, que situarei com privilégio sua filha caçula, ainda que na circunstância difícil na qual se encontra, ao preço do sacrifício da carreira de Stephan, da minha estabilidade familiar e mesmo a dos meus negócios, que haveriam de ruir por debaixo dos escombros deste autêntico escândalo, se viesse à tona?!! Acredita mesmo que depois da repercussão na sociedade de toda essa desgraça envolvendo nossos nomes alguém de peso ainda concordaria em interceder em favor de meu filho na sua ascensão profissional como músico?

Arfantes, os dois se encararam durante um instante. Paul estava com os pensamentos à roda, escaldando-lhe a mente, inclementes.

– Perdoe-me, Ashley! – arrematou William, irredutível. – Stephan agiu errado com sua filha, e disso, esteja certo, arcará, na medida do possível, com as responsabilidades! Infelizmente, porém, de modo algum se casando com ela... mas somente no que compete, quando muito, ao sustento da criança! Não posso fazer, por ela e por você, mais do que isso!

– Não me conformo com esse desfecho para o caso, William! – Paul declarou, gravemente, a voz escapando-se-lhe roufenha da garganta contraída pela extrema contrariedade. – Seu filho é um homem, e maior de idade; não pode dispor despoticamente do destino dele deste modo, contrariando-lhe a vontade, pois ele não quer desposar Lane de jeito nenhum!

– Stephan haverá de fazer o que for preciso, Paul! Porque, no fim das contas, mesmo para ele resta sempre muito claro que, principalmente na profissão que abraçou, e da qual tanto se envaidece, ninguém sobrevive sem notoriedade, sem reconhecimento... Sem fortuna, enfim! E a única alternativa a curto e a longo prazo para que essas coisas se confirmem reside nas articulações sociais que acessamos por intermédio da sua família! Não há, para ele, outras escolhas! Nem para mim, nenhuma que não me submeter ao veredicto da sua mulher!

Novo silêncio. O barão se mostrava inamovível. E era impossível a Ashley não reconhecer-lhe a objetividade óbvia dos argumentos mais fortes de que lançara mão naquele confronto.

Meia hora mais tarde, deixava o opulento lar dos Klyde, como se sentisse a morte rondando-lhe o espírito, tendo obtido apenas, como atenuante do quadro desalentador, a promessa de William de que faria por onde manter em suspenso o desfecho triste daquele enredo pungente até a passagem da data do aniversário da jovem Rachel.

XXVIII
O PRESENTE DE STEPHAN

Paul Ashley, na primeira oportunidade, e de dentro da compreensível inconformação pelas circunstâncias, tanto quanto William, de forma mais dura, em entendimento dramático durante o qual quase fora às vias de fato com o filho mais velho, puseram o violinista a par do rumo provável que os acontecimentos seguiriam nos tempos vindouros, em decorrência do que, sob os efeitos deploráveis do abatimento que se lhe assenhoreou da alma, envolvendo-a em sombras provavelmente permanentes, o rapaz quase adoeceu. Efetivamente, o brilho magnético e antes vívido de seus belos olhos amendoados apagou-se, definitiva e lugubremente, e, ao menos aos que lhe eram íntimos e dotados de maior sensibilidade, como Patsy, aparentou ter envelhecido em poucos dias, espantosamente, o equivalente a dez anos!

Debalde, nos primeiros momentos nos quais se avistaram depois disso, Rachel indagou, pressionou-o, e tentou, tomada de suprema impaciência, adivinhar o que lhe minava o espírito daquele jeito assustador. Em vão, a princípio! Porque, nas primeiras horas depois daqueles instantes críticos, ele não se sentiu com forças para revelar-lhe o que quer que fosse!

Ainda assim, astuto, no momento mais difícil do entendimento definitivo com o filho mais velho, William soube se preservar. Usou como argumento a exposição ao rapaz, então tomado de autêntico pavor ao ouvi-lo, das circunstâncias reais que envolveram a morte de Arnold Farrow, revelando ao músico a culpabilidade de Ashley no caso – mas justificou o seu conhecimento daquele episódio sombrio apenas com subterfúgios circunstanciais, que não o comprometiam. E lembrou-lhe, para arremate contundente, e lançando mão de acentuada severidade na argumentação, a particularidade extrema de que Rachel deveria permanecer na ignorância mais absoluta daqueles fatos convenientemente enterrados no passar dos anos.

Declarou, por fim, taxativo – e emudecendo o rapaz, ao que parecia, em caráter irreversível, dado o estupor flagrante com que ele encarava aquela avalanche de revelações espantosas – que se fazia óbvio demais que o modo mais acertado para manter Rachel alheia àquele enredo tenebroso do passado do próprio pai era anuir com as pretensões de Gladys; e, à guisa de subterfúgio eficiente, tomar para álibi, na hora de se justificar com a moça, e por mais difícil que isso fosse, o argumento paliativo já mencionado, das conveniências das tradições familiares e interesses relacionados ao seu futuro profissional. Não havia outro caminho! E, em agindo assim, por mais que não admitisse no calor da situação – sublinhou Klyde, irredutível – haveria mesmo ele, Stephan, de mostrar grande valor e hombridade, e de dar prova cabal do sentimento verdadeiro que nutria pela jovem, de vez que se sacrificaria para que um mal menor se desencadeasse no seu futuro, em lugar de uma derrocada definitiva que, certamente, para arremate, iria atirá-la na indigência, se as consequências funestas do caso de Ashley viessem à tona diante da sociedade e das autoridades londrinas!

E o que precipitaria aquilo tudo, que não restassem dúvidas – arrematou o barão, entre altaneiro e taxativo – seria a insistência naquele casamento desastrado justo com aquela jovem, embora inocente, que representava o rastro remanescente de um passado escuso de Paul Ashley!

Não obstante a força contundente da argumentação do pai, e a despeito das aparências de beco sem saída inerente ao supremo desarvoramento da situação, ao músico, sempre sensível e honesto nos seus sentimentos pela jovem filha de Paul Ashley, ocorreu uma medida paliativa, dentre as muitas em busca das quais se empenhava encarniçadamente na mente esfervilhante, no esforço quase desesperado de sanar o impasse contra o qual se debatiam, agora reputado insolúvel pelo seu espírito combalido.

Assim, transmitiu a ideia à irmã, em mais um momento familiar no qual se demoraram dividindo pareceres e confidências: comprar e oferecer a Rachel de presente, na data de seu aniversário, e à revelia do conhecimento de todos, um anel simbólico de noivado! Aquilo – sabia –, além de prova palpável e indiscutível do seu amor e suas intenções, haveria de amenizar o choque supremo do que teria de compartilhar com ela em algum momento futuro, do qual mal podia imaginar com acerto as circunstâncias tristes nas quais se daria!

Patsy aprovou a medida com entusiasmo, comentando, em desalento, enquanto caminhavam nos jardins da residência durante uma bela manhã de sol, alguns dias antes da celebração do aniversário da moça, que, como Paul planejara, ao menos haveria de ser comemorado com apuro irretocável providenciado tanto pelo pai quanto pelo violinista, com apresentação magnífica de música de câmara e uma festa bem cuidada, destinada aos amigos e familiares mais íntimos.

– Pobre Rachel! Meu Deus! E como haverão de lidar com a questão envolvendo o filho de vocês, meu irmão?! Imprescindível que cobre fibra para enfrentar esse problema com precisão!

– Mas com qual precisão, Patsy?! – Stephan suspirou; e, olhando-o com pena, a irmã julgou notá-lo mais magro e dominado por uma palidez no rosto francamente doentia. – Talvez que o mais preciso agora fosse Deus abreviar os meus dias, como solução digna para toda essa situação inconcebível!

A isso, contudo, a jovem a seu lado deteve os passos, desgostosa; e segurou-o com carinhosa firmeza, demorando nele os olhos úmidos.

– Oh, Stephan! Por favor, meu irmão! Tenhamos fé na providência do Cristo, que há de nos amparar os destinos de forma talvez ainda não compreendida por nós! Mas não se entregue a pensamentos de tal monta! Mesmo porque não tem esse direito, Stephan! Não somente Rachel mas também o filho que espera precisarão muito de você no futuro! Sobretudo, querido, da perseverança do seu amor em quaisquer circunstâncias que se imponham sobre seus planos! Sabe que, no fim de tudo, será sempre isso o que valerá mais para eles! – lembrou, inspirada.

Falando daquele jeito, ela não supunha pronunciar uma verdade definitiva, que haveria de prevalecer mesmo num futuro mais distanciado, noutras estâncias da vida, quando tudo tivesse ficado para trás, com todas as lições e os desafios. E, ouvindo--lhe o vaticínio de elevadas implicações, entre triste e pensativo, o músico anuiu, pronunciando, por sua vez, algo ditado pela voz sempre mais acertada do espírito imortal do que pela mente governada pelos entrechoques desarmônicos frequentemente presentes no mundo:

– Hei de empenhar a mim mesmo e a Rachel nem que apenas o cumprimento dessa jura, Patsy! Não deixarei meu filho desamparado e, contra tudo e todos, e a exemplo do que bem ou mal fez lord Ashley, acompanharei os rumos de sua vida até o último dos meus dias!

Patsy consentiu, completando, ainda influenciada por presenças invisíveis de ordem superior das quais não se apercebia – no caso, os guias espirituais seus e de seu irmão e a própria Evelyn, que, da vida invisível, e naquela fase crítica de começo de árduas provas, não se descuidava de monitorar os episódios envolvendo a desditosa filha reencarnada na Terra:

– E eu empenho com você a minha promessa de que estarei ao seu lado, de Rachel e da criança para tudo o que estiver ao meu alcance, Stephan! Saiba, portanto, que de futuro, em quaisquer crises ou impasses relacionados ao seu filho tomarei de alguma forma para mim as providências! – Garantiu, emocionada. O rapaz, mais alentado, parou, segurando-lhe com carinho a mão alva e delicada e beijando-a:

– É um dos anjos protetores deste mundo, minha irmã! – comentou, com um sorriso melancólico. – Embora ainda jovem, já se onera assumindo essas juras! Espero que as coisas tomem um rumo que não me permita lançar mão do seu concurso, sacrificando-a com um problema que não é seu, mas, preciso que admita, antes resultado da minha imprevidência! Talvez, se não tivesse sido tão impulsivo na condução do meu envolvimento com Rachel, tudo estaria mais tranquilo, sem implicar na questão problemas outros da história dos Ashley!

Escoou-se, desta forma, o período faltante para o dia que provavelmente seria o último de autêntico regozijo para Rachel em muito tempo, ocasião em que ainda se arriscaria a acreditar que a vida lhe reservaria um destino de realização de sonhos que, ingenuamente, acalentava no íntimo imaturo e desprevenido para a dura realidade das maquinações existentes nos seres humanos.

Absorto no seu mundo íntimo, e conservando-se solitário durante a maior parte do tempo em que não se ocupava com os compromissos com as aulas de música, Stephan se esmerara na escolha do presente de elevado valor estimativo que destinaria a Rachel naquela data marcante para os destinos de ambos, adquirindo, depois de demorada procura, em refinada joalheria londrina, uma aliança delicada, mas de subido valor e de rara beleza, com pequeninos brilhantes e safiras cravejados em ouro maciço artisticamente trabalhado.

Guardou a dádiva valiosa bem escondida entre seus pertences, e, no dia aprazado e ansiosamente aguardado, embora profundamente entristecido, arrumou-se com especial apuro, sem esquecer de afivelar no traje elegante, de cores sóbrias, as lindas abotoaduras que, meses antes, a jovem lhe ofertara, na ocasião da celebração da sua data natalícia.

Apresentar-se-ia, de resto, ao violino com outros instrumentistas convidados para a festividade, num esmerado concerto de cordas, preparado especialmente com as músicas mais apreciadas pela jovem Ashley. Pois, ainda que nas circunstâncias grandemente adversas, o músico planejou com Paul, com carinhoso devotamento, um dia de aniversário maravilhoso, no qual tudo deveria acontecer para Rachel da forma mais perfeita possível!

Ambos, inconscientemente, pareciam se esforçar por compensá-la ao menos um pouco, e por antecipação, de toda a desdita que haveria de se abater sobre sua vida logo depois!

No dia aprazado, portanto, os convidados começaram a chegar, no decurso das horas de uma tarde ensolarada de primavera que parecia querer contribuir para brindar a data com um lindo céu azul ornamentando a atmosfera tomada pelos perfumes inebriantes dos jardins da residência, onde aconteceria a celebração.

Gladys e a filha mais velha, malgrado a aquiescência de má vontade protestada sob as imposições severas de Paul em permanecerem em atitude pelo menos neutra até que a ocasião passasse, e embora arrumadas com a distinção do hábito, acompanhavam tudo não mais que circunstancialmente, recolhidas a uma mesa bem ornamentada de um ângulo do amplo parque florido, em palestra casual com família de seu conhecimento, enquanto observavam, sérias, e contendo com dificuldade a surda má disposição de espírito, a chegada de outros convivas.

Em certa altura, logo no início da tarde, avistou-se Stephan em adiantamento aos familiares, que dariam entrada na residência poucos momentos depois.

Sério, pálido, altivo, cumprimentou os anfitriões com surpreendente escassez de palavras, detendo-se em palestra com Paul, já vigilante e a postos no ambiente dos jardins para receber os convidados. Sob as atenções mal disfarçadas de Gladys e Lane, trocaram breves e tensas palavras, logo após o que Stephan fez questão de distanciar-se em busca de Rachel, orientando-se pelas indicações de lord Ashley.

– Seja bem-vindo, Stephan! – cumprimentou o barão, sincero, embora constrangido, em razão de conhecer, por meio de informações recentes do próprio barão Klyde, que o jovem já estava inteirado do restante do histórico sombrio de seu passado, relacionado tanto a mrs. Evelyn, quanto ao finado Arnold Farrow. E quis apor um atenuante, a conta de subterfúgio que lhe valesse com eficiência num dia em que desejaria que tudo corresse harmonicamente, visando ao bem-estar da filha caçula. – Quereria, na data de hoje, arrematar a alegria de Rachel cumprimentando-o como meu futuro genro, meu jovem... Razões forçosas nos compelem a compartilhar este drama de difícil solução! – Notou, em surdina, acercando-se mais do músico, mas este, a isso, altaneiro e sombrio, relanceou-lhe um olhar agudo, quanto revestido de desagradável conotação.

– Isto é verdade, lord Ashley! Mas deixe que o recorde que a realidade irremediável das circunstâncias infelizes que eu e Rachel enfrentamos me situa, em condições lastimavelmente espúrias, e à revelia de quem quer que seja ou de quaisquer imposições alheias, como seu genro... Possa ou não o senhor cumprimentar-me, neste momento, como tal! E, se assim acontece, rogando-lhe por antecipação desculpas pela sinceridade talvez rude de minhas palavras, isso se deve nada menos que aos seus destemperos passados, que jamais poderiam reputar tão graves e de tão malfadadas consequências para pessoas que não mereceriam tomar sobre si as sequelas desta lastimável história envolvendo o infortúnio da família Farrow! E agora, com a sua licença, preciso ter com Rachel um entendimento urgente e privativo, antes que, afinal, todos os convidados cheguem!

O violinista afastou-se. E, disfarçando com dificuldade a consternação provocada pelo diálogo anterior, Paul tomou fôlego e voltou-se para outros circunstantes, enquanto o rapaz desaparecia rápido por entre o ir e vir dos que já se movimentavam por ali, inclusive músicos de seu conhecimento que se preparavam para dar início à participação na festividade, cumprimentando-os com brevidade.

Foi encontrar Rachel no justo momento em que ela descia a escadaria de acesso ao segundo pavimento da moradia, liberada por Noreen dos seus esforços heroicos de subtrair-lhe das aparências o estado acentuado de sofrimento interior no qual se via mergulhada nos últimos dias.

Vendo o músico entrando na sala em grande estado de ansiedade por encontrá-la, belo e bem trajado qual um príncipe, a moça empalideceu de súbito, estacando.

Stephan fez o mesmo, hipnotizado pela sua aparência a um só tempo deslumbrante e revestida de uma aura de angústia impossível de se encobrir na fisionomia. Demoraram-se somente breve intervalo presos do olhar um do outro, e, correndo enfim, abraçaram-se e beijaram-se com intenso fervor.

– Amo-a, Rachel! – disse ele, por entre repetidos beijos quase aflitos. – Oh, meu Deus, como eu a amo! Como está linda!

A jovem, esvaída emocionalmente, teve a impressão de percebê-lhe a voz embargada por lágrimas e, levantando o rostinho para olhá-lo, analisou-lhe melhor as reações. Mas Stephan, notando isso, recompôs o semblante estoicamente, cobrando força íntima para nada deixar transparecer do desalento inexorável que minava seu ânimo nos últimos tempos.

Queria que aquele dia fosse perfeito para a jovem!

– Stephan! Também está tão belo! – E ela sorriu de leve, emocionada, tocando-lhe de leve as abotoaduras: – Veio com o presente que lhe dei, meu amor?! Mas... O que há para que me olhe desse jeito incompreensível, e se dirija a mim com esse timbre quase choroso na voz, querido?!

– Nada que não seja a emoção de estar com você nesta data, e quando muito, ansioso para que o que planejamos para você saia sem contratempos; mas, antes de tudo, escute, meu amor! – Ele atalhou, afagando-lhe o rostinho esfogueado, e sem perceberem ambos que, do alto da escadaria, Noreen havia se detido, observando a cena, entre o enlevo e a tristeza no coração oprimido e cheio de maus pressentimentos para os próximos tempos: – Vê que uso seu presente! Como haveria de não usá-lo hoje? – E forçou-se a sorrir para a moça, carinhoso. – Quero ter com você, em privacidade, antes que se iniciem, de fato, os festejos do seu aniversário, porque logo chegarão todos e não disporemos de tempo nem de oportunidade para o que pretendo! Atormentei minha família para que chegássemos mais cedo, especialmente para encontrá-la!

Rachel se mostrou curiosa.

– Sim? Vamos à saleta onde fazemos as aulas, já que podemos trancá-la e ninguém há de aparecer por lá para nos incomodar. Meus pais e irmãos estão entretidos com os preparativos e convidados!

Stephan consentiu e ambos se dirigiram rapidamente à saleta, deixando a solitária Noreen parada no corredor ensombrado do andar de cima, mergulhada em pensamentos e sentimentos desencontrados pela situação familiar que presenciava e acompanhara até ali tão intimamente.

Rachel cerrou cuidadosamente a porta. Stephan a atraiu, mais desafogado. Beijaram-se prolongadamente, ainda uma vez, e, notando-a mais alentada e feliz, ele a conduziu ao assento próximo no qual habitualmente conversavam e namoravam depois do término das aulas.

Demoraram breve minuto trocando um olhar apaixonado e o rapaz começou:

– Rachel... Quis entregar-lhe meu presente em situação de privacidade, porque possui um significado especial e permanente para nós dois! – E, invadindo-lhe os olhos expressivos com as pupilas amendoadas, nas quais se refletiu fugidio clarão de desconsolo, rapidamente sufocado, acentuou: – Quero que se recorde sempre, meu amor: meu presente não possui valor material ou transitório ao sabor de quaisquer circunstâncias que tenhamos de confrontar no futuro! Seu valor é, sobretudo, estimativo e eterno! Representa um elo absolutamente indissolúvel entre nós!

E, diante do espanto da moça, tirou do bolso de seu elegante colete a caixinha contendo o precioso anel de noivado e colocou-a nas mãos delicadas e agora algo trêmulas da jovem, que, olhando-a, incerta, entre o encanto e a surpresa, abriu o invólucro aveludado e rubro que a envolvia.

Ante a suprema beleza do ornamento que se desvelou ao seu olhar perplexo, deixou escapar uma exclamação surda.

– Stephan!... Isto é...

– Um anel de noivado! Isso mesmo, meu amor! – Ele confirmou, sorrindo-lhe, ansioso, mas também experimentando grande alívio e, enfim, alguma felicidade ao entregar-se inteiramente àquele momento marcante para ambos. – Rachel! Vai me prometer usar esse anel... sempre! É delicado e especialmente adequado para tanto, não haverá de chamar a atenção para além de um presente valioso e da sua especial estima... a respeito do qual não precisará dar nenhuma satisfação para quem quer que seja!

E, em assim falando, ele tomou-lhe da mãozinha destra, beijando-a e colocando a graciosa aliança em seu dedo anular, diante da intensa emoção de que Rachel dava mostras, com os olhos banhados em lágrimas.

– Eu... Não sei o que lhe dizer, Stephan! Sou, agora, sua noiva?! Mas... como devo interpretar isso? – ela se confundia, arriscando um palpite feliz no qual intima e intuitivamente, todavia, não acreditava. – Modificaram-se as coisas a nosso favor, então, a este ponto?! Mas... E os empecilhos que existiam há dias e...

O músico, gentil, interrompeu-a. Levou-lhe as mãos aos lábios e beijou-os, esclarecendo:

– Não, meu amor! Ouça: não se modificaram aqueles problemas, mas quero que entenda! Não precisamos que qualquer coisa se modifique para nos tornarmos noivos... e esposos que já somos! – Sublinhou enfático. – Rachel! Eu a amo, e você espera um filho meu! Não dependemos de regras e tradições sociais consentindo com nada para mudarmos a realidade que nos une em caráter definitivo! É preciso, portanto, que entenda a situação assim, comigo, para que se tranquilize, principalmente a meu respeito... e acima de quaisquer contratempos que nos defrontem! Entendeu, Rachel?! Por favor... jure!... – suplicou. – Que essas palavras que lhe digo agora prevalecerão no seu coração! Que vai se lembrar delas, por pior que a situação se nos aparente! E que vai se conduzir, também, junto ao nosso filho, certa de que contarão com o meu amor exclusivo, a qualquer época!

Ele se interrompeu. No ardor de sua exposição, que acabou involuntariamente quase se revestindo de uma atmosfera de despedida, não reparou que ela estava dominada por ligeiro tremor, acolhida em seus braços sob os efeitos da intensidade do olhar esbraseado com que a fixava, protestando-lhe aquela importante jura de amor eterno.

– Juro, Stephan, tudo isso o que me pede e, mais ainda, porque bem sabe o tanto que o amo! – garantiu, comovida. – Mas temo pela entonação estranha que percebo no seu tom de voz! Oh, Stephan! Será que o destino haverá de nos colher com tamanho infortúnio para que não a sua presença, mas apenas a lembrança das suas palavras de agora tenham o poder de me reconfortar?

A pergunta colheu-o despreparado para tranquilizá-la quanto àqueles temores, porque, em verdade, não dispunha de fatores que o alentassem, a ele mesmo, para um prognóstico mais feliz. Mas fez por onde atenuar, nela, seus receios, da melhor forma que conseguiu:

– Rachel, não nos deixemos dominar por tristeza e medos no dia de hoje! Não hoje, meu amor! – E afagou-lhe com enternecimento o rostinho suavemente maquiado. – Preparei um lindo concerto de cordas para você, do qual participarei pessoalmente, daqui a pouco! – Contou, transmitindo-lhe felicidade sincera com o que relatava. – E quis dar-lhe uma alegria genuína com esse gesto: tornando-a minha noiva e confirmando a realidade do nosso vínculo esponsalício, aqui, agora, mas de maneira íntima; não porque não quisesse fazê-lo diante das nossas famílias! É porque, se as dificuldades impostas por eles me impedem, entendo também que isso só diz respeito às limitações de compreensão que apenas a eles pertencem! Não precisamos nem devemos assumir isso para nós! Entendeu? – concluiu, beijando-a novamente, de leve, os lábios róseos. E, entrelaçando-lhe a mão sedosa na qual se via a deslumbrante aliança, lembrou-lhe, ainda mais uma vez, enfático: – Prometa-me que nunca mais vai tirar esta aliança, Rachel!

– Nem nesta vida, nem depois dela, meu amor!... – a jovem Ashley repetiu a jura sincera, tomada pela indescritível intensidade amorosa de suas emoções.

E encerrou-se, daquele modo importante, o diálogo entre o casal, antes de se dirigirem à brilhante celebração de aniversário – a última de que Rachel desfrutaria naquela breve jornada na materialidade.

Beijaram-se, selando o pacto, enquanto naturalmente levavam ambas as mãos, ainda entrelaçadas, ao ventre de Rachel, gestante da linda criança ainda por vir à luz.

XXIX
DE ENCONTRO AO INEVITÁVEL

Decorreram algumas semanas.

Patsy, de comum acordo com Stephan, e também por solidariedade e amizade espontânea para com Rachel, visitava-a constantemente no decurso de sua gravidez, que, ao longo do tempo, revestia-se progressivamente de um perfil de difícil tratamento.

Não havia mais como ocultar de sua sensibilidade extremamente intuitiva o rumo para o qual se encaminhavam os acontecimentos em relação à sua ligação com o pai de seu filho. E mesmo Paul, seu maior suporte emocional no ambiente familiar, acuado, meio a meio, pela pressão implacável das chantagens ameaçadoras da esposa e pela anuência intimidadora de William a tais atitudes, já não atinava com soluções úteis para, senão evitar, ao menos atenuar o impacto de sofrimento que já temia se denunciasse insuportável ao coração da jovem, àquela altura já extremamente flagelado pela iminência das piores decepções.

Entrementes, em mais de uma situação de encontros ocasionais entre as famílias, durante os quais, para o seu profundo pesar, já percebia nas atitudes do violinista um consentimento velado, embora profundamente relutante, para com o assédio incessante de Lane, Paul também notava uma nota em falso na forma, por vezes duvidosa, na qual flagrava a esposa em diálogo ora discreto, ora confidencial com o barão Klyde. Mas, atormentado por preocupações extremas para com o estado cada dia mais debilitado de Rachel, não se detinha tempo suficiente naqueles pormenores obscuros, para apenas se ocupar, de maneira quase obcecada na mente febril, com as providências possíveis que o auxiliassem a resolver aquele impasse, tanto para a filha, quanto no que lhe dizia respeito, de modo talvez milagroso.

Malgrado a situação crítica e o crescente incômodo físico da gestante, então constantemente reclusa, confinada a uma gravidez cada dia mais problemática, prosseguiam as aulas de música com o jovem Klyde. Fora esta uma medida raciocinada e improvisada pelo barão, nada embora a contrariedade franca de Caroline e de Gladys contra tal providência. Queria, ele, assegurar, até onde fosse possível, situações que permitissem ao casal encontros mais a salvo de interferências, durante os quais pudessem pacificar e conciliar intimamente, da melhor forma possível, a maneira mais sábia de reagir aos inevitáveis dramas que se avizinhavam de sua relação até então pontilhada apenas de momentos comoventes e felizes.

De sua parte, consumindo horas e horas de seus dias e noites insones, mortificado por culpas e preocupações, Paul reconhecia-se também dominado por imbatível desolação interior.

Não se perdoaria jamais pelo sofrimento inaudito enfrentado por aquela filha tão jovem em razão dos seus desvios de conduta, que acreditara, ingenuamente, sepultados de forma segura na esteira do passado já distante; e, por vezes, entregando-se a preces aflitivas. Indagava, ora do Cristo, ora da finada Evelyn, por qual razão, no leito de morte, se abandonara ela àquele gesto incompreensível, de confessar ao marido o teor do enredo escuso que os envolvera! Refletia, entre a inconformação e o desconsolo, que, tivesse a então esposa de Arnold Farrow conseguido conservar seu segredo intocado, levando-o consigo para os lugares das mansões divinas onde então habitava, sem imiscuir nisso o esposo, talvez nada daquilo estivesse acontecendo, comprometendo daquela maneira implacável e cruel a felicidade da filha de ambos, tão injustamente penalizada por um erro do qual não detinha nenhuma responsabilidade!

Dotado dos princípios da mentalidade formal da aristocracia algo hipócrita daqueles tempos, jamais Paul alcançaria que, a qualquer época, o intuito de quem assim se conduz às portas da passagem é sempre o mesmo: o da redenção, embora tardia, dos próprios erros! Cristã, Evelyn, flagelada na sua sensibilidade, por não ter sabido resistir ao assédio insidioso das emoções que a arrastaram ao perjúrio junto ao esposo, não conseguiria agir de outra forma ao ver-se vitimizada irremediavelmente pela moléstia que lhe subtraiu drasticamente a saúde, quando menos contaria com isso, ainda no viço de sua mocidade, e com a pequena filha recém-nascida.

Arnold Farrow soube manter o decoro, em nome dos seus negócios, interesses sociais e do bom nome de família; mas somente durante alguns poucos anos, durante os quais mal se aviou para dar conta daquele contexto espúrio de paternidade, já que instintivamente repudiava a menina ainda pequena, abandonando-a praticamente aos cuidados das amas e providenciando não mais que apenas o seu sustento.

Pelo amor extremo que, a despeito de tudo, nutrira por Evelyn, não conseguiu, como o seu senso denodado de aristocrata o compelia, entregar a infeliz criança à indigência. Todavia, passado um tempo, em razão de desentendimento fácil com Paul Ashley, com quem de há muito vinha mantendo relações estremecidas num contexto surdo e nunca devidamente esclarecido, tudo veio subitamente à tona, desencadeando o confronto resultante na tragédia que lhe subtraiu a vida, durante uma noite chuvosa em que o chamara, afinal, a entendimentos num ambiente reservado de um *fumoir* londrino!

Estranhando, por antecipação, as condições duvidosas nas quais fora convocado a entrevista por Farrow, Ashley compareceu ao encontro armado. E, caindo em desvantagem durante a violenta discussão travada por ambos em viela sombria e completamente desprovida de testemunhas naquela hora já avançada da noite, tombara, o barão, enfim, sob um tiro certeiro que Paul, tomado pelo mais absoluto estado de desarvoramento, desfechara-lhe à queima-roupa!

Entrementes, a linda filhinha de Rachel e de Stephan, nomeada de comum acordo Lynett pelos mortificados pais na ocasião de seu nascimento, não contaria, de início, com tanta sorte no destino a ser-lhe reservado, apesar do sacrificado denodo com que o pai, auxiliado principalmente por Ashley, faria por onde, no futuro, prover-lhe devidamente a subsistência!

Nos tempos posteriores, já nas mansões invisíveis da vida, após devidamente recuperada e acolhida pela mãe e por amigos denodados da espiritualidade, seria a jovem mãe cuidadosamente inteirada do contexto no qual fora Stephan constrangido por Lane, pelo pai e demais familiares à entrega da criança à roda dos indigentes[1] de determinada instituição religiosa de Londres

1 Roda dos indigentes: na Europa do século XVIII, em muitos países, a roda era o local onde eram entregues recém-nascidos indesejados de variadas procedências ou situações, fossem fruto de relações espúrias, de mães vítimas da miséria, desprovidas de recursos ou de cenários familiares condignos para acolhê-los e criá-los. Frequentemente, tratava-se, tais lugares, da porta de entrada de instituições religiosas dedicadas ao serviço caritativo para com crianças enjeitadas na ocasião do nascimento, já que na Inglaterra, particularmente, o pai não era obrigado, pela lei, a reconhecer filhos gerados em tais circunstâncias adversas (N.M.).

dedicada à benemerência, embora dominado por íntima amargura que haveria de consumir-lhe todos os dias restantes da existência conturbada.

– Você não vai me impor o tormento desairoso que minha mãe padeceu, cuidando anos a fio, desavisadamente, daquela bastarda! – gritou em rosto na ocasião, e durante violenta discussão verbal, Caroline, então já em situação de recém-casada, quando, com o nascimento do bebê em circunstâncias terrivelmente delicadas, vira-se o violinista encurralado nas atitudes adequadas a adotar para com a criança, que já amava com extremos desde o instante em que a soubera no ventre da então evanescente Rachel.

– É a mãe da minha filha, esta de quem fala, Lane, e bem o sabe... – Acentuou o músico, em tom irascível: – a única mulher a quem de fato, até hoje, amei! Mais respeito, portanto, ao se referir a ela diante de mim! – Ele atacou, sem poder, desde o começo da situação conjugal inaudita, suportar com equilíbrio o martírio indefinido de uma união que se prolongaria para além do que julgava poder aguentar. – Entenda, portanto, que se acedi a esta autêntica aberração conjugal, no fim das contas, foi em obediência imposta por um acordo terrível, para preservar Rachel de uma tortura ainda maior do que a que já estava padecendo!

Ao que, com entonação dominada por impiedade gélida, e de resto agravada pelo ódio surdo do fracasso inevitável que já compreendia em seus propósitos, ao tramar com a mãe a imposição de sua união matrimonial com o jovem músico esperando um dia conquistar-lhe, a pulso de voluptuosidade, os sentimentos, a altiva primogênita dos Ashley desfechou, antes de deixar, num movimento brusco, a saleta da residência dos Klyde, onde provisoriamente residiam:

– E do que a preservou, de fato? Da indigência familiar e financeira, com a descoberta do escândalo que envolve seu nascimento e a vida de meu pai? Ao menos ela se veria pobre e viva! Seu fracasso para com ela, então, é fato certo, Stephan! E haverá de ser sempre a minha maior vingança, pelo ultraje da sua ingratidão e pela sua frieza para comigo, pois se hoje já principia a desfrutar de sucesso profissional tão cedo, é porque a minha família honrou, junto à sua, a nossa parte de um trato que você, por sua vez, não está sabendo cumprir!

E deixou o cômodo, altaneira, muito embora com os olhos banhados em lágrimas cheias de frustração e de ódio, mais ainda ao ouvir do violinista a afirmação desfechada, apesar de tudo, em entonação firme e digna:

– Não fazia parte desse trato maldito amá-la compulsoriamente, Caroline! Sinto muito! Mas não se faz possível impor isso a ninguém!

Este era o quadro para o qual se encaminhavam os personagens desta história, após os fatos narrados anteriormente.

Deste modo, com o avanço dos incômodos de uma gravidez cheia de problemas, cujos reveses se viam piorados pelo deplorável quadro emocional de Rachel, nos bastidores da vida da jovem reclusa em agoniado quadro existencial, decorriam os episódios que, enfim, encurralaram Stephan de encontro ao momento mais difícil de todo o decurso de sua vida, ao se ver compelido, pelas cobranças férreas do pai, a se acercar mais decididamente de Caroline para a proposta esponsalícia em perspectiva.

Foi um acontecimento realizado em circunstâncias nada convencionais; no entanto, evidente se fazia esta percepção a qualquer pessoa que, como a então angustiada Noreen e sua mãe, acompanhava em aflição o decurso dos lances diários. Porque não existira, praticamente, entre os futuros nubentes, o mesmo histórico de enlevo e de envolvimento amoroso comuns a todo par de enamorados que, de comum acordo, estimam-se, e, sob o consentimento feliz das famílias envolvidas, consolidam laços matrimoniais.

Antes, tudo se dava de maneira fria, turbulenta, tensa, e, mais do que tudo, precipitada, na medida em que também a situação de Rachel atiçava Gladys e a filha a consolidarem as coisas com a maior brevidade possível, na tentativa de abafarem da ciência das articulações sociais qualquer desconfiança de que se via, o futuro esposo de Lane, envolvido com eventuais detalhes que vazassem da residência dos Ashley a respeito do nascimento da criança, reputado espúrio, pelo menos, por alguns membros de ambas as famílias.

Aproximava-se, assim, a data malfadada, que anteciparia em poucas semanas o dia do nascimento da pequenina Lynett. E os desventurados pais usufruíam, então, de uma das escassas entrevistas de que conseguiam se valer, durante o horário das aulas de música que Paul, valendo-se da autoridade que a despeito de tudo ainda impunha à esposa e à filha mais velha à custa de ameaças, ainda lhes assegurava, em ambiente de serenidade e sigilo.

Destarte, nenhum dos jovens atribuía mais importância à finalidade original daqueles encontros, dada a extrema fragilidade física de Rachel. E jazia o cravo fechado a um canto da saleta, enquanto o casal, acomodado no assento habitual, dividia impressões, carinho e as mesmas e pungentes angústias.

Naquela tarde, Patsy também faria a Rachel uma visita amigável, após o horário combinado de aulas. Assim, próximos da despedida, que sempre se fazia penosa ao extremo para ambos, Rachel repousou o rostinho empalidecido no ombro do rapaz, que a acolheu estreitamente nos braços, enquanto recostavam-se no estofado confortável. Stephan ajeitou melhor algumas almofadas, reparando que a jovem parecia sofrer de dores agudas, com lágrimas a escorrer, incontidas, de seus lindos olhos amendoados e então sempre amortalhados em tristeza aparentemente irreversível.

– Estou bem, Stephan! Não são as dores do fim da gravidez que me flagelam... Bem sabe... – declarou, olhando-o, melancólica. E ele, examinando-lhe a fisionomia descomposta, estremeceu interiormente, experimentando involuntário pressentimento ruim.

– Meu amor... Sei que talvez não possa lhe pedir isso, em acréscimo ao muito que já lhe está sendo exigido para benefício de outras pessoas, com o seu próprio sacrifício... Mas, se pode fazer algo importante por mim e pelo nosso filho, Rachel, tente ser forte! Talvez alguma coisa aconteça e mude esse pavoroso pesadelo que estamos vivendo!

Mas a moça meneou a cabeça negativamente, dominada por um estado de alheamento espiritual profundo, que ainda mais desassossegava o músico. Experimentava, ele, analisando-lhe as reações, a impressão de que ela não estava mais inteiramente presente. A voz fraquejava, intermitente; as faces viam-se, ora dominadas por rubor incompreensível, ora por palidez assustadora; as frases que pronunciava, às vezes, não se completavam, e, lembrando a felicidade intensa que tinham dividido havia tão pouco tempo, os olhos expressivos de Stephan banhavam-se, assim como os dela, de lágrimas intensas, enquanto ele tentava sufocar, por brio, os soluços que ameaçavam irromper-lhe com força do íntimo.

– Não há mais nada que possa nos valer a esta altura, bem sabe... Não é culpa de ninguém, mas da nossa imprevidência! Está visto que foi pretensão descabida eu julgar que o meu amor por você mereceria deferência maior que os privilégios de Caroline... Nem haveria também, com justiça, isto de prevalecer, meu amor, sacrificando as suas oportunidades de ascender na carreira profissional tão bela e para a qual nasceu dotado de talento!

A declaração, proferida em entonação graciosa, era embargada por lágrimas e obstruída por panes. A jovem aparentava, de resto, não se sustentar durante muito tempo livre do incômodo supremo das sensações dolorosas do fim da gravidez, cheia de impasses delicados de ordem orgânica. Então, ao ouvir-lhe o comentário final, nascido do mais genuíno dos sentimentos amorosos, o jovem, afinal, não pôde conter as lágrimas e os soluços. Chorou, pungentemente. E estreitou-a com mais firmeza, desabafando também um pouco da imensa amargura que lhe consumia implacavelmente os sentimentos.

– Rachel, por Cristo, não fale assim! Isso faz doer ainda mais o meu sentimento de impotência para nos livrar desse martírio injusto! Eu renegaria mil vezes qualquer ascensão profissional, a tal preço, para ficar ao seu lado em quaisquer dificuldades financeiras que fossem, meu amor... Felizes! Todavia... – soluçou, recordando o empecilho definitivo do drama envolvendo a história de vida de Paul, do qual até então a jovem era mantida em desconhecimento, como cláusula vital do trato sombrio travado entre ambas as famílias, em situação de salvaguarda mútua de respeitabilidade social. E, então, ele enveredou pela exposição de outros pensamentos, nascidos da mente constantemente convulsionada. – Não imagina o inferno que, desde já, se confirma a minha convivência com Lane! Não consigo sentir o mínimo exigível à consolidação dessa união descabida, e, lembrando-me de você a cada segundo em que estou com ela, avulta-se, antes, o ódio em meu coração! – confessou, beijando-lhe ardorosamente o rostinho esfogueado que tinha repousado em seus braços.

Gastaram mais alguns instantes misturando as próprias lágrimas que desciam pelos rostos unidos em estreito abraço. E Rachel disse, como se exprimindo a essência do sentimento amoroso que dedicava ao músico, nascido naquelas dimensões da alma nas quais tudo é luz – sem sombras, sem sacrifícios nem injustiças –, onde as causas dos fatos se fazem mais claras ao espírito e ao entendimento, por mais difíceis que se denunciem as provas a ser enfrentadas nessa esfera transitória terrena na qual prevalecem os contrastes ainda ríspidos entre o bem e o mal.

– Stephan, por favor... Quero que ao menos tente ser feliz! Por minha vez, peço-lhe... por mim e pelo nosso filho... – rogou-lhe, olhando-o bem de perto, e de dentro de profunda sinceridade. –

Porque, se finalmente for definitiva a nossa separação, prometo-lhe novamente lembrar-me, durante toda a minha vida, do que me fez jurar em relação a esta aliança! – disse, mostrando-lhe na mão destra, pálida e delicada o anel de noivado do qual não mais se separaria. – Faz-me sofrer ainda mais saber que você está em desespero, talvez arrastando-se a atitudes que não vão permitir que viva com um mínimo de paz! Então, meu amor, assegure-me agora que ao menos tentará viver num contexto familiar desfrutando de um mínimo de tolerância e harmonia! – Sorriu-lhe com suavidade, afagando-lhe o rosto desfigurado por rude amargura. – O tempo ameniza as dores mais difíceis, meu Stephan! – ela comentou, embora com lágrimas sofridas descendo-lhe ainda pelo rostinho delicado e lívido. – E, se de algum modo servir para reconfortá-lo, quero que saiba que o meu amor haverá de ser seu... Sempre! Jamais pertencerá a outro! Não se culpe, assim, portanto, hoje, nem em tempo algum! Lembre-se de que eu o amo... incondicionalmente, Stephan!

Foi aquele diálogo doloroso, dessa forma, e sem que pudessem sequer prever, a despedida entre os jovens, antes que o arremate de todo aquele drama lastimável os colhesse, consumando a drástica guinada que haveria de mudar definitivamente o curso de todo o malfadado destino do músico.

XXX
O FLAGELO DAS CONVENÇÕES SOCIAIS

REPETIRA-SE COM A INOCENTE LYNETT, EM MUITOS ASPECTOS, a sina desditosa das histórias de vida da finada Evelyn e de sua filha, Rachel.

Nascera a menina, roubando em definitivo os estertores da saúde da jovem mãe, poucas semanas depois da data aziaga do consórcio matrimonial entre Stephan e Caroline, oficializado, sob o intenso flagelo emocional do noivo e de Paul Ashley, a despeito de tudo com uma celebração digna da estirpe social das famílias envolvidas.

Não obstante, todo o decurso da cerimônia foi encoberto como que por um manto indelével de sombras; e até mesmo o tempo fechara-se, chuvoso e frio, no decorrer daquele fim de semana, obrigando adaptações apressadas das festividades para que se dessem no ambiente encoberto da residência dos Klyde, já que, compreensivelmente, dado o estado crítico de Rachel, acamada e sob cuidados médicos constantes, tornara-se a moradia dos Ashley incompatível para a oficialização daquele espúrio contrato casamentício.

Destarte, tratou-se de acontecimento ao qual compareceram, estranhamente, poucos convidados. Efetivou-se revestido dos requisitos mais sucintos, religiosos e da etiqueta social; e, indubitavelmente, sob o peso de um clima de inexplicável melancolia, visto como componentes de ambas as famílias, como Patsy e Harold, seu irmão mais novo, bem como o filho caçula de Paul Ashley, Marshall, não conseguiram disfarçar nas fisionomias desoladas e perdidas a estranheza indisfarçável que o episódio lhes provocava, tanto quanto os surpreendia a capacidade dissimuladora assombrosa de personagens como Catherine, William Klyde e vários outros para quem, apesar de tudo, não representava novidade o compromisso afetivo sério que desde há muitos meses antes existia, abertamente, entre Stephan e a filha caçula do barão Ashley.

Ficou, portanto, para trás a data que marcou de maneira triste a vida dos protagonistas desta narrativa, dando início a um repertório de vida conjugal que mais representava um martirológio no cotidiano do outrora altivo e jovial professor Klyde.

Para progressiva preocupação do velho barão, seu pai, o filho mais velho, aos poucos, e a conta de fuga irresistível da realidade matrimonial que tanto o flagelava, abandonava-se a uma vida de total dissipação moral, com envolvimentos frequentes em episódios deprimentes com cortesãs, na roda-viva dos eventos sociais da nobreza dos quais passou a participar com assiduidade, por força do seu entrosamento maior com os acontecimentos e compromissos com as altas rodas da aristocracia e do mundo da música londrina.

Aflito e desassossegado, com o decorrer dos anos, William assistiria, impotente, e já corroído pela iminência de intensos remorsos, à derrocada inexorável do equilíbrio emocional daquele filho dileto, ainda muito jovem, cujo ápice do transtorno íntimo fora inaugurado com o passamento de Rachel, pouco depois do nascimento da pequena Lynett.

De fato, decorria uma noite gélida em Londres, quando um mensageiro embuçado, enviado por Paul Ashley, acercou-se do rapaz portando uma notícia aziaga, antes que pudesse ganhar o ambiente de sua residência, ao voltar, meio trôpego, de uma das muitas noitadas às quais já se entregava sem freios, decorrido pouco tempo da consolidação de seu casamento com Caroline.

– O que quer? – perguntou, em tom brusco, ao vulto um tanto incompreensível ao seu entendimento meio embotado pela sobrecarga de bebidas que vinha ingerindo habitualmente, de forma desenfreada e doentia, desde o seu casamento, seguido do dia malfadado em que fora compelido a entregar, sob a proteção de Paul Ashley e o amparo penalizado da chorosa Noreen, a linda filha recém-nascida à instituição religiosa que recebia, preservando no anonimato a identidade das famílias envolvidas em tais problemas, crianças nascidas nas circunstâncias críticas nas quais a pequena Lynett viera ao mundo.

O mensageiro era um rapaz imberbe, trabalhador dos jardins da casa dos Ashley, que, em ouvindo-o pronunciar-se naquele tom rude, de resto aparentemente cambaleante e sem muita noção de realidade, recuou uns passos, temeroso.

– P... perdão, *milord*! Trago recado da parte dos Ashley! O barão requisita, se possível, sua presença imediatamente na mansão, com urgência! Pediu-me que mencionasse o nome de lady Rachel Alene, assegurando que de imediato o senhor entenderia a que venho!

Um tremor percorreu na mesma hora os membros do professor de música, ainda que no estado alterado no qual se via mergulhado pelos efeitos dos excessos de álcool ingerido horas seguidas no evento festivo que vinha de deixar, após uma apresentação de solo de violino em orquestra de câmara presente na celebração familiar de um duque.

Zonzo, experimentando renovado desespero interior, ele quase adivinhava o que se ocultava por detrás da mensagem enviada por Ashley naquelas circunstâncias, às altas horas de uma noite frígida em Londres, com o grande risco de que o recado não lhe fosse entregue de modo bem-sucedido, uma vez que Paul, provavelmente, conhecia que sua atual rotina de homem casado talvez não permitisse que a empreitada do mensageiro alcançasse êxito.

Ele vagueou o olhar esgazeado na escuridão úmida e silenciosa da noite em torno, e reparou que a quietude dominava também as extensões dos jardins circundantes do casarão dos Klyde, onde até então ainda residia com a esposa, enquanto não lhe fosse possível fazer mudança condigna para o lar próprio que William o ajudava a providenciar em edificação suntuosa, a isto destinada em bairro adjacente daquele setor privilegiado de Londres.

Por um instante fugidio, ocorreu-lhe que sua ausência, provavelmente já sentida com o desagrado habitual da esposa, constituiria volume suficiente de aborrecimentos, assim que entrasse na casa. Que dirá se atendesse sem demora ao chamado de Ashley, o qual sabia que não poderia ignorar sem se arrepender amargamente! Pois o coração lhe antecipava o extremo desgosto que o aguardava na empreitada, depois das repetidas vezes em que, nas semanas anteriores, e às ocultas, aproveitara-se das visitas para as aulas de música a Marshall, e de outras ocasiões propícias, para encontrar-se com Paul e indagar, embora metido em rude estado de sofrimento, sobre o estado da então já totalmente alheada Rachel, que não mais retomara a consciência após algumas alternâncias de lucidez com a mais completa alienação da realidade, depois do nascimento da pequenina, que só teve nos braços carinhosos poucas vezes antes de ela ser entregue e levada, pelo desolado pai, para o degredo infeliz na instituição caridosa que se responsabilizaria por sua criação e seu destino.

– Nada me importa mais! Vou sem demora! Antecipe-se, corra e avise ao barão que chegarei em seguida! – Ele declarou, intempestivamente, ao rapaz ainda em estado assustadiço pelos modos alterados denunciados visivelmente em sua fisionomia congesta, no hálito carregado e no tom de voz roufenho, embargado pelos efeitos do álcool.

O mensageiro lhe obedeceu, desaparecendo vertiginosamente na calçada úmida dos arredores desertos. E Stephan, apoiando-se momentaneamente no gradeado frio do cercado da suntuosa residência de sua família, sentiu-se momentaneamente desfalecer, destroçado interiormente, o coração como que se rompendo no peito opresso.

– Rachel... – Ele arfou, num quase desvairamento, sentindo uma opressão insuportável despedaçar-lhe o íntimo, asfixiando--o. – Não, Rachel, não! O que fiz de você, meu amor? Perdoe-me. Você não merecia!

Descaiu, desfalecente, no calçamento sombrio, abatido pela dor, abandonando-se aos soluços que lhe banharam o rosto com lágrimas de desespero, sem encontrar forças para atender de imediato ao que sabia que deveria fazer.

Um pouco mais tarde, trôpego, cambaleante, foi acolhido na residência dos Ashley, sub-repticiamente, pelo próprio barão, uma vez arredada convenientemente por mrs. Madge das cercanias a então impassível Gladys, satisfeita àquela altura no seu anseio de vindita, e entregue como andava por completo, ultimamente, aos devaneios relacionados ao caso obscuro que ainda sustentava traiçoeiramente com William Klyde, agora facilitado pela intervenção astuta da sua primogênita.

O rapaz, preso de desolação de difícil descrição, só fez confirmar, a um único olhar lacrimoso do também arrasado Paul, o que o coração já lhe antecipara, tão logo o mensageiro o abordara na friagem gélida da noite, convocando-o com presteza à residência. Rachel acabava de deixar a vida física.

– Procure ser forte, meu rapaz! Peço-lhe, porque, por mais não possa acreditar de fato, também me sinto dilacerado pela dor! Mas a última coisa que Rachel me pediu que lhe transmitisse, enquanto ainda pôde me falar com lucidez, foi que o ama, e à Lynett, acima de tudo! E que, pensando nisso, mantivéssemo-nos de pé, lembrando-nos da pequena! Se algo, portanto, ainda podemos fazer para amenizar o peso de uma culpa que somente a mim mesmo cabe por esse desfecho trágico, é zelar para que, de algum modo, nada falte à menina! – rogou Paul, amparando o quase alucinado violinista, e atraindo-o de pronto a um assento, assim que se deu conta das condições deploráveis de corpo e de espírito nas quais se via mergulhado.

– A culpa cabe a nós dois, lord Ashley! Acabei por matar Rachel com a minha covardia! Por que não a arrebatei e fugi com ela? Qualquer destino, por mais difícil, seria preferível a isso! – exclamou, desatinado, abandonando-se novamente aos soluços e largando-se no assento. – Não sobreviverei por muito tempo a essa desgraça, lord Ashley! Rachel! Rachel!! Volte para mim, Rachel!

Dominado pelo mais absoluto desespero, Stephan soluçava. Noreen, consternada, atraída pelo volume alto das exclamações desoladas do músico, aproximou-se, descendo a correr pelas escadas da sala mergulhada em sombras, e trocando com Paul um olhar incerto, sem saber o que mais providenciar para auxiliá-los naquele minuto difícil, já que também ela se via devastada pelo sofrimento, com lágrimas pungentes lavando-lhe o rosto alvo e pálido.

Mas Paul, meneando a cabeça, também se sentindo preso de profundo desnorteamento interior, apenas abraçou o jovem mergulhado em choro convulso, desatinado, e o chamou:

– Venha, Stephan! Acompanhe-me, filho; confie seu sofrimento ao Cristo! Oremos por ela; venha despedir-se, porque é apenas com as nossas homenagens que a pobre Rachel conta neste momento de dolorosa separação!

Destarte, chorava com o violinista. Arrasado pela angústia, o músico, enfim, encontrou forças para apoiar-se nele; e, seguidos pela combalida Noreen, avançaram, a passos custosos, ganhando as escadas para o andar superior onde jazia o corpo de Rachel, evanescente em seu leito como pálido anjo de luz, e, tendo ainda, no anular da mãozinha destra, o lindo anel de noivado cuja importante significação haveria de carregar consigo para o outro lado da vida.

Consolidava-se, daquele modo dramático, uma triste fatalidade que comprometia, de maneira lamentável, a história de três seres inocentes, noutras circunstâncias talvez destinados à realização de um belo sonho de amor e de harmonia familiar.

Era a funesta consequência, de permeio a outras causas graves repousando num histórico de passado obscuro que envolvia dissensões familiares e crime, de uma das muitas convenções sociais outrora responsáveis por desviar os seres humanos de percursos mais condizentes com uma verdadeira condição de felicidade.

XXXI
O CURSO DO DESTINO

Passaram-se muitos anos, morosos e tristonhos, na vida das duas famílias, depois da lastimável transição de Rachel para o mundo maior.

Gradativamente, a rotina de todos retomou suas prioridades no âmbito dos negócios particulares e das ocorrências familiares habituais.

William, sempre desenvolto em ocasiões que exigiam habilidade para colocar-se a salvo de apuros sérios, soube fazer prevalecer, afinal, na amante então intimamente aliviada com a morte da enteada, e anteriormente sequiosa de vingança contra o marido, a certeza de que mais prejudicial lhe seria, como também e, principalmente a Lane, àquela altura com sua situação familiar já estabilizada, provocar qualquer tumulto a mais no contexto de vida de Paul. E de que nem isso se lhe faria em qualquer hipótese vantajoso, para que sequer pretendesse extrair da situação algum benefício a mais de ordem pessoal. Então, durante muito tempo, pelo menos o suficiente para tranquilizar-se a respeito dos seus maiores temores, conseguiu manter sob controle tanto as mágoas apesar de tudo renitentes de mrs. Ashley, quanto a conjuntura de risco que, à época dos últimos acontecimentos, ameaçara seriamente tanto a respeitabilidade e segurança familiar de lord Paul, quanto as suas próprias, na medida em que se fizera cúmplice, no passado, do enredo obscuro envolvendo a morte de Arnold Farrow, cuja trama sombria incriminava o outro barão.

Como dito, William Klyde, todavia, não era de todo homem frio e destituído de sentimentos mais nobres, sobretudo por amar suprema e incondicionalmente o filho mais velho, em quem reconhecia a identidade de muitos traços de personalidade e de talentos afins aos seus. Forçoso reconhecer, ao menos para si, portanto, que se fazia impossível desvencilhar-se do sentimento de culpa que passou a corroer-lhe implacavelmente a alma, ao presenciar, dia após dia, com o passar lento dos anos, o autêntico martírio em que se transformara a vida do violinista em virtude do perfil de convivência, por vezes, quase trágico existente entre ele e a primogênita dos Ashley.

Assim, cada vez mais pesaroso, flagelado por remorsos progressivos e inclementes, sentia-se compelido a, pelo menos a título de redenção interior, tentar auxiliar aquele filho, no sentido de amenizar-lhe a intensa amargura que, a olhos vistos, adoecia-lhe a alma e abatia-lhe os modos, anteriormente tão altaneiros e cheios de verve e de otimismo em relação a um futuro com que, outrora, ousara sonhar próspero, tanto na carreira profissional quanto nos planos de constituir família.

Sabia, portanto, das iniciativas sub-reptícias providenciadas por ele e por Paul Ashley para o sustento ao menos confortável da pequenina Lynett, a quem o rapaz habitualmente visitava, sem falta, em datas certas do mês, e ainda que debaixo da cólera ostensiva e feroz de Caroline e da desaprovação taxativa de Catherine, cujas atitudes, contudo, e já a conta de esforço franco para poupar Stephan de aborrecimentos piores, mantinha sob implacável controle. E dedicou-se, também, afinal, com o passar do tempo, e somando intenções benemerentes às de Paul, a pretexto de se penitenciar da culpa que o deprimia por conta do enredo de vida infeliz do primogênito, a contribuir com algum auxílio financeiro para que a menina contasse, ao menos, com uma cota a mais de proteção material, que lhe acenasse com um futuro passável do ponto de vista econômico.

Não sabia, o barão, que sua filha mais nova, Patsy, sem esquecer o entendimento memorável mantido com o irmão tanto tempo antes, haveria de honrar amorosamente a promessa que lhe fizera, na hora de decidir-se a adotar a sobrinha e criá-la a conta de filha, coisa que providenciou em comum acordo com o pretendente que a desposou anos depois, depois de confidenciar a ele a história triste vivida pela cunhada e por Stephan, e à revelia dos protestos barulhentos da mãe, ao preço acrescentado do rompimento definitivo de suas relações com Lane, por quem sempre nutrira invencível antipatia, e com quem, de fato, jamais se entendera pacificamente.

Malgrado tal ocorrência afinal se desse por volta dos seis anos de vida de Lynett, todavia, Stephan procurava não denotar à irmã mais nova que seu sofrimento recrudescia involuntariamente, ao ter de conviver com a própria filha, a quem amava extremadamente, em conjuntura tão indesejável!

A menina, provavelmente instigada pelo instinto natural para com aquele que, mesmo quando ainda acolhida pelas religiosas da instituição de caridade, visitava-a com assiduidade, com incansáveis e elevadas demonstrações de carinho e de amor, também o amava, obsessivamente; e lançava-se-lhe nos braços, a cada vez que a visitava então, tempos depois, na moradia onde a irmã e o marido foram residir depois de casados, em setor bucólico e bem-posto de Londres.

Dada a pouca idade da criança, a princípio ninguém comentava em sua presença sobre as condições reais de sua adoção por Patsy e lord Clinton, homem probo e de nobres sentimentos que, nada embora os princípios aristocráticos muitas vezes rudes daquela época, metade por amor à jovem esposa, e outro tanto por se condoer com sinceridade da história de vida do cunhado, testemunhando-lhe também o inferno conjugal no qual se debatia, nada opôs contra o arranjo que situava, a conta de filha adotiva em seu lar, quem na verdade era-lhe sobrinha.

Com efeito, Lynett só tomaria conhecimento dos detalhes sofridos do repertório existencial da finada mãe quando atingisse as proximidades da idade adulta; embora, com o passar dos anos, revestindo-se das devidas e extremas cautelas, e de resto temendo alguma indiscrição cruel de Lane em momento oportuno de vingança, Patsy a tivesse inteirado da real situação de paternidade de Stephan a seu respeito, o que encheu a menina de eufórica alegria, por, afinal, reconhecer no homem que sempre lhe testemunhara tantos extremos de carinho o pai, cujas origens, até então, repousavam num mistério nebuloso, nunca devidamente elucidado ao seu espírito no período de sua infância.

Um dia, muitos anos depois, em tarde de atmosfera benéfica em que a serenidade parecia pairar nos bosques circundantes da bela residência dos Clinton, Patsy recebeu com alegria o irmão, quando do seu retorno do compromisso de regência musical de uma orquestra diante da qual assumia as responsabilidades de direção, durante apresentações periódicas em casas da alta-roda da nobreza londrina – a sequência natural e bem-sucedida de parte do antigo trato malsinado entre os Klyde e os Ashley, no sentido de bem encaminhá-lo na carreira árdua e bastante dependente de articulações sociais e de interesse naqueles tempos; mas que, no entanto, tantos anos depois, não o tornaram mais feliz: nem verdadeiramente realizado como homem, nem como profissional da música.

Patsy sabia que o hábito de visitá-la depois dos frequentes compromissos sociais que fazia por onde que ocupassem quase integralmente o seu tempo, semana após semana, constituía uma válvula de escape. Um desafogo que o auxiliava a suportar a convivência matrimonial difícil de maneira tolerável. Embora, com isso, relegasse à inegável negligência os três filhos que já haviam nascido daquele elo conjugal grandemente flagelador à sua sensibilidade e saúde física, extremamente corroídas, ao longo do tempo, por desgostos, dissensões quase diárias com a esposa e desregramentos aos quais conscientemente se entregava, no vício então implacável da bebida, à qual se abandonava sem freios, a despeito do aconselhamento e das advertências inúteis com que William tentava arredá-lo do estilo de vida doentio com o qual se autoflagelava.

– Sente-se, meu querido Stephan! – A moça, como sempre, acolhia-o com as sobras de carinho fraternal do costume, abraçando-o e atraindo-o a diálogo confortador, enquanto solicitava da criada que trouxesse ao irmão uma bebida leve, que o refrescasse dos calores da tarde. E atraiu-o ao assento convidativo entre os canteiros floridos dos jardins. – Que alegria revê-lo! Estou só, como sempre, já que Clinton se ausenta novamente para os negócios que lhe consomem quase todas as horas do dia, uma vez que conta com uma folga junto aos comandantes marítimos, que o deixará uns dias ausente das viagens que o atraem sempre para longe do lar! Conte-me, portanto, como estão nossos pais e seus filhos.

Stephan, então com trinta e seis anos que, no entanto, não lhe aparentavam no aspecto desgastado, e sugestivo, antes, de mais idade, tanto na aparência devastada pelo vício da bebida quanto nos modos sempre exaustos, apreciou, como sempre, a maneira reconfortante com que a irmã sempre o recebia e lhe apaziguava de maneira milagrosa as inquietações da alma constantemente convulsionada.

Entrelaçou-lhe a mão delicada, beijando-a, e sentou-se, ao seu convite, comentando:

– Meus filhos estão bem de saúde, graças a Deus, Patsy... Embora, como sempre, bem o sei, ressentindo-se da ausência quase absoluta do pai... – Começou, algo desanimado para introdução do diálogo, acrescentando logo, porém: – Contudo, bem sabe que gosto de iniciar minha visita vendo, em primeiro lugar, a luz preferida do meu espírito! – E cobrou, dirigindo à moça sentada à sua frente, ouvindo-o em atitude compreensiva, um sorriso que habitualmente se fazia eivado de melancolia. – Onde está ela, Patsy? A minha Lynett? Chame-a, por favor!

Patsy atendeu de pronto o seu anseio, erguendo-se e comentando:

– Como não, Stephan? A sua visita nos colhe de surpresa e, obviamente, ela ficará eletrizada com sua presença aqui, a esta hora, sem aviso! Espere um pouco que ela logo virá para beijá-lo!

O músico assentiu e, depois de poucos minutos que a irmã se ausentou pelo interior da casa, chamando-a nos cômodos superiores, uma jovem de modos visivelmente irrequietos irrompia, em correria, pela entrada da sala, em direção aos jardins, estendendo de imediato os braços para o pai comovido e atirando-se-lhe de encontro, às risadas.

Aos quase dezesseis anos, Lynett era a cópia exata da mãe falecida tantos anos antes, com pele alva acetinada, olhos sonhadores e longos cabelos cor de cobre!

Conhecendo havia pouco tempo a verdade sobre a real condição de Stephan a seu respeito, cobriu-lhe o rosto de beijos, como fazia ultimamente com renovado vigor sempre que o via. E aquilo funcionava, no estado de espírito do violinista, como insuspeitado e eficaz remédio para as úlceras mais dolorosas que já havia tanto tempo corroíam-lhe a alma.

– Lynett! Meu amor! – ele exclamou, atraindo-a, com os olhos como sempre marejados de lágrimas. – Perdoe-me, Lynett, se me ausento por vezes durante tantos dias! Mas minhas ocupações tomam-me o tempo mais do que desejaria!

– Não o perdoo! Não o perdoo, meu pai! – pronunciou a jovem irrequieta, com ênfase prazerosa, temperando o amuo com a continuidade dos beijos repetidos com que buscava saciar a saudade daquele a quem sempre amara com os extremos instintivos do sentimento filial mais profundo. – Então são os seus negócios mais importantes do que eu? Justo agora, que de fato nos comportamos de um para com o outro como pai e filha?

Mas Patsy, que retornava apreciando a cena com evidente satisfação, visto reconhecer o bem flagrante que tais rompantes afetivos produziam no estado de espírito de seu irmão mais velho, intercedeu de forma oportuna, comentando:

– Oh, Lynett! Você é implacável! Não condene seu pai, porque já é sofrimento suficiente que, contrariando os seus maiores anseios, se veja ele, durante tanto tempo, apartado de você! – E, sentando-se novamente ao lado dos dois, observando, prazerosa, a jovem assentada no colo dele, enquanto o enlaçava enternecidamente com um sorriso agora gentil, continuou: – Não sabe que Stephan acredita em tudo o que diz, pequena megera? Por que o maltrata assim, justo quando lhe faz esta visita surpresa?

Caindo em si, na mesma hora a moça desculpou-se, tornando a beijar o rosto do agora risonho e comovido Stephan, fitando-a, tomado pelo habitual enlevo.

– Oh, papai, perdoe-me! Não leve a sério minhas brincadeiras! Sabe que o amo e que entendo a razão de suas ausências!

– Não leve, você, a sério as advertências exageradas da sua tia! Bem sabe que sou seu escravo, sempre, minha linda e adorável filha!

Abraçaram-se outra vez, saciando demoradamente a ânsia da saudade mútua. O músico devolveu-lhe, afetuoso, todos os beijos, e depois pediu:

– Tenho de tratar de um assunto sério com Patsy, Lynett. Preciso de um pouco de privacidade! Depois, haverá de me levar para dentro e mostrar-me todas as novidades do seu estudo de leitura e de música! – Sorriu-lhe, enfim, denotando alguma luz mais vívida brotando-lhe do íntimo e extravasando de sua fisionomia mais alentada. – Sabe que sou um professor severo; mas que, com você, terei toda a paciência do mundo, embora negligencie, volta e meia, os exercícios que lhe passo no cravo! – E, anotando, intencionalmente, com o semblante velando-se, de modo imperceptível, de um véu melancólico que quis disfarçado para a moça, disse: – Herdou de sua mãe o talento indiscutível para a música, meu amor! Ela tocava muitíssimo bem, já nos primeiros tempos em que a ensinava! Então, faça com que ela se orgulhe de você no lugar dos céus de onde certamente olha por nós!

– Fiz todos os exercícios, papai! Hei de mostrar-lhe! Vou arrumar as partituras, mas não ouse despedir-se de repente sem falar comigo! – A jovem advertiu, ainda risonha e sem se aperceber da leve nuance triste na entonação de voz do pai.

Levantou-se, obediente, com novo beijo em seu rosto; e correu, entre alegre e apressada, para dentro da casa, sob a observação atenta e agora um tanto curiosa de Patsy, que tornou a se deter no irmão mais velho.

– Que assunto sério quer tratar comigo, Stephan? Não o adivinharia, com sua chegada! Do que se trata? Algum problema? Exponha logo se necessita de qualquer tipo de ajuda!

Mais alentado pela força benéfica da presença da filha, o regente a fixou, com a fisionomia de fato modificada por velada preocupação.

– Patsy... Lynett está linda! Mas, se algo lhe peço para o futuro de minha filha, é que a encaminhe da melhor forma que possa, pelo menos, a uma relativa felicidade, de vez que não nutro ilusões de que, na situação familiar peculiar de sua vida, não poderá almejar sonhos matrimoniais demasiadamente elevados... – Comentou, ante o ar entre interrogativo e emocionado da moça acomodada diante de si. E, retornando ao que mencionara antes, depois de se demorar naquela breve digressão, talvez de um jeito premonitório para um futuro não tão distanciado, no qual antecipava que não se faria mais presente na vida da filha dileta, vendo Lynett afastar-se, continuou: – Bem, quanto à sua pergunta... Não consigo atinar ainda, com exatidão, com o que se oculta por detrás do que está acontecendo, Patsy; mas penso que já é o momento de dividir com você, porque, se estou certo quanto às minhas suposições, nossos pais, já há bastante tempo, estão enfrentando uma crise conjugal!

Interrompeu-se, analisando a surpresa franca que tomou conta da expressão fisionômica da agora chocada irmã.

– Mas... como assim ? – devolveu ela, sem saber o que pensar.

Metido em reflexões de ordem desagradável, o irmão demorou-se alguns instantes inspecionando os arredores silenciosos dos jardins, precavendo-se contra alguma indiscrição. Depois, e como Patsy agora o encarava entre aflita e impaciente, tocando-o no braço como que para despertá-lo, ele não a enervou com maiores demoras, contando, em tom de voz mais baixo:

– Receio, Patsy, que mamãe tenha descoberto alguma traição séria acontecendo nos bastidores da vida de nosso pai... Porque, há alguns dias, flagrei-a em discussão barulhenta com ele no escritório, suponho ter ouvido o suficiente para chegar a essas conclusões!

– Mas... – Assustada e oprimida, a moça levou instintivamente as mãos ao peito ofegante: – Stephan! Isso é muito sério! Não devemos concluir nada sem nos revestirmos de absoluta certeza! – E, depois de se demorar presa a pensamentos conflituosos, perdida

na orientação correta dos sentimentos sobre o episódio, indagou:
– Comentou algo a respeito disso com Caroline? Quais as impressões dela sobre suas desconfianças?

A isso, contudo, o músico riu-se amargamente.

– E desde quando compartilho com Lane acerca dos acontecimentos que mais me angustiam e preocupam, minha irmã? Todavia, sim, cometi essa imprudência, atarantado que fiquei quando, dando entrada em casa mais cedo do que o habitual, em tarde na qual Lane os recebia em visita, surpreendi-os metidos na incompreensível desavença que aparentava já se arrastar desde que haviam saído de casa durante um instante em que ela se ausentou para providenciar o jantar! Abordei o assunto quando enfim me recolhi para dormir, numa das poucas noites em que me faltaram pretextos para gastar a maior parte da madrugada envolvido em eventos musicais da elite londrina! – O sorriso amargo, agora, desaguava num matiz entre sarcástico e azedo. – Você não acreditaria no que ouvi, Patsy; para meu estupor, Caroline falou-me que meu pai talvez possuísse boas razões para adotar tal conduta desairosa, uma vez que rotula nossa mãe como "mulher insossa e confessamente incapaz de interessar suficientemente um homem como nosso pai, músico de certo renome, com a aridez de seus assuntos domésticos e mesquinhos"!

– Mas... – A isso, Patsy fez-se rubra, e, de dentro de sua sincera indignação, pensava que aquele episódio impossível vinha validar a diferença odiosa que desde sempre sustentara para com a cunhada. – Stephan! Por Cristo! Sua mulher não possui, de fato, o mais banal dos requisitos de caráter desejáveis de uma dama e esposa!! Oh! – exclamou, lacrimosa, desviando para os arredores o olhar abatido, impactada pela novidade inquietante que envolvia a intimidade conjugal dos pais e as reações sempre revoltantes provindas da parte de Caroline, com as quais, contudo, jamais se habituou. – Que víbora peçonhenta o destino lhe reservou, de maneira inclemente, para esposa, meu irmão! – desabafou, inconformada, sem que os dois pudessem imaginar o móbil torpe que alimentava as declarações de Lane no inaudito drama familiar dos Klyde, já que de há muitos anos conhecia, confidencialmente, o elo espúrio existente entre o barão William e sua própria mãe!

Ao comentário quase transtornado da irmã, todavia, o professor de música, já de há muito enervado pelo gênero sofrível de convivência matrimonial com a primogênita dos Ashley, apenas devolveu entristecido suspiro, como se a dizer da inutilidade, àquela altura, de quaisquer revoltas de sua parte no tocante àquele pormenor desairoso, dentre outros tantos que se via obrigado a defrontar no dia a dia.

Interessava-o, sobretudo, naquele impasse, inteirar-se de modo mais exato do drama doméstico no qual os pais se esbatiam de maneira já quase declarada nos últimos tempos, de forma a talvez auxiliá-los, do que se deter inutilmente nas reações e atitudes destemperadas da mulher amargurada e por vezes pérfida com quem a custo sustentava, ao preço de sua respeitabilidade profissional, aquele cenário conjugal desditoso.

– Procurarei observar, Patsy, e inteirar-me melhor do que está acontecendo, na medida do possível! E, quaisquer descobertas nesse sentido, de imediato lhe transmito, e haveremos de traçar um plano de ação! – prometeu, dando por findo, embora temporariamente, o entendimento, antes de novamente se ocupar com momentos mais agradáveis no interior da morada e na companhia da jovem filha.

XXXII
O PASSADO EMERGE

Com a saúde orgânica progressivamente debilitada desde o supremo desgosto que lhe provocara a passagem de Rachel, muitos anos depois, Paul possuía como lenitivo apenas o acompanhamento dos enredos da vida de Patsy e de Marshall, então um rapaz empertigado e altivo que ensaiava seus primeiros voos sociais, com conquistas amorosas, e como aspirante à carreira das armas na Marinha inglesa, sob a tutela e orientação de Clinton, oficial graduado neste labor; e também de Lynett, de quem a espantosa semelhança física com Rachel, assim como acontecia com Stephan, escravizava-o a profundo estado amoroso em nível espiritual.

Efetivamente, e para a cólera surda, mas impotente, de Gladys, tanto Paul quanto Stephan se dedicavam cada vez mais a assegurar e auxiliar Patsy no sustento e na educação da risonha menina de caráter inquieto, cuja índole parecia atestar um gosto incansável pela vida, agindo sempre, diante de todos, como se não houvesse para o seu destino outro caminho possível que não o de ser plenamente feliz.

Lynett, de temperamento dócil, não obstante as travessuras dos primeiros anos de vida, sempre gentil e amorosa com os que a cercavam desde os tempos obscuros em que apenas os cuidados quase exclusivos das religiosas a amparavam nos seus primeiros dias de existência, viera a ocupar, na rotina da idade já avançada de lord Ashley, a lacuna dolorida que lhe deixara Rachel, e mesmo a irascível Lane, cujos traços amorais de caráter e conduta dúbia nutriram em seu espírito, de maneira implacável, lenta, mas efetiva, invencível aversão! Porque o pai pressuroso pressentia, nas maneiras voluptuosas e sempre incendiárias daquela moça eternamente enervada ao extremo, que não se conduzia, ela, de modo digno em relação ao seu contexto de vida matrimonial, a respeito do que alegaria sempre, como pretexto, a profunda insatisfação conjugal nutrida para com o comportamento frequentemente ausente de Stephan.

Não ocorreria nunca à caprichosa Caroline as raízes autênticas daquele quadro desanimador na sua vida familiar. Dotada da mesma têmpera orgulhosa e prepotente da mãe, jamais admitiria de bom grado que foram, ambas, com suas atitudes despóticas do passado, ao manobrar os destinos alheios ao seu bel-prazer, as verdadeiras responsáveis pelas origens do seu atual sofrimento, àquela altura irreversível, porque já haviam nascido os três filhos daquela união esponsalícia difícil: dois meninos e uma menina, que tinham entre cinco e onze anos.

Assim, também não escapavam mais a Ashley as razões autênticas do comportamento progressivamente desairoso de Gladys no contexto de sua união matrimonial ao longo dos anos. Paul já se via consciente, de maneira muito clara, que os últimos resquícios de boa convivência no ambiente do lar gradativamente se esvaíram, a partir do instante em que a mulher, de caráter soberanamente vingativo, soubera do contexto espúrio de seu passado, que determinara a circunstância dramática do nascimento de Rachel e de sua consequente posição filial irregular no seio da família. E, a despeito de reconhecer em Gladys as razões que possuía para odiá-lo, de outro lado não lhe escapava que a esposa possuía uma segunda história afetiva correndo em paralelo ao cotidiano de sua união.

Homem vivido da sociedade libertina daqueles tempos, Paul jamais se enganaria a respeito disso, a pulso de observar as sutilezas reprováveis do comportamento da mulher, mantendo-se em silêncio na maior parte do tempo, desolado e abatido como se via constantemente pelos desgostos diários daquela convivência difícil. E, noutras tantas vezes, envolvido com ela em brigas odiosas no ambiente do lar, sob a assistência aflita da sempre fiel Noreen, atualmente sem a presença de mrs. Madge nos serviços da família, porque havia falecido alguns anos antes.

Só faltava definir quem era o indivíduo misterioso nos cenários ocultos da vida de Gladys. Mas, embora a intuição privilegiada o confiasse a realidade dura, terrível, da identidade daquele personagem, ao presenciar repetidas vezes determinadas cenas suspeitas nos sarais, cerimoniais religiosos e festividades sociais inesgotáveis às quais ambas as famílias compareciam, seu instinto natural de preservação emocional parecia resguardá-lo de admitir aquela hipótese por completo, a ponto de levá-lo a cobrar do outro barão quaisquer satisfações.

De fato, recordando o passado sombrio, doutra feita, já se julgava, naquele contexto turbulento de sua existência, suficientemente favorecido pela sorte, ao ter se livrado de ser chamado às autoridades para responder pelo seu grave crime pretérito. Jamais, àquela altura de sua idade, iria se animar a se empenhar noutro drama trágico de mesma monta e, de resto, por uma mulher por quem, confessamente, não nutria mais o mínimo detectável de afeto ou de consideração de ordem familiar para chegar a medir forças, exigindo direitos, diante de quem quer que fosse que o surpreendesse participando, daquela maneira espúria, do repertório de atitudes duvidosas da esposa.

Assim, dominado por triste e profunda resignação, Paul Ashley tomou voluntariamente o contexto daquela situação a conta de punição divina e de redenção antecipada dos lances violentos que compuseram o seu passado criminoso, comprometendo, com isso, além da história de vida de outras pessoas, principalmente a de quem mais amara durante sua existência tumultuada e repleta de acontecimentos dramáticos: a finada filha, Rachel Alene, aparentemente trazida ao mundo, por tão pouco tempo, apenas para expiar injustamente as consequências das suas graves falhas de conduta.

Apenas um último entendimento nas paragens onde então a amorosa Rachel residia, após a sua transição, anos depois, conseguiria aplacar um tanto na alma do barão, encoberta por sombras a seu ver irremovíveis, a sua dor e remorsos pungentes. E seguia, ele, então, entregue à lassidão de espírito que lhe comprometia de forma irreversível a saúde, enquanto, na residência dos Klyde, ao contrário, todo aquele quadro dramático, dadas as circunstâncias, prosseguia em plena efervescência.

Isso porque, àquela altura, não escapava mais à sempre subserviente Catherine o pano de fundo obscuro que envolvia a vida do marido, piorada como se viu a situação a partir do casamento de Stephan com Caroline; pois essa contingência, trazendo durante largo intervalo de tempo a nora para seu ambiente doméstico, ofereceu-lhe o condão de atentar com precisão em determinados detalhes escusos de conduta, que envolviam tanto o comportamento da jovem, quanto também, e para o seu profundo estupor de início, o de sua mãe. E, dessas circunstâncias, não tardou, portanto, a ocasião em que, involuntariamente, flagrou ocasiões espúrias que, de forma gradativa, mas fácil, permitiram-lhe entender fatos e intuir suas causas.

Foi em decorrência da culminância deste cenário adverso em contínua e surda ebulição no ambiente familiar dos Klyde que, tempos depois do entendimento narrado por último entre Stephan e sua irmã, uma coincidência infeliz fez rebentar a cena final e drástica de dissensão conjugal entre William Klyde e sua encolerizada cônjuge.

Durante uma visita habitual de Gladys à filha e aos netos, em momento em que ambas se julgavam livres de indiscrições, visto ter estado Catherine, à sua chegada, momentaneamente distanciada em entendimentos com criadas da casa num contratempo doméstico, ambas se entregaram a comentários descuidados sobre o caso existente entre a baronesa e William.

Aparentemente em razão de um desentendimento recente havido entre ela e o barão, algo exaltada pelo calor das recordações do episódio, ela relatava à solidária Lane, que ouvia com os modos arrebatados de costume, alguns lances da discussão de dias antes. E, não obstante se cuidasse da altura e da entonação da voz, precavida de se achar no próprio ambiente da casa dos Klyde, ela pronunciou suas queixas de teor facilmente reputável como absurdo por qualquer ouvinte sensato.

– Que diferença faria para nós, pois, a esta altura, que William se desfizesse deste casamento de fachada, livrando-me também do fardo tormentoso com que me vejo obrigada a lidar em casa, convivendo com aquele homem lastimável que é seu pai?

Entretanto, a despeito da habitual intemperança dos modos, Lane objetou, tentando avaliar o que a mãe lhe expunha com certa frieza:

– Mas sabe que nem deve cogitar tal possibilidade, mamãe, tomando em conta o prejuízo de ordem material que, na sua idade, iria atingi-la com consequências incertas na sociedade... – E, assumindo um ar de enfado misto a franco aborrecimento, continuou: – Seus desgostos são, em medida mais ou menos idêntica, os que enfrento, na companhia do ébrio do meu marido, tendo de dar conta, de acréscimo, de três filhos, em situação de quase absoluto abandono conjugal! Ora... – Ela fez um meneio de ombros, expressando acentuado desprezo: – Mesmo me reconhecendo em atitude pouco cristã, não haverei também de perder a cabeça ou de condenar-me em definitivo e relegar-me à indigência financeira, recusando as boas oportunidades afetivas que ainda me comparecem nesta fase moça da vida, para, de outra sorte, livrar Stephan de minha presença com facilidade! Vingo-me, portanto, aproveitando-me do interesse apaixonado que o galante lord Patrick me dedica, espontaneamente!

Ao que a pensativa Gladys, ouvindo-lhe os pareceres com ar estranhamente reflexivo, ponderou, pegando a mão um pouco trêmula da filha:

– Oh, Caroline! Acaba que, decorridos os anos, constato com pesar que o que outrora tentei lhe destinar como um futuro casamentício próspero, assegurando-lhe a primazia com o primogênito de William sobre o rumo inaceitável que os sentimentos dele o conduziam para Rachel, não lhe reservaram nada que não um ônus pesado demais! Morreu, portanto, o fruto odioso dos meus desgostos ante o passado criminoso e perjuro de seu pai, mas isso certamente somente piorou seu sofrimento, levando-a à convivência com esse homem irresponsável e indolente, que não soube valorizar sua dedicação! – E, ante as lágrimas agora pungidas de Lane, a ouvi-la julgando-se, de fato, a maior de todas as vítimas, naquela conjuntura antes desencadeada pela própria incúria combinada entre mãe e filha, arrematou: – Caro foi o preço que, por último, lhe coube, de maneira injusta, para esse acerto familiar infame com William, que apenas serviu, no fim das contas, para resguardá-lo das consequências graves que certamente o defrontariam, se na época do seu casamento eu tivesse enfim revelado à sociedade londrina a sua injuriosa cumplicidade de passado para com a traição e o crime de seu pai, no episódio da morte de Arnold Farrow!!

Foi neste ponto do diálogo desastroso, portanto, que Catherine flagrou ambas as confissões escabrosas, em retornando, inadvertidamente, ao ambiente da saleta, em busca de seu leque, depois de ter se afastado pretextando entender-se com as governantas para providenciar um lanche para a visitante. E, sem entrar pelo portal entreaberto, estacou, lívida, sem denunciar sua presença, e ouviu a pior parte dos comentários desairosos de mãe e filha.

Agora, portanto, entendia tudo! As causas profundamente enigmáticas pelas quais, no passado já distanciado, fora interrompido de maneira intempestiva, pela autoridade férrea de William, e malgrado com o seu consentimento prazeroso na época, o romance a despeito de tudo legitimado por sentimentos autênticos entre Stephan e a falecida Rachel. Tudo visando a favorecer ao consórcio casamentício entre seu filho e Lane, à revelia do episódio crítico da gravidez da jovem Rachel Alene, fora, afinal, aquele acontecimento – hoje bem o reconhecia! –, e nada embora endossado pelos princípios familiares daqueles tempos, o indiscutível fator responsável pela derrocada inexorável dos sonhos de felicidade do rapaz, bem como pelos lastimáveis desvios de conduta aos quais se entregara desenfreadamente desde então!

Catherine ouviu o suficiente e, trêmula, sem poder entrar na saleta, arredou-se para outro cômodo deserto da casa, a fim de refazer-se e conseguir pensar.

Apesar do abalo profundo do momento, reconhecia-se refém de uma situação que, no passado, ela mesma auxiliara a sedimentar, embora fosse inconsciente do pano de fundo dos detalhes sombrios acontecendo nos bastidores. Mas essa compreensão segredou-lhe, mesmo ali, naquele minuto de impasse, no qual, transida e ofegante se detinha destituída de iniciativas mais adequadas, que de nada valeria invadir a sala e confrontar abertamente ambas as mulheres, que, de resto, comprovavam-se destituídas da mais ínfima base de valores morais que acenassem a qualquer entendimento digno.

Resolveu, assim, e passados os primeiros instantes entregue à mais autêntica devastação de ordem emocional a descompassar-lhe o coração, a reservar a cena final para uma reunião de ordem familiar que haveria de promover à noite, com a chegada do marido, e depois de convocar Stephan e os demais filhos a importantes entendimentos.

XXXIII
O MALFEITO SEMPRE RUI

Era noite chuvosa e gélida em Londres, e um trovão ribombou nos céus quando Stephan, um tanto afobado, deu entrada na residência dos pais, encontrando Patsy e o marido já presentes.

William ainda estaria por chegar, como sempre, em horário tardio; mas, de certo modo, Catherine não se incomodou demasiadamente, ao constatar que seu filho chegava sozinho, sem a companhia de Lane. Apesar de que fosse o seu principal anseio desmascarar e humilhar a pérfida nora diante da família, acabou considerando que aquilo exporia também o filho a uma situação vexatória que não merecia, naquela altura de sua vida em que já se via aviltado por sua mulher para muito além do que o reconhecia capaz de suportar com sangue-frio.

Considerou que, apesar de antecipar um episódio definitivo e dramático com a entrevista em perspectiva, sempre seria de feição mais amena que se desse na sua estrita intimidade familiar, deixando os Ashley de fora. Porque seu intuito maior, ali, era atirar William Klyde de encontro a si mesmo, lançando-lhe no rosto seu conhecimento da realidade, e constrangendo-o diante da família!

– Por Cristo, mãe! Confesso que me preocupa francamente o ter sido convocado aqui, numa noite dessas, e dessa forma extemporânea, a pretexto do assunto sério que alega e do qual mal posso imaginar o conteúdo! – comentou o músico, inquieto, à soleira da porta, desfazendo-se da capa encharcada e do chapéu, e entregando-os ao criado de prontidão, sem esconder o aborrecimento que a emergência lhe provocava no estado de ânimo sempre enervado. – O que está acontecendo, afinal? – cobrou, cumprimentando em sequência Clinton, que logo se aproximou para recebê-lo, e a irmã mais nova, acomodada em silêncio nas imediações, e de quem, de imediato, notou o mesmo receio estampado na fisionomia ligeiramente empalidecida.

– Perdoe-me por este incômodo, a esta hora da noite, e em dia de semana em que sei que está esgotado pelos seus afazeres, meu filho! Mas o assunto não permite adiamentos! Peço-lhe apenas que espere a chegada de seu pai, que não deve demorar muito! – disse Catherine, de semblante notadamente melancólico, sem falar mais nada.

Tenso e preocupado, Stephan assentiu, acabando de entrar e sentando-se. Percorreu o olhar em torno, e também distinguiu Harold por ali, de braços cruzados, caminhando algo inquieto pela extensão sombria da sala, de um lado para o outro. Agora era um rapaz de boa aparência e modos cavalheirescos. Cumprimentou-o de longe; ele lhe devolveu a saudação com amabilidade, mas a expressão do rosto do irmão mais novo lhe adiantava que compartilhava, no impasse, de todas as suas perplexidades.

– Lane não quis vir! Alegou dores de cabeça e cansaço para arrancar-se de casa numa noite dessas, dizendo que "nem em caso de morte se obrigaria a tal martírio"! – comentou, afinal, percorrendo o olhar pelos familiares ao cabo de algum tempo em silêncio, apenas para dizer alguma coisa a mais.

– De nada adiantaria a presença dela, senão para exasperar ainda mais o assunto difícil que haveremos de tratar aqui! – falou Catherine. Todavia, o fez com tamanha aversão, flagrante na entonação de voz, que aquilo acentuou no olhar brilhoso do filho um estado de alerta, fazendo aumentar sua curiosidade.

Ele se entreolhou, surpreendido, com Patsy, que lhe respondeu apenas com um leve dar de ombros inseguro. Mas, intimamente, ela adivinhava a que se devia o encontro familiar importante em perspectiva. E aliviava-se por ter deixado em casa tanto Lynett quanto seu caçula.

A família ali reunida procurou se concentrar em assuntos aleatórios entremeados de pausas cheias de expectativa dificilmente disfarçada, durante as quais somente o barulho da chuva torrencial e dos trovões ribombando do lado de fora emolduravam o cenário peculiar daquele momento tenso.

Instantes mais tarde, William entrou em casa – por sinal, de retorno de peculiar visita aos Ashley, alegando pretextos secundários de preocupações com o estado de saúde de Paul, que, em verdade, lhe propiciaram, antes, uma tentativa mais ou menos bem-sucedida de reconciliação com Gladys, cujo mal-estar dos últimos dias vinha-lhe roubando, doutra sorte, o sossego íntimo; porque, em verdade, durante todos aqueles anos, se fizera refém voluntário dos humores de uma mulher cujas ameaças recorrentes de ressentimento por um passado que forçosamente o enredava em riscos o situava em xeque, a cada vez que se aborrecia por consequência de uma infinidade de caprichos a respeito dos quais nunca alcançava satisfazê-la completamente.

Com efeito, àquela altura da história de sua vida, o barão já maldizia, com franqueza, a vulnerabilidade de conduta que o expusera permanentemente àquele contexto de vida crítico, e de feição a arriscar-lhe com constância o equilíbrio de sua vida familiar e o repertório dos seus interesses mais práticos. Todavia, sabia que se tratava de um tipo de armadilha forjada, antes de tudo, por si mesmo, de maneira infeliz, e da qual caíra vítima, sem dispor de meios para voltar ao passado e desfazer o seu malfeito. E a cena seguinte se encarregaria de consolidar-lhe esta fatal convicção.

Entrando na casa, afrontado pelos excessos de água encharcando-lhe por completo a capa e o chapéu do traje elegante, Klyde surpreendeu-se por, inesperadamente, naquela noite especial e àquela hora, deparar com toda a família reunida em atitude ininteligível no salão de recepção da moradia.

Assim, depois de deter-se à porta, viu a filha mais moça acompanhada do marido e comentou:

– Patsy! – E, largando um riso como que atarantando diante da cena diante da qual se viu despreparado para lidar com acerto, como se o dominasse, de súbito, algum mau pressentimento, comentou, fechando a porta e entregando ao empregado de plantão que o recebia o sobretudo e o chapéu molhados. – Boa noite a todos! Folgo em encontrar-te... assim como a ti, Stephan! Mas... o que fazem aqui, assim reunidos nesta assembleia familiar da qual não fui notificado?! – franziu ligeiramente o cenho, agora, em reparando finalmente na fisionomia da esposa, ensombrada de modo positivamente inquietante; e acrescentou uma nota a mais de humor, na tentativa de desfazer o desassossego que lhe tomava o íntimo ante a expressão enigmática de todos: – Terei esquecido algum aniversário?! Mas, se assim é, por que não estão também aqui sua mulher e seus filhos? – Questionou do músico, avançando para Clinton e cumprimentando-o com um aperto de mão a que o rapaz, apesar de tudo, correspondeu com amabilidade.

Mas Stephan, também grandemente incomodado pela situação cujo cerne ainda não alcançava, gesticulou com certa casualidade, denunciando o desinteresse habitual com que já de há muito lidava com tudo o que se relacionava às atitudes de Lane ou ao que lhe pudesse dizer respeito.

– Folgo, por minha vez, que tenha se decidido, ela, a ficar em casa com meus filhos, pai, porque, em verdade, a última coisa que me agradaria seria ter de me arredar com todos eles para cá desta forma pouco usual, no fim de um dia de semana no qual me vejo esfacelado de cansaço, e com esse horrível tempo! ...Juliet anda impossível de se conter atualmente! – Comentou, fazendo menção à filha mais nova, de apenas cinco anos, que se revelava gradativamente cópia perfeita do temperamento turbulento da mãe.

Ainda analisando as reações, especialmente as de Catherine, William assentiu com leve meneio. E, com um suspiro, procurando ocultar sua inquietude íntima, afinal, sentou-se, dirigindo-se à esposa:

– Bem... Ao que vejo, estavam à minha espera, embora não exatamente para o jantar! – Olhando diretamente para a baronesa, encorajou-se e perguntou: – O que se passa, Catherine, para que tenha atraído nossos filhos a esta casa em noite tão ingrata, tirando-os do aconchego de seus lares para se aventurarem na noite gélida e chuvosa a um pretexto que mal posso imaginar?!

Havia certa nota de indignação em seu tom de voz, vista a sua notória contrariedade de temperamento para situações que, em sua casa, davam-se fora do rígido controle com que procurava administrar tudo. Mais ainda quando tais imprevistos se originavam em atitudes de Catherine que destoavam da sua usual subserviência conjugal.

Mas William percebeu que a mulher estava com um estado de espírito frontalmente contrário às características de seu temperamento naquele instante; e ela não se demorou a dar provas cabais disso, ao se levantar e se aproximar do assento onde Stephan também aguardava resposta, dominado por curiosidade aguda, mas agora silencioso. E comentou, altiva, para seu quase espanto:

– A razão da reunião em família logo se fará clara, Klyde! Porque urgia que, já com grande atraso, e diante de todos nós, eu me penitenciasse diante de nosso filho mais velho em decorrência de atitudes passadas minhas que, involuntariamente embora, contribuíram para arruinar-lhe com qualquer chance de felicidade!

Stephan fixou a mãe, privado de iniciativas adequadas num primeiro momento; e William, chocado, recolocou-se de pé, aproximando-se da esposa.

– Mas... por Cristo! À que se refere, Catherine!? Acha-se de posse de sua saúde mental?

Altaneira, impassível, a dama colocou-se-lhe solenemente de frente, encarando-o, sem se perturbar:

– Agora, sim, William! Todavia, à época em que cometi a imprudência imperdoável de apoiar suas decisões relacionadas ao casamento de nosso filho com a serpente que agora o ladeia irremediavelmente como esposa, certamente via-me fora do meu juízo! Apesar de que talvez me redimam os aspectos falsos da situação, que me foram habilmente inspirados por você, de forma a me fazer consentir com toda aquela loucura, e ainda compelir Stephan a cometer o desatino que o levou a perder completamente os rumos, casando-se, a pulso, com uma mulher enquanto amava outra! E tudo, ao que hoje me foi dado compreender com mais clareza e profundo pesar, para livrar sua honorabilidade perante a sociedade: a ilusória respeitabilidade de um cúmplice de assassinato... E, de resto, perjuro! Amante da mulher do assassino!

As palavras foram proferidas em tom seco, áspero, frio... Mas foram o suficiente para fazer levantar de um só impulso a família em peso ali reunida, mergulhada em estado atônito, desnorteador!

Stephan se acercou da mãe, segurando-a por um braço, angustiado.

– Pelo amor de Deus, mãe! O que está dizendo?

– Você foi constrangido em situação franca de sacrifício, Stephan! – Catherine olhava-o agora, lacrimosa, denunciando um sofrimento profundo a corroer-lhe as emoções, pois se tratava de sentimentos que então expunha, mas que de há muito a oprimiam, sufocados, a pulso de presenciar a gradativa derrocada do equilíbrio interior daquele filho primogênito a quem amava com extremos quase doentios. – Devo-lhe, sim, um pedido de desculpas, meu filho! – ela continuou, revestindo-se de coragem. – Preciso me redimir diante de ti e de Deus... ao menos eu, como mãe, necessito de seu perdão; e quis fazê-lo de viva voz, diante de todos! Porque, hoje, presenciando sua infelicidade; o modo doentio com que aos poucos destrói a si mesmo, escravizando-se à bebida e aos desregramentos desenfreados deste mundo das altas rodas londrinas, para o qual seu pai tanto se empenhou em empurrá-lo, sem proveito autêntico para sua realização plena... agora bem o vejo, Stephan! – Catherine desta vez tinha as lágrimas escorrendo, francas, pelo seu rosto sofrido e já marcado pelas muitas vicissitudes da passagem dos anos –, o tanto que, como pais, erramos nas deliberações autoritárias com que nos valemos do tolhimento do seu livre-arbítrio naquele tempo! Porque, atendendo aos coquetismos vis de Gladys ao descobrir a história de traição do marido, e da criatura que lhe é réplica perfeita na amoralidade e falta do decoro indispensável às mulheres de família, logrou, seu pai, resguardar, quando muito, a si mesmo! E a Paul Ashley, de quem a vida toda foi confidente do verdadeiro enredo de como coube, a ele, a autoria da morte de Arnold, no confronto passional com que calou, no marido de Evelyn, a sua justa necessidade de reparação por tê-lo descoberto envolvido com ela, no caso espúrio do qual, por infelicidade, nasceu aquela jovem... – e mrs. Klyde fixou profundamente o filho mais velho, que agora não continha as lágrimas que lhe banhavam, abundantes, os olhos expressivos e outrora profundamente magnéticos: – ...a única mulher a quem lhe fez, o destino enigmático, amar verdadeiramente, meu filho... Amor, este, ao qual, bem o sei, se vê escravizado até hoje!

Catherine se interrompeu. Ela e Stephan soluçavam! Profundo estupor se apoderou da família ali reunida, e, durante alguns instantes, o intervalo do discurso dolorido de Catherine acentuou o clima lúgubre provocado pelo estrondear do temporal desabando lá fora, e pela obscuridade ambiente, iluminada, a intervalos, pelos clarões dos relâmpagos esgueirando-se através das vidraças largas das janelas.

William via-se estuporado, preso por incapacitante paralisação nos gestos e nas palavras.

A vergonha íntima, o ódio intenso, misturados à amargura do reconhecimento doloroso da verdade do que pronunciava a esposa naquele desabafo amargurado, evidenciada nas lágrimas incontidas escorrendo, silenciosas, pelo rosto do filho dominado por profundo desnorteamento ao largar-se de volta no assento, sob a atenção preocupada e condoída da irmã mais nova, roubavam-lhe o ânimo e a presença de espírito para improvisar qualquer rebate ou argumento defensivo que fosse!

Não imaginaria que, dados os acontecimentos já distantes do passado, cujos bastidores não conhecia completamente, não constituía novidade para Patsy, àquela altura, parte daquela história, que, confidenciada por Stephan à época do desfecho do drama pungente que lhe comprometera em definitivo o curso de vida, ela soubera resguardar a si, com denodo e recato. Mas, para todos ali reunidos, inclusive Harold, parado e estatelado nas proximidades, lívido, ante a gravidade de fatos expostos de chofre, dos quais desconhecia a essência na sua quase totalidade, era novidade horrível a revelação do acréscimo da infidelidade de William para com a própria mãe. E justo envolvendo a última personagem de quem suspeitariam! A esposa do barão Ashley, de quem havia gerações usufruíam amizade e intimidade familiar privilegiada! Este último, atarantado, foi quem primeiro encontrou voz para dar vazão ao seu estado de profunda perplexidade pelo que ouvia da mãe, em condições que a ninguém permitia duvidar da idoneidade do que lhes revelava:

– Pai, o que está acontecendo aqui? – E ele gesticulou, perdido, exclamando: – Porventura o que presencio é a derrocada definitiva de nossa família! Haverá, ainda, para nós, depois desta noite, alguma chance de convivência e de paz?

E encarava frontalmente o pai, que se quedou lívido, marmóreo, ao lado de Stephan no assento próximo.

Catherine, acomodando-se ao lado do primogênito e entrelaçando-lhe carinhosamente a mão, em vendo-o preso daquela preocupante letargia, fez ao mais novo um gesto gentil, embora lutando estoicamente para se conservar dentro de um mínimo de equilíbrio que lhe permitisse arrematar, como queria, aquele encontro de consequências importantes para todos:

– Acalme-se, Harold! Nada mais será, aqui, como antes, depois da noite de hoje, mas preciso terminar de falar com Stephan!

– Catherine! – William ainda tentou detê-la, a voz escapando-se-lhe, roufenha, com dificuldades da garganta contraída por aparente colapso. – Chega por hoje! O que mais pretende depois de me submeter a vexame de tal monta diante de meus filhos?

– Pretendo alertar Stephan, para que não se dê ao mesmo gênero de cegueira que por tanto tempo me vitimou! – devolveu Catherine com severidade digna, o olhar relampejando, taxativo, sem esmorecimentos.

O filho olhou para ela, quase alheado da realidade, como se divagando.

– O que quer dizer, minha mãe?

Catherine, então, pesarosa, aflita, apertou entre as suas as mãos agora gélidas do violinista e completou:

– Quero lhe dizer que desposas uma serpente, que em verdade nunca o amou; senão que realizou, naquela época, e ao preço trágico do sacrifício de mais de uma pessoa, um mero capricho interesseiro, meu filho! Não difere, Caroline, de sua mãe; e hoje lhe afirmo com segurança que os Ashley foram uma maldição odiosa no capítulo de nossa história familiar! Porque comprometeram seu pai neste episódio criminoso do passado, por meio do vínculo sólido de interesses de várias ordens que os vincula; a esposa pérfida de Paul, que se infiltrou a conta de amiga em nossa casa e desfrutou de minha companhia em tantos acontecimentos familiares, terminou por roubar-me, em prevaricação vil, o marido, utilizando-o com chantagens que lhe assegurassem vingança digna, e, à filha, a realização dos torpes desejos contra Rachel, prejudicando-o! E esta mesma Lane, para arremate, Stephan, foi-me dado saber há pouco, em ouvindo-lhe as confidências despudoradas com a mãe, na intimidade mesma de nosso lar, repete, com você, a conduta desairosa de Gladys para com o seu indigno marido... traindo-o também, meu filho! – E Catherine chorou, desabafando por completo sua amargura: – Com lord Patrick... e, tomando para isso, como pretexto infame, sua bem compreensível ausência conjugal e a doença do álcool, derivada dos desgostos que já de há tantos e tantos anos corroem sua vida e saúde!

A isso, porém, não apenas no rosto já empalidecido do atônito Stephan a lividez marmórea se acentuou, mas também no semblante do barão, no qual se evidenciava um palor inegavelmente doentio.

Levantando-se com dificuldade, num impulso, ele arrancou de si forças para interpelar Catherine, acercando-se-lhe, ao mesmo tempo em que, temerosos do desenrolar das reações do sogro em circunstâncias tão críticas, Clinton se aproximou, ao mesmo tempo em que Harold instintivamente o fazia, movido por protecionismo natural para com a mãe, e Patsy, angustiada, ergueu-se em dolorida expectativa do assento onde estava acomodada, mergulhada em grande aflição íntima.

– Mas... o que pronuncia para Stephan, Catherine?! Começo a suspeitar da sua sanidade mental! Primeiro, pela inconveniência indescritível do que intencionalmente provoca no nosso ambiente familiar neste momento... e agora, por estas palavras inclementes, que diz ao nosso primogênito! Julga, por acaso, fácil o enredo de vida dele? Já não nos fartamos de saber, sem que para isso precise aludir a estes fatos tristes do nosso passado, que é delicada a situação conjugal de Stephan, e quase insustentável, para que venha acrescentar de viva voz mais detalhes com a intenção de atormentá-lo ainda mais? – E, como, apesar de tudo sóbria, cônscia, Catherine se erguesse de onde estava para medi-lo, num misto inextricável de tristeza com revolta refletidos no semblante de expressão ininteligível ao esposo, ele arrematou, crispando as mãos, como se apelando desesperadamente para algum subterfúgio que o livrasse, de algum modo, daquele minuto decisivo na intimidade de seu lar: – De onde, afinal, retirou essas afirmações absurdas para declará-las diante de todos nós com tamanha desfaçatez?

– Isso não importaria tanto, aqui e agora, William, uma vez que penso que a minha reta história de vida a seu lado, e na condução de nossa vida familiar, já seria de molde a atestar, a todos aqui reunidos, a idoneidade de cada palavra que pronuncio! – Leve quanto amargo sorriso perpassou-lhe de leve os lábios finos e um pouco trêmulos. – Mas vejo que se perde em considerações de outra ordem, tentando, talvez, alguma fuga do significado principal deste nosso entendimento definitivo! Então, acompanho-o, sem refutar, no rumo que quer imprimir ao nosso diálogo! E repito o que aparentemente não ouviu direito, ou não quis ouvir no começo do meu relato: ouvi dos lábios das duas mulheres indignas, dentro desta casa, há pouco tempo, e quando não se supunham observadas, um trecho de conversa suficiente para não deixar margens a maiores dúvidas. Ambas consideravam os fatos da vida familiar e amorosa delas, sem o menor decoro, da ótica desta realidade aviltante, cujos principais detalhes, até então, faziam-se ocultos ao meu conhecimento! Gladys reclamava, com modos irresignados, de sua resistência em acabar com o nosso "casamento de fachada"; atitude que a obriga, até hoje, à convivência, a seu ver tormentosa, com o fardo doméstico que considera ser Paul Ashley no contexto de sua vida! E a sua muito digna filha lhe respondia com especulações de idêntico quilate, aludindo à impossibilidade prática, interesseira de tal empreitada, que as lançaria em escândalo, desalojando-as da situação familiar e financeira confortável da qual usufruem! E arrematava a sua solidariedade pungida, referindo-se ao nosso filho como um ébrio, ao qual tolera como autêntico martírio que muito justificadamente endossa a sua ligação espúria com lord Patrick Rutterford, cujo caráter pútrido, qual é o de toda a sua ascendência, já conhece de longa data! Eis, então, William, para o seu pleno esclarecimento, a resposta ao seu questionamento, que valida, em definitivo, todas as minhas palavras! – Ela finalizou o relato com lágrimas sentidas ainda descendo-lhe pelo rosto desfigurado pela dor profunda daquele instante de decisões difíceis no seu seio familiar; e, meneando, e tornando a sentar-se ao lado do transido Stephan, amparada por Patsy e por Harold, concluiu, sem desviar o olhar transparente de sinceridade da expressão aparentemente petrificada com que William Klyde escutava-lhe o desfecho do relato inaudito: – E, por mais que agora não possamos fugir de decisões sofridas, todavia necessárias a uma mudança de rumos que venha dar melhor sentido ao percurso de nossa vida, Klyde, sinto-me aliviada! E, enfim, redimida por ter agido assim... como disse, sobretudo diante de nosso filho, Stephan, o maior penalizado no longo curso de toda essa lastimável tragédia doméstica!

E voltou-se novamente para o músico, sentado a seu lado como se chumbado ao assento, momentaneamente desprovido de capacidade para reagir, com um suor frio, abundante, porejando de suas têmporas pálidas.

Patsy auxiliou a mãe a acomodar-se e acercou-se dele, carinhosamente, tomando-o pela mão.

– Stephan! Meu irmão querido! – chamou, com lágrimas também descendo-lhe pelo rosto ainda belo e jovem. – Por favor, Stephan! Reaja! Não fique assim! Não se abandone a tamanho abalo, porque nos assusta!

Todavia, a reação veio pronta, inesperada de sua parte, ao perceber de abrupto o que nenhum dos presentes notou, momentaneamente voltados para o seu preocupante estado de alheada inércia.

Stephan, de um impulso, soltou-se da irmã, correu e avançou para o pai, amparando-o num ímpeto, ao ver que, inopinadamente, ele baqueava ao solo, derrubado por uma síncope súbita, diante dos gritos e exclamações alarmadas dos demais presentes.

William Klyde deixou bruscamente a vida física, não suportando a avassaladora carga emocional do momento, a pulso de violenta falência cardíaca! E chegou ao mundo espiritual, onde, por antecipação, já o aguardavam amparadores e auxiliadores da vida invisível, prontos para a tentativa de ajudá-lo.

XXXIV
NA VORAGEM DOS ANOS

Apesar de ter ocorrido no clima de suprema angústia, que marcou para sempre aquela entrevista íntima entre os Klyde, na qual vieram à tona as realidades ocultas de décadas seguidas de consequências inevitáveis aos desacertos cometidos em conjunto no passado, a passagem de William para as dimensões imateriais foi procedida das acomodações de praxe com que o decorrer dos anos acalma tanto as dores mais agudas relacionadas a tais contextos de perda, quanto também promove os ajustes de ordem prática que se sucedem com progressiva naturalidade, como resultado dos esforços em comum.

Assim que, surpreendendo a todos de começo, quando, de posse do testamento, souberam ter ele reservado como herança considerável soma monetária a Lynett, a título de auxílio ao seu sustento por Stephan, Catherine viu sua segurança material e financeira devidamente consolidada pelo montante vultoso que lhe coube, na ordem de sucessão natural dos bens de família. Como também, e ainda, fora amparada com acréscimos por Patsy e Clinton, àquela altura de sua vida comparecendo como o doce arrimo de sua idade quase provecta, após as muitas agruras de ordem emocional padecidas anteriormente.

Ao inverso, a conjuntura configurada com a passagem de lord Klyde atirou a imprevidente Gladys, tanto quanto sua filha, em ordem de circunstâncias tão inconsistentes quanto areias movediças. Porque, ali, rompia-se, espontaneamente, o elo com que até então o escravizava a chantagens que foram perdendo, para os seus interesses, a utilidade prática, na medida em que também Paul Ashley era, naqueles novos tempos, pálida sombra do outrora altivo barão assegurado da sua estabilidade social e familiar, quando ainda convicto de se ver única e exclusivamente de posse do seu pior segredo.

Assim, passado o tempo, também ele fez, afinal, a passagem para a vida invisível. E deixou entregue aos rumos incertos da sorte, embora com a fortuna que de direito lhes cabia, a sua então desestruturada família, da qual somente Marshall honrara, aos poucos, os princípios dignos ainda existentes por sob os escombros do modo de vida da hipócrita aristocracia londrina de então.

Marshall entregara-se, por vocação, e com o auxílio de pares a quem se associou de forma feliz, dentre eles Clinton, à carreira das armas na Marinha inglesa. E, uma vez consolidado o seu destino familiar e profissional, pouco passou a ver a desorientada Lane e sua mãe, por quem, em verdade, nunca nutrira verdadeira admiração ou estima, em decorrência de presenciar, desde os tempos mais recuados da meninice, o enredo pouco decoroso com que se orientava em todas as particularidades da sua vida, conduta com a qual, no fundo, não se coadunava, porque herdara os traços de temperamento, a despeito de tudo, honestos com que Paul Ashley administrou boa parte dos episódios de sua conturbada existência.

Decorreram, desta forma, seis anos dos últimos acontecimentos narrados. Na vida invisível, Paul foi acolhido à estância de recuperação e tratamento de ordem tanto espiritual quanto física, por amigos e antigos familiares dedicados a ajudá-lo; e ali se demoraria à espera da ansiada oportunidade de ter seu entendimento final com a filha querida que o precedera na passagem para as dimensões de vida mais verdadeiras da existência.

Corria mais uma estação primaveril nas terras do Reino Unido quando, em certa tarde, na qual Stephan se demorava com Lynett durante uma de suas visitas semanais à moradia da irmã, conversando com ela e ensinando-lhe o cravo, Clinton chegou em horário inesperado do dia, em virtude de folga que o liberara do serviço mais cedo do que era o hábito.

Lynett se acercava dos vinte e dois anos, tendo se tornado uma bela quanto instruída jovem, sob os cuidados amorosos dos tios; e Stephan sabia se ver a filha, àquela altura, assediada ultimamente, de modo discreto, mas efetivo, pelas pretensões afetivas honestas de seu melhor aluno de violino, Geoffrey Bradley, filho mais velho de uma família de sua relação pessoal de amizades socialmente bem situada em Londres, circunstância que de algum modo o reconfortava, porque consentia de bom grado com o que ia se delineando para o destino conjugal da jovem, já que conhecia corresponder, ela, às intenções e sentimentos de seu pretendente.

Encontrando, portanto, o cunhado em sua casa, depois de saudar afetuosamente a esposa, então grávida do segundo filho do casal, Adrian Clinton dirigiu-se a ele, demonstrando boa disposição por alguma notícia que lhe trazia.

– Stephan! Como vai? – E como o professor de música lhe correspondesse à saudação levantando-se, com imediato aperto de mão cordial, sempre compartilhando de excelente entendimento com o esposo da irmã mais nova, continuou contando, sem perder tempo: – Trago-lhe boas notícias! Assim, é bem oportuno que se encontre aqui no dia de hoje! Disponho de uma folga breve no comando da nau, dados os atrasos de programação na próxima viagem; mas logo me ocuparei de novo e não sei quando poderia procurá-lo ou providenciar para você correspondência com a devida presteza, para notificá-lo de que já pode se despreocupar com o seu transporte para o concerto que ocorrerá daqui a um mês! Já foi providenciado com o capitão Darrell sua passagem, na viagem que há de empreender para a Alemanha nessa data, deixando-o, convenientemente, em Bremen, perto do seu destino!

A isso, todavia, ouvindo com curiosidade o que o tio dizia no diálogo inesperado, Lynett levantou e abraçou o pai com força, tomada de estranha reação.

– Oh! Não, papai! Não vá! Vai demorar demais nessa viagem! Não vá...

Stephan interrompeu o diálogo com Adrian, voltando-se, surpreendido, para a jovem. E abraçou-a, incerto do que responder num primeiro momento. Reparou, agoniado, que Lynett continha a custo lágrimas que já quase lhe desciam pelo rostinho repentinamente entristecido, enquanto Patsy, preocupada, se lhes acercava, e seu marido interrompia-se no que dizia, incerto de como reagir.

Todavia, tenderam todos a considerar a reação da moça como reflexo compreensível de sua constante situação de carência emocional junto àquele pai, que nem sempre podia se fazer presente, assoberbado como era com suas múltiplas ocupações como músico, e com seus três filhos com Lane, que, de seu lado, também se ressentiam da inconstância habitual de sua participação mais efetiva nos acontecimentos da vida deles.

– Lynett! Por Deus! Por que está assim? Não, não diga isso! Não vou me afastar por tanto tempo quanto pensa! Devo ir à Berlim atendendo a um compromisso imperativo, ao qual não posso de modo algum faltar, para a regência de um concerto! Mas não me ocupará mais do que uma semana, e, em verdade, o que me retardará mais a chegada será o tempo de viagem, bastante extenso daqui para lá!

Entreolhando-se, um tanto perdido, com a irmã e o cunhado, ambos agora apenas observando, silenciosos, Stephan tentou desfazer na filha aquela impressão pungente, que de maneira estranha a fazia sofrer e chorar, e a exasperava para além do que seria esperado em tal situação, porque não era a primeira vez que lidava com suas ausências para outros destinos em cumprimento a formalidades semelhantes às que desta vez o afastavam em viagem.

– É uma oportunidade que não pude dispensar, de aprimorar o meu currículo como músico de profissão, noutros lugares mais distantes, Lynett! Ainda é cedo para que entenda, mas minha carreira, nos tempos em que vivemos e em nosso país, precisa de expansão, de reconhecimento e de articulações importantes em outros países europeus, para que eu veja assegurado não somente o seu conforto e futuro, mas também o de seus irmãos, meu amor! – explicou-lhe, beijando-a no rosto empalidecido e secando-lhe com um lenço as lágrimas que lhe escorriam, inconsoláveis, dos olhos brilhosos.

– Dos meus irmãos... a quem nunca vejo... e também o conforto da detestável Caroline... que arruinou sua união com minha mãe! – atacou Lynett de inopino, encarando-o aos soluços, todavia, e surpreendendo a todos com a súbita e profunda amargura da qual, habitualmente, não dava mostras mais evidentes, apesar de todos conhecerem que a penalizava de maneira inegável, no território ainda incipiente de suas emoções, a conjuntura incomum na qual se dava sua convivência familiar.

Aquilo chocou de forma abrupta todos os que se viam ali reunidos. Stephan relanceou-lhes um olhar quase alarmado, para, depois daquela breve pausa preso de perplexidade, tentar lidar com a reação inesperada da moça de maneira eficiente, pois nunca antes Lynett lhe oferecera evidência tão palpável do tanto que a faziam sofrer as circunstâncias do passado de sua melancólica história familiar.

– Lynett... Minha filha! – ele começou, um tanto inseguro, voltando a beijar-lhe a fronte, enquanto ela de novo o abraçava com estreiteza que denunciava todo o desamparo frágil que lhe dominava o universo emocional. – Já conversamos sobre isso antes! Devo sempre lhe pedir desculpas, porque essas circunstâncias se devem à maneira pouco sensata com que, naquela época, e por imprevidência talvez, lidei com a história do meu envolvimento com sua mãe! Todavia, não é justo que isso lhe provoque quaisquer temores ou que venha a se sentir ameaçada ou diminuída em minhas considerações, em razão de um passado do qual não detém nenhuma culpa! Meu amor lhe pertence desde o instante em que soube de você no ventre de Rachel, Lynett! E assim será para sempre! Não quero que pense, jamais, que seus irmãos desfrutam de quaisquer privilégios em meus sentimentos ou de prioridades sobre você, apenas em razão de se situarem num contexto familiar diverso do seu! E quanto a Caroline, não deve ocupar seus pensamentos com ela! Sua vida corre em separado e bem resguardada de tudo o que lhe diz respeito!

Mas Lynett, insistente, aparentava não querer entender e não conseguia se demover do estado de espírito estranho e inusitado que a lançara em rude insegurança íntima, a partir do momento em que ouviu de Clinton a notícia sobre a confirmação da viagem do pai.

– Não vá, papai! Por favor... não vá! – Teimava, quase trêmula, estreitando-o de encontro a si naquele abraço angustiado.

Parecia que um pressentimento lúgubre lhe confiava algo de funesto na perspectiva do afastamento do músico, que agora um tanto perdido, desorientado, por mais que tentasse transmitir segurança e reconforto à jovem, depois de breve pausa reflexiva e ocupado apenas em tentar acalmá-la com carinhos, ele enfim respondeu, fixando-a com transparente quanto dolorida sinceridade:

– Oh, minha filha... Quisera poder atendê-la, ao menos desta vez! Mas... Não há possibilidade! A falta injustificada a um compromisso desta importância seria de molde a arruinar-me profissionalmente, e isto, por consequência, também teria desdobramentos desastrosos para seu futuro...

Abraçaram-se novamente. Mas a jovem ainda chorava, embora se esforçasse para não molestar mais o pai com a contrariedade de sua inexplicável reação. E Patsy e Clinton, àquela altura, mantinham-se apenas presenciando a cena, trocando olhares incertos, sem saber o que pensar ou dizer.

– Não me importaria com qualquer dificuldade no futuro... Contanto que o tivesse ao meu lado, papai! – exclamou, por fim, a desolada Lynett, então chorando aberta e comovedoramente, e provocando em Stephan uma enorme e desnorteadora confusão nos sentimentos.

Era a segunda vez em sua vida que acontecia de se ver encurralado em momento decisivo, do qual não podia aquilatar devidamente a grande importância da influência das suas decisões nos enredos futuros de vida dos seres que mais lhe diziam ao coração, dividido entre o apelo e os constrangimentos imperiosos dos deveres sociais e o sentido oposto, que o arrastava aos impulsos sempre sublimes do coração.

○ ○ ○

Chegou, no entanto, a data da despedida do violinista, de saída para a viagem marítima na nau providenciada pela intermediação de Adrian Clinton, fato que conduz o leitor, finalmente, ao desfecho dramático pelo qual começamos a presente narrativa.

Stephan foi acompanhado ao porto de Norfolk por alguns familiares. Estava presente seu filho mais velho, Eamonn, já homem feito e com quem se dava melhor dentre os frutos de seu casamento com Lane, pois a caçula, Juliet, perdera-a irremediavelmente, com o passar do tempo para a esposa, que, vingativa e irascível, já se incumbira, com vantagens em seu favor, de arregimentá-la para repetir-lhe todas as características de conduta e o modo de pensar, incluindo-se, nisso, a cumplicidade de ressentimentos para com o próprio pai.

Também Lynett, portanto, ainda chorosa e abatida, o acompanhava. Harold e a irmã, Patsy, com seu pequeno filho Charles, e seu marido, responsável por apresentá-lo à tripulação de bordo no instante do embarque. Todos fizeram questão de despedir-se, ao princípio de mais uma ensolarada manhã de primavera na qual os perfumes inebriantes que se faziam sentir na atmosfera, apesar do clima incomum de ansiedade reinante no íntimo de alguns dos presentes, pareciam assegurar que os acontecimentos seguiriam o curso de maneira normal e sem sobressaltos.

Tratava-se, não obstante, de uma impressão errônea. Detendo-se durante vários minutos na beira do cais, conversando sobre assuntos amenos enquanto usufruíam as aragens marítimas, todos procuravam, da melhor forma, levantar o estado de ânimo de Lynett, tentando tratar de temas agradáveis, sob uma ótica otimista. Aprestado elegantemente para a viagem, num traje no qual se viam as preciosas abotoaduras outrora presenteadas por Rachel, e das quais nunca se separava, o músico falava de suas expectativas felizes para o compromisso em perspectiva e de seus planos de rápido retorno, que lhe permitiriam realizar com a filha o anseio de se demorar alguns dias em viagem de veraneio na estação seguinte, desfrutando de um passeio em propriedade montanhesa em regiões próximas de Bristol.

Patsy, Clinton e Harold se compraziam com o entusiasmo que percebiam calculado na entonação com que ele discorria sobre aqueles planos, prometendo considerar o convite para acompanhá-los. Todavia, notavam Lynett abatida por desânimo aparentemente irreversível, o que ela não fez por onde dissimular ao comentar para o pai, com quem se mantinha abraçada de maneira visivelmente obsessiva.

– Desejo mesmo que tudo corra a contento para você em Berlim, papai... Sei que vai se sair maravilhosamente no seu desempenho, mas não posso esconder que só estarei feliz de novo com o seu retorno, e ao podermos, de fato, desfrutar de um pouco de sossego em Bristol! – comentou com um sorriso triste e tentando esconder do pai o pranto incontido que insistia em banhar-lhe os bonitos olhos de lágrimas.

Algo naquelas palavras da filha, de inopino, fez Stephan recordar de ocasião semelhante, muitos e muitos anos antes, quando da última vez em que esteve com Rachel e ela se lhe dirigiu, intuitivamente, mais ou menos naqueles mesmos termos, sem saber que não voltariam a se rever na presente vida na materialidade: – "O tempo ameniza as dores mais difíceis, meu Stephan! E, se de algum modo servir para reconfortá-lo, quero que saiba de que o meu amor haverá de ser seu... Sempre!..." – disse-lhe Rachel naquela tarde longínqua, na qual, no auge do sofrimento pela iminência da separação dolorosa que lhes seria imposta pelas irredutíveis interferências de ambas as famílias, não poderiam adivinhar ser, então, aquele minuto de despedida, definitivo, trágico, reservando-lhes a bênção do reencontro apenas para outros tempos, muito à frente, quando enfim se reuniriam nas estâncias luminosas de outras regiões da vida no universo.

Contudo, tentando conter em si o insuportável mal-estar que a recordação súbita lhe impôs ao coração, oprimindo-o intensamente, Stephan afugentou decididamente aquelas impressões para manter-se abraçado à jovem, e conservar o nível do ânimo de todos em consonância com o otimismo com que delineava os acontecimentos para o seu retorno, em ocasião não tão distante.

– Patsy, quero que cuide da disciplina de Lynett com os seus estudos de música e também no que diz respeito à ansiedade com que Geoffrey vem criando situações para vê-la diariamente! – orientou, por último, em notando Darrell se aproximando pela descida da rampa para recebê-lo. E, olhando diretamente para a filha, de quem ergueu gentilmente o rostinho melancólico para que pudesse encará-lo, explicou: – Consinto com o namoro de vocês, Rachel; mas tudo há de se dar com o devido respeito e comedimento! Conheço o que se passa com as emoções próprias da sua idade porque já as vivi! Mas lembre-se de atender aos meus conselhos, portanto, e de obedecer devidamente a seus tios; assim, tudo haverá de correr bem para vocês dois!

Lynett assentiu, sem refutar. Mas, vendo acercar-se o momento doloroso da separação, lançou-se, enfim, chorando sem freios, ao pescoço do pai. E ele a abraçou, tentando não se abandonar à emoção sofrida que, por razões inexplicáveis, também o mortificava de modo desarrazoado naquele último minuto.

– Papai! Oh, papai! Amo-o muito! Não se demore e não se esqueça de mim!

Mudo, sentindo um nó na garganta que o impedia de se exprimir mais demoradamente, Stephan apenas lhe correspondeu, com intensidade, o abraço. Depois, foi até a também comovida Patsy, trocando com ela breves palavras, que a fizeram perceber com clareza cristalina a voragem devastadora que calcinava o coração sensível do irmão.

Por fim, Eamonn, Harold e Clinton também o cumprimentaram, com palavras de incentivo e parabenizando-o pelo prestígio que, apesar de tudo, representava aquela oportunidade de mostrar seu talento em ambientes culturais distanciados do Reino Unido. E o músico, afinal, retornando para perto de Lynett pela última vez, atraiu-a para si, prendendo-a novamente em forte e prolongado abraço.

Beijou-lhe o rosto delicado e os expressivos olhos lavados por lágrimas, de entremeio aos seus soluços sentidos. E, ao coração sofrido do professor de música, pareceu-lhe distinguir, no semblante da filha, e naquele minuto inesquecível, o olhar lacrimoso por ele contemplado outrora em Rachel, também na derradeira ocasião em que se despediram, numa tarde plangente já encoberta pelas névoas densas da passagem inexorável do tempo.

XXXV

A VIDA CONSPIRA PARA A LUZ

A NAU NA QUAL STEPHAN EMBARCARA JAMAIS CHEGARA A seu destino, colhida intempestivamente por tormenta marinha furiosa, poucas horas de alcançar terras germânicas, durante noite tempestuosa e fria. E, com isso, o violinista desencarnou, deixando definitivamente entregue aos cuidados amorosos de Patsy e do marido, a conta de filha, a desditosa Lynett, que, nos primeiros tempos de sua dor, quedara doente pelo extremo desgosto experimentado com a perda do pai no brutal sinistro que a todos colheu desprevenidos.

Igualmente Catherine, sob o impacto do desespero ocasionado pela notícia do desastre no qual lhe perecera o filho primogênito, amado com extremos durante toda a sua vida, não suportou durante muito tempo os prejuízos de saúde desencadeados pelo desgosto do acontecimento funesto, e, passados poucos meses, deu entrada nas estâncias socorristas das dimensões invisíveis acima das regiões do Reino Unido, amparada carinhosamente por amigos e afeiçoados de várias épocas pregressas à sua finda etapa terrena.

Stephan, todavia, dada a agravante do estado espiritual de há muito depressivo pelo seu repertório de vida tumultuado, durante largo intervalo de tempo, nos episódios turbulentos de sua convivência social e familiar, com o acréscimo grandemente prejudicial havido no seu corpo espiritual, mais sutil, adoentado e corroído pelo vício continuado da bebida, demorou-se, sem o sentir, por dois longos anos confinado na região astral sombria e angustiante da qual demos descrição ao leitor no começo desta narrativa, até ser resgatado pela atenta Rachel, acompanhante fiel da evolução de seu estado desde o minuto em que o arrebatara da vida física o trágico naufrágio marítimo.

Assim, e como anteriormente narrado, o músico vagou, desorientado emocional e espiritualmente, durante longo tempo na região da invisibilidade adjunta à crosta terrena, então incompreensível ao seu entendimento, onde se demora incontável número de seres mergulhados em situação semelhante. Porque, em jamais tendo sequer considerado a respeito do que os aguardaria após sua passagem pelo mundo, e deparando com a continuidade pura e simples, mantendo-os jungidos nada mais que ao reflexo fiel do mundo admitido para si mesmos[1], desarvoram-se, perdidos de iniciativas e de entendimento que lhes elucide com precisão sobre a mera mudança de *habitat* a qual foram transportados pelo desencarne.

1 Tendo a vida material, por irônica coincidência do destino, arrebatada durante um naufrágio marítimo, tudo se coadunava com um estado espiritual no qual o que prevalecia persistentemente em meu subconsciente era a noção desoladora de que todo o curso da minha existência até ali fora o progredir gradativo e trágico de outro tipo de naufrágio: o de todos os meus objetivos de vida e de realização. Não é para admirar, portanto, que permanecesse, após a desencarnação, acorrentado ao que as sensações e convicções interiores definiam à minha percepção a respeito do que constituía a essência de minha própria vida: a derrocada permanente de tudo o que eu planejara antes a título de realização pessoal. É, portanto, e inevitavelmente, o estado mental e espiritual que definirá, após cada passagem nossa, a situação na qual nos acharemos antes de prosseguirmos a jornada rumo a novos planos e projetos de felicidade (Nota do Autor Espiritual).

Fora, portanto, acolhido o violinista britânico nessas condições adversas, e concluídas, assim, as recordações algo melancólicas de Rachel, a que se entregou em mais de um momento, sob a tutela da inspiração superior, depois de sua chegada à estância de repouso a que ele se recolhera para refazimento.

A moça, ainda e sempre sensível como poucos, recebeu-o e cuidou carinhosamente durante algum tempo, para depois, respeitosa, obedecer ao que lhe ditava a consciência impoluta, avisada da necessidade de respeitar os momentos sucessivos de reencontros com familiares que o aguardavam, junto a William, visitando a colônia exclusivamente para este fim, e Catherine, atualmente também entregue a processo de readaptação desde o retorno da vida corpórea, meses antes.

Não queria, Rachel, ser inoportuna diante desses que compreendia possuírem papel importante no histórico de vida mais recente do músico. Assim, e de modo intencional, distanciou-se temporariamente, e, atendendo ao aconselhamento útil de Evelyn no encantador lugar do espaço onde então residia, dedicava suas horas ao estudo e desempenho musical ao lado de amigos com quem compartilhava essa atividade, e também comparecendo a um último e importante compromisso particular, que aguardara com ansiedade, não menor do que a experimentada com a expectativa do reencontro com Stephan Klyde.

Naqueles dias, portanto, reencontraria também Paul Ashley, episódio orientado e promovido com o auxílio de Evelyn e de seus orientadores mais diretos da Casa do Retorno.

O acontecimento, como era de se esperar, foi marcado por profunda emotividade de ambas as partes, após tanto tempo passado desde a última vez em que pai e filha se viram.

Apenas agora Rachel o reencontrava consciente do segredo do qual fora poupada do conhecimento até o derradeiro minuto de sua última existência terrestre. E a ciência dessa realidade difícil, com todos os pormenores que envolveram o drama drástico da morte de Arnold Farrow e do envolvimento de Evelyn com lord Ashley, encheu-a tanto de genuíno assombro, quanto também contribuiu para que se tomasse de um compreensível aprofundamento do seu sentimento amoroso por Stephan, agora que, afinal, compreendia a que, realmente, se devera o sacrifício a que se obrigara e a submetera, na intenção honrada de preservá-la de consequências de ordem familiar talvez mais que trágicas, se houvesse lhe exposto às claras tudo de que tomara conhecimento tão intempestivamente, arriscando a segurança de seu futuro ao forçar a consolidação de sua união conjugal.

Durante o diálogo emocionante com Paul, portanto, Rachel, enfim, tomou conhecimento de toda essa ordem dramática de circunstâncias havidas num histórico de passado já distante e sepultado no desfecho daquele capítulo crítico compartilhado pelos personagens principais com quem havia dividido a rotina de seus dias, com a sua passagem para o mundo maior, como também com a volta de Paul, de William e de Stephan no decorrer moroso dos anos. E, profundamente emocionada, abraçou-se, chorosa, com o barão Ashley, no ambiente acolhedor e perfumado dos jardins extensos da estância, onde haviam se reencontrado naquele princípio de manhã para o importante entendimento.

A despeito dos seus pedidos reiterados de desculpas, com os quais quis fazer-lhe ver que não se perdoava por ter comprometido qualquer chance de felicidade em sua vida com os erros imperdoáveis cometidos à época do seu envolvimento com Evelyn, Rachel, amorosa, agradeceu-lhe por ter ele sido o único arrimo do qual dispusera durante a curta duração de sua última estadia na matéria. Alegou, sob as lágrimas irrefreáveis de Paul, ante aquelas palavras que o redimiam interiormente de todos os remorsos pungentes que o flagelavam, considerá-lo, desde sempre, o pai e a mãe que lhe faltaram no período de sua existência terrena. Aconselhou-o a entregar a Deus o julgamento daquelas coisas, para conservar, a seu respeito, apenas a certeza da gratidão e do amor que desde sempre lhe nutrira!

Encerrou-se, daquele modo profundamente reconfortador para o desalento renitente de lord Ashley, o tão ansiado reencontro, pois, a exemplo de William, fora ele levado à estância onde a filha residia apenas de passagem, para aquela finalidade de inadiável entendimento, tendo de retornar ao lugar onde prosseguiria se refazendo e elaborando planos de reajuste íntimo para o futuro. Obteve, todavia, a promessa carinhosa de Rachel de que o visitaria também, sempre que possível.

Com a despedida promovida, a despeito de tudo, em clima de carinhosa serenidade, Rachel viu-se finalmente liberada para a segunda etapa de seus compromissos daquele dia, no decorrer do qual não imaginaria que lhe estariam reservadas as emoções mais gratas dentre as que experimentara em todos os últimos períodos de sua existência.

Ao aproximar-se da área dos parques na qual habitualmente aconteciam as apresentações matinais do grupo musical de que participava, tocando flauta ou cravo, ela se reuniu aos componentes já presentes, com um sorriso amável, cumprimentando-os graciosamente. E, tomando de seu instrumento musical de sopro, um tipo aprimorado de flauta que, naquele período terreno, ainda não encontrava exemplar semelhante dentre os reencarnados, acomodou-se no assento de costume, no pequeno largo circular cercado por um gradeado baixo branco e ornamentado por lindos arabescos decorados com grinaldas floridas, de onde tocavam para a assistência embevecida que, aos poucos, comparecia e acomodava-se nas cercanias para vê-los dos vastos relvados perfumados do derredor.

A certa altura, o dirigente da pequena equipe de músicos acercou-se de onde estava em palestra agradável com instrumentista do seu conhecimento e amizade, e a avisou de que aguardariam uns instantes a mais, dado que o violinista de solo seria substituído por um novato, candidato a participação no grupo, porque o titular fora colhido por compromisso extemporâneo que lhe exigia a presença em atendimento a uma visita de familiar que deixara a vida física havia algum tempo.

Sorrindo-lhe, amável, a jovem assentiu, ajeitando num meneio gracioso a delicada grinalda de pequeninas flores campestres com que costumava ornar os cabelos longos e acobreados para as apresentações.

Não reparou, entretanto, enquanto se detinha na conversa com os músicos bem-dispostos que a cercavam, que, nem tão distanciados dali, dois personagens haviam se aproximado discretamente do local, trocando impressões em breve palestra, enquanto um deles a observava dominado por emoção acentuada e indisfarçável, refletindo-se na fisionomia com que a contemplava dando mostras de patente embevecimento.

Era Stephan Klyde, acompanhado de seu pai terreno.

– Não sei como fui concordar com seu arranjo, meu pai... – ele falou, meneando a cabeça e exibindo um sorriso que até certo ponto ainda denotava certa desorientação interior, apesar de que com disposição bastante modificada para melhor, depois de decorridos aqueles muitos dias em que se mantivera sob os cuidados eficientes das equipes assistenciais da casa acolhedora que o resgatara no dramático retorno da vida corpórea terrena. – Da última vez em que mantive contato com um violino até aqui, fica-me a impressão invencível de que já decorreu uma eternidade! E, sobretudo, sinto-me francamente inseguro no modo como abordarei Rachel! Depois daquelas poucas vezes em que esteve comigo, após a minha chegada, quando me via ainda combalido demais para ensejar com ela qualquer entendimento mais lúcido, não mais a vi! – E fixando William, como se buscando dele uma opinião que, quanto àquele pormenor, melhor o sossegasse e esclarecesse, concluiu: – Não sei por qual razão não pude mais vê-la! Será que ela não deseja ver-me mais? Ou guarda a meu respeito alguma mágoa, ou... ainda pior... diluiu-se, por força dos sofrimentos e da passagem do tempo, o sentimento antes tão verdadeiro que nutria por mim?

Mas William o interrompeu, apondo-lhe a mão no ombro, reconfortador, comentando:

– Calma, Stephan! Sossegue sua angústia! Creio que, por mais que não tenha como se aperceber disso agora, também ela compartilha desses mesmos temores! Esteja certo, portanto, que não foi por nenhuma dessas razões incoerentes para com o que você conhece dela que não retornou para vê-lo, o que certamente seria o seu maior desejo! Lembre-se, meu filho, de como era Rachel, e fique confiante de que, o que ela foi para você, continua sendo também aqui! – assegurou-lhe o barão, em cujo semblante, agora sério e pensativo, lia-se uma nota a mais de amadurecimento lúcido para com as lições da vida. – Assim, se fará facilmente compreensível que ela quis, antes, assegurar-lhe privacidade, para ter com os de seu círculo consanguíneo da sua última vida terrena; comigo, tanto quanto com sua mãe, que o visitou há alguns dias... E, naturalmente temendo, também, ser inconveniente, tendo em consideração sua história conjugal com Caroline, com quem, bem ou mal, você manteve prolongado vínculo matrimonial depois da partida dela do mundo!

Contudo, escutando o que lhe dizia William, agora com certa irresignação impaciente no olhar, que tornou a desviar para a jovem afastada ainda em palestra risonha com os músicos em expectativa, o violinista devolveu, num meneio de rosto inquieto:

– Por Deus! Queria que isso não pesasse no coração de Rachel! Não isso! Desejaria que ela se recordasse das últimas promessas que lhe fiz antes da nossa separação, das quais nunca me esqueci, e que, se não pude cumpri-las como desejaria em todas as suas implicações, foi por conta do contexto que me obrigou a este consórcio esponsalício impossível com Caroline! – E, trocando com William um olhar de entendimento, diante da expressão sinceramente compreensiva do pai terreno, arrematou: – Nunca houve entre mim e Lane nada que sequer de longe confirmasse, entre nós, qualquer sentimento de afeição a justificar minimamente esse arranjo familiar funesto para a nossa vida! Bem sabe! – Alegou, visivelmente perdido. E concluiu, pesaroso: – A não ser nos poucos momentos em que a embriaguez doentia ou a noção das formalidades das obrigações conjugais arrastavam-me, bem ou mal, a consentir com um tipo de intimidade entre nós de molde a apenas honrar tal compromisso com a gestação dos nossos filhos! Não há mais razões que justifiquem um reencontro meu com Caroline[2], pai!

Mas novamente William o interrompeu, cônscio do tanto que tais reminiscências doloridas podiam ainda flagelá-lo.

– Stephan, entendo tudo isso! Não se demore mais em justificativas nem em explicações sobre esse passado, que de mais nada nos serve ou nos atende nas nossas necessidades atuais de renovação de rumos! Então, meu filho, atenda-me a um último pedido, antes que me despeça, pois Jeffrey aguarda-me para me conduzir de retorno ao atual local de minha residência, onde, aos poucos, me refaço e tento rever meus planos de futuro: vá até ela, Stephan! Resgate sua felicidade, que involuntariamente ajudei a prejudicar, vitimizado por minha profunda falta de visão! – E, sorrindo-lhe mais expansivamente, relanceando na linda jovem a distância o olhar alusivo, acrescentou em tom encorajador: – Veja como ela está ainda mais bela do que quando vivia entre nós, naquele setor

2 Depois de prolongado sofrimento, durante o qual moléstia de ordem degenerativa minou-lhe a saúde de forma irreversível, Caroline fez sua passagem e foi acolhida para restabelecimento noutros setores adjacentes ao lugar da vida invisível no qual eu e Rachel nos achávamos. Desde então, não tive mais notícias dos rumos adotados por seu espírito para a continuidade dos seus caminhos (N.A.E.).

fugaz da vida, cheio de provas difíceis e de aprendizado ríspido! O ambiente desses lugares depurados e cheios de luz, tão insuspeitados pelos que permanecem na vida da matéria, aparentemente reaviva em cada qual o melhor do que podem externar, a partir de suas realidades íntimas! Então, meu filho, não perca mais tempo! Vá! – pediu com um gesto de incentivo. – Foi bem combinado com o diretor do grupo, por nossas amizades em comum, o acerto que vai situá-lo com Rachel em situação de grata surpresa nesse reencontro importante para os rumos do destino de ambos! E um dia, se puder, perdoe-me pelos prejuízos que, no meu zelo, causei-lhe com os meus graves erros de julgamento!

Ouvindo-o, silencioso e atento, enquanto também ainda contemplava irresistivelmente a moça distanciada, agora ocupada a examinar com atenção algo no instrumento que tinha em mãos, o músico, enfim, dirigiu a William um sorriso mais alentado e otimista.

Abraçaram-se brevemente. Mas, emocionado como se sentia, Stephan não reparou que o outrora altivo William Klyde tinha lágrimas custosamente contidas nos olhos úmidos.

Com um último aceno, enfim, ele se revestiu de coragem para se afastar, dirigindo-se ao local onde, avistando-o por antecipação, o diretor Derek lhe acenava com cordialidade, chamando-o.

XXXVI

NUM CONCERTO DE BACH

Seria apresentado ao numeroso público presente em expectativa, acomodado confortavelmente no extenso relvado de um verde brilhante, e exsudante dos perfumes campestres do vasto parque, o Concerto nº 2 de Brandemburgo em F Maior, BWV 1047, *Andante*, de Bach, com apresentações ao cravo, flautas e solo de violino.

Rachel estaria entre os flautistas, e todos, enfim, se voltaram, quando Derek, o regente, aproximou-se, acompanhado de um personagem cuja presença inopinada provocou de imediato na jovem visível quanto acentuada comoção.

– Amigos, como nosso solista precisou se ausentar, como sabem, em atendimento a inadiável compromisso de ordem familiar, apresento-lhes um exímio violinista para o nosso solo, que certamente também abrilhantará o nosso grupo e nossas apresentações a partir do dia de hoje! Lord Stephan Klyde foi emérito professor de música inglês, que há algum tempo passou a residir em nossa estância, de retorno das experiências na última jornada na materialidade terrena!

Todos se levantaram, saudando-o, em sinal de acolhimento confraterno. Mas Rachel o fez de um impulso, alternando entre a profunda palidez e o rubor inevitável nas faces acetinadas.

– Stephan!

Atento às providências da ocasião, Derek concluiu a apresentação aos demais músicos; mas fazendo por onde não evidenciar que conhecia, prevenido por William, a situação de tocante reencontro entre dois seres vinculados profundamente pelo coração, naquele instante de enlevo musical para todos os circunstantes.

– Lord Stephan fará o solo do sublime Concerto Bachiano que realizaremos hoje! Conhece-o como ninguém. Então, que todos fiquemos à vontade para fluirmos em consonância com o seu desempenho! – arrematou, gesticulando com um sorriso gentil.

Voltou-se, adiantando-se alguns passos para dirigir as primeiras palavras ao público em expectativa prazerosa, espalhado nos arredores, e, enquanto os instrumentistas se acomodavam de volta aos assentos, Rachel e Stephan ainda se detiveram durante breve instante presos um no olhar do outro, ambos sentindo a mesma obstrução momentânea na capacidade de falar, e dizendo-se as primeiras palavras, antes, com a linguagem da alma, extravasando nitidamente de seus olhos.

Dirigiram-se um sorriso mútuo no qual se entrevia, flagrante, supremo estado de felicidade. E, recebendo o violino de Derek, antes que ele se dirigisse à sua posição à frente, na regência do pequeno grupo musical de câmara, o rapaz encontrou forças para dizer à jovem as primeiras palavras, com um elogio cheio de sinceridade:

– Você está bonita, Rachel! – E sorriu-lhe mais, intencional e expansivamente, os olhos úmidos fitando-a como se estivessem presos de extasiado fascínio. – Nossa! Como você está bonita!

Rachel devolveu outro sorriso largo, radiante, recordando-se nitidamente. Foram, aquelas, exatamente algumas das primeiras palavras ouvidas do seu antigo amigo de infância, tanto tempo antes, quando, na vida corpórea, ainda adolescente, o recebia com seu pai, na residência dos Ashley, no dia do seu retorno dos quatro anos de afastamento para os estudos de música.

– Você também está muito bem, Stephan! – respondeu, emocionada, antes que se concentrassem no momento inesquecível da execução do sublime concerto de Bach, que, afinal, reunia-os na iminência de um pleno estado de felicidade mútua, ensolarada, sem nuvens, depois de enfrentadas em comum todas as tempestades ocorridas no transitório estágio de aprendizado nas regiões da materialidade do Reino Unido.

O concerto foi executado com virtuosismo raro e quem os ouvia guardava autêntica impressão de que luzes policromas desciam sobre todos, egressas das altitudes celestiais azulíneas, abençoando o cenário com misteriosas influências de feição a elevar os espíritos às estâncias superiores do universo, nas quais prevalecem, soberanas, as diretrizes mais excelsas do amor puro, condutoras de todos os seres e quadrantes da vida à consolidação da felicidade perene.

Apesar dos compreensíveis temores iniciais com que Stephan encarou a perspectiva daquele acontecimento, desempenhou com inspirado virtuosismo, em dueto sincrônico à flauta de Rachel, o seu solo ao violino, na peça de harmonia melódica etérea, como o são, reconhecidamente, nas paragens nas quais são executadas as grandes obras dos gênios da música, todas as composições de Johann Sebastian Bach.

A ocasião, dessa forma, e de resto revestida do significado especial relacionado ao seu amoroso reencontro com Rachel, marcaria para sempre o espírito sensível do musicista[1].

Deste modo, depois de agradecidos os aplausos efusivos com que foram agraciados pela plateia feliz e entusiasmada, e da troca alegre

1 Explicam-se, nesta passagem, algumas das razões pessoais da reverência do autor espiritual a Bach, externada por meio do codinome com que se assina em suas obras (N.M.).

de cumprimentos com aqueles que, a partir de então, se constituiriam em amigos comuns na bela estância de sua nova residência no Mundo Maior, enfim ele encontrou ocasião de privar com Rachel do modo como, durante tanto tempo, sonhara anteriormente, sem mais esperanças de que tal graça se concretizasse no seu destino!

Puseram-se a caminhar a passeio pelos extensos relvados das cercanias, demorando-se, a intervalos, apenas a entreolharem-se, como se presos de intenso estado de êxtase pelo indescritível momento de comunhão amorosa em nível espiritual, e pelo supremo reconforto de se verem, enfim, e novamente unidos. Até que, encorajando-se, por compreender que, como William lhe prevenira, Rachel permanecia o mesmo ser humano eminentemente sensível, e respeitoso das diretrizes naturais com que a vida conduzia aquele relacionamento entre ambos, repleto de episódios intensos e emocionantes, ele parou e, segurando-a pela mão delicada, comentou, sentindo-se um tanto sem fôlego e quase sem conseguir encará-la:

– Rachel... Guardo a impressão de que a vi há tantas e tantas centenas de anos, tamanho foi o flagelo da distância entre nós, desde que você se foi! E, ao mesmo tempo, em tendo-a aqui, agora... Linda, como sempre a via na minha mente e no meu coração... – fez uma pausa, baixando um pouco a visão das cercanias onde divagara o olhar então novamente impregnado de um magnetismo intenso, como fora outrora. Comovida, Rachel percebeu o tanto que ele se via preso da emoção avultada que lhe molhava o olhar, à revelia de seu brio. – Mas não sei se me encorajaria a beijá-la e abraçá-la agora, como o fazia antes, Rachel! – Ele comentou, a esmo, com um meneio, acompanhado de um gesto perdido. – Mergulhado em desalento e desespero, cometi tantos erros depois que você se foi, dos quais me envergonho profundamente aqui, neste momento quase inacreditável em que outra vez me vejo diante de você!

– Mas você é e sempre foi o único a poder me beijar e abraçar, Stephan! Por favor, não chore! – ela se apressou a responder, também emocionada. Enfim, levando-lhe a mão ao rosto e afagando--o com ternura, continuou: – Stephan! Hoje sei e entendo melhor que tudo o que fez foi para me proteger!

– Não a preservei de nada, foi uma ilusão! Acabei, sim, impondo-lhe o pior sofrimento possível com a nossa separação, quando cedi à pressão de meu pai! Qualquer outra dificuldade que enfrentássemos juntos a faria certamente mais feliz, contanto que estivesse ao meu lado! Foram as consequências fatais da minha incúria e covardia que a levaram cedo demais para longe de mim, meu amor!

Todavia, agora também lacrimosa, ela ponderou, sem querer permitir-lhe permanecer por mais tempo naquela percepção desalentadora do passado.

– Não tive também uma vida plena aqui, sabendo do seu sofrimento! Ainda porque, mesmo reconfortada, por ter sido informada de como cuidava de Lynett, sendo para ela o melhor dos pais que lhe poderia valer na minha ausência, e apesar da minha grande vontade de acompanhar-lhe os passos, auxiliando-o, por inspiração, nos seus rumos, não fui autorizada pelos mentores! Não me reconheceram forte o bastante para lidar com isenção com os desafios ríspidos da sua caminhada ao lado de Caroline! Agora, antes de qualquer coisa, porém, você precisa se restabelecer completamente, Stephan! Tratar-se das sequelas do alcoolismo ingrato que lhe roubou a saúde, sobretudo do espírito, meu amor! E hei de cuidar de você! – ela prometeu, com um sorriso adorável. Fitava-o com o olhar radioso, transparente de esperanças e, finalmente, da plena felicidade extravasada sem temores, ao constatar que o coração do músico, ainda e sempre, pertencia-lhe: – E, depois, haverá de me ensinar música novamente! Porque, desde que me apartei de você, minhas aulas de cravo ficaram pendentes e não quis aprender com qualquer outro que não fosse você!

Demoraram-se brevemente entreolhando-se sob as sombras perfumadas da árvore frondosa e florida sob a qual tinham detido os passos. E Stephan, afinal desafogado, correspondia-lhe apaixonadamente ao sorriso radiante.

– Não preciso ensiná-la mais nada, pois você já toca muitíssimo bem, Rachel! Escute... – ele se aproximou, atraindo-a. E, com natural espontaneidade, ambos se abraçaram e se beijaram, prolongada e enternecidamente, como nos tempos passados. – A primeira coisa que quero fazer é me casar com você! Lembra-se do que lhe prometi, naquele nosso último entendimento na casa de seu pai? O meu amor lhe pertence! E só aumentou, depois de todo esse tempo! Quero recompensá-la, Rachel, por todos os sofrimentos que padeceu por minha causa!

Mas Rachel respondeu-lhe com estranha entonação significativa, distanciando-se um pouco para segurá-lo pelas mãos:

– Será que isso vai convencê-lo de que não me esqueci de uma só palavra do que me pronunciou, não apenas naquela tarde, como durante todo o tempo em que convivemos?

Foi então que o músico viu, inebriado de grata surpresa, o lindo anel de noivado[2] com que a presenteara outrora, ainda em seu dedo anular, como no dia em que lhe deu, na data de seu último aniversário.

Sorriram um para o outro, irradiando inexprimível felicidade. E, enquanto ainda entreolhavam-se com extasiado enlevo, ele

---

2 Em várias obras literárias recentes lançadas no Brasil e de autoria de André Luiz, a espiritualidade nos revela sobre a realidade de que o mundo espiritual é a matriz aperfeiçoada de tudo o que existe nas esferas materiais. Tendo em vista, nestas estâncias da vida, a participação fácil do pensamento na materialização tanto de cenários, da parte da espiritualidade superior, quanto de todos os detalhes práticos do cotidiano, desde casas até utensílios os mais ínfimos, compreende-se bem esta passagem, durante a qual o casal experimenta a felicidade de consolidar o almejado desfecho de um noivado drasticamente interrompido no decorrer da narrativa (N.A.E.).

retirou-lhe da destra o lindo e significativo adereço simbólico da autenticidade de sua união.

Colocou-o no anular de sua mão esquerda e beijou-a demoradamente, molhando-a com lágrimas de tocante emotividade.

Entrelaçaram-se amorosamente as mãos. E, por fim, saíram a passeio pelo lindo bosque emoldurado por rio longo, silente e cristalino, brilhando sob a claridade de um mágico poente, afinal como os autênticos esposos espirituais que sempre foram, mesmo quando ainda imersos nos grandes desafios da última trajetória material terrena.

Fim

Romances imperdíveis!
Psicografia de **Christina Nunes**

Entre Jesus e a Espada
Jesus havia acabado de passar pela Terra.
E as suas sementes começavam a brotar

Sob o poder da Águia
Uma viagem até a Roma Antiga na qual o general Sálvio Adriano viverá um grande drama em sua vida ao lado de Helatz, sua prisioneira, e o irmão dela, Barriot.

Elysium - Uma História de Amor entr Almas Gêmeas Cássia acordou em uma cidade espiritual na Itália. E nem imaginava que um grande amor estava à sua espera havia anos.

Amparadores do Invisível
O que é um Amparador? Como atingir esse nível? Na verdade, um Amparador nada mais é do que um mentor espiritual que superou a barreira do amor egoísta e aprendeu a dedicar ao tutelado no plano físico o amor fraternal.

Pacto de Amor Eterno
Este romance tem como cenário a Ilha da Sicília, situada ao sul da Itália. É lá que uma família típica de camponeses sicilianos, os Braccio, depara com um desafio: lidar com a rivalidade ferrenha e secular com os Lorenzzo por questões de posse irregular de terras. Mas os caprichos imprevisíveis do destino terminam por enredar Giovanna e Marcelo nos sólidos vínculos do amor.

Ecos na Eternidade
Esther conheceu seu passado. E quis modificar suas atitudes para conquistar um futuro de felicidade. Nesta obra, o espírito Tarsila, pela psicografia de Christina Nunes, convida-nos a um aprendizado na espiritualidade e nos reconforta ao mostrar que sempre podemos modificar nossas atitudes do passado para construirmos um futuro melhor rumo à plena felicidade.

Sonata ao Amor
Varínia e Bryan vivem uma intensa paixão, onde a superação do preconceito une duas almas na plenitude do amor eterno. Um romance comovente, emocionante da primeira à última linha, uma verdadeira lição de vida, sobretudo para aqueles que não acreditam no poder do amor.